LÍMITES

PARA NUESTROS

HIJOS

La misión de Editorial Vida es ser la compañía líder en comunicación cristiana que satisfaga las necesidades de las personas, con recursos cuyo contenido glorifique a Jesucristo y promueva principios bíblicos.

LÍMITES PARA NUESTROS HIJOS
Edición en español publicada por
Editorial Vida – 1998
Miami, Florida

© 1998 por Henry Cloud y John Townsend

Originally published in the USA under the title:
    Boundaries with Kids
    ©1998 por Henry Cloud & John Townsend
Published by permission of Zondervan, Grand Rapids, Michigan 49530

Traducción: *Gisela Sawin*
Diseño Interior: *Words for the World, Inc.*
Cubierta diseñada por: *Cindy Davis*
Adaptada por: *Good Idea Productions, Inc*

ISBN: 978-0-8297-1689-4

CATEGORÍA: Vida cristiana / Familia

LÍMITES

PARA NUESTROS

HIJOS

Dres. HENRY CLOUD Y JOHN TOWNSEND

Índice

Parte 3: ¿Cómo implementar límites con nuestros hijos?

Introducción

¿Por qué ponerles límites a los niños?

— ¿Qué es ese libro nuevo que Henry y tú están escribiendo? — me preguntó Ricky, mi hijo de siete años.

— Se trata de los límites y los niños — contesté yo, (el doctor Townsend).

Ricky pensó por un instante y luego dijo, reflexivo:

— Me gusta *poner* límites, pero no me gusta *oírlos*.

Únete al resto de la raza humana, Ricky. Todos queremos fijar límites, pero no queremos escuchar acerca de los límites de otras personas. Sentimos empatía por lo que lo haya llevado, estimado lector, a tomar este libro, porque lo que dijo Ricky describe la postura de todos los niños (y de muchos adultos): Lo que me gratifica es "bueno" y lo que me frustra es "malo". Desde la época de Adán y Eva, siempre nos hemos resistido a tomar el control de nuestras vidas y aceptar la responsabilidad por nosotros mismos. Su tarea como padre consiste en ayudar a su hijo a desarrollar dentro de sí lo que usted ha estado brindándole desde afuera: responsabilidad, control sobre sí y libertad. Establecer y mantener los límites no es tarea fácil, pero con los ingredientes adecuados, realmente da resultado.

¿Por qué ponerles límites a los niños?

Hace varios años, escribimos juntos el libro *Boundaries: When to Say Yes, When to Say No to Take Control of Your Life* (Límites: cuándo decir que sí y cuándo decir que no, para tomar control sobre su vida; Zondervan, 1992). Dicho libro establece el concepto de que fijar límites nos permite tener un mejor control sobre nuestras vidas y, finalmente, nos ayuda a amar mejor a Dios y a los demás. La creciente popularidad del libro habla de la necesidad que tienen muchas personas frente a problemas tales como relaciones irresponsables, manipuladoras o controladoras, temas emocionales, conflictos laborales y demás.

Desde la publicación de *Boundaries* (Límites), muchos padres nos han hecho preguntas, en el consultorio, en seminarios y en la radio, acerca de cómo funcionan los límites en la crianza de los hijos. Los padres se preocupan por criar niños que no sólo sean cariñosos, sino también responsables. Y quieren algo que no solamente sirva para ayudar a las personas a corregir límites que se han desdibujado. Desean algo para impedir los problemas de límites, y para ayudarlos a edificar límites en los niños. Este libro es para ellos. Aplica los principios de *Boundaries* al contexto específico de la crianza de los hijos.

¿Quiénes debieran leer este libro?

Límites para nuestros hijos fue escrito para padres de niños de todas las edades, desde la más tierna infancia hasta los años de la adolescencia. Sin embargo, si usted no es padre ni madre, *Límites para nuestros hijos* también le servirá para ayudar a los niños que ama y sobre quienes usted tiene influencia. Este libro le será de ayuda si usted es:

- maestro/a
- abuelo/a
- entrenador
- vecino/a
- niñera

- líder cristiano de jóvenes
- ¡o incluso un adolescente que esté estableciendo sus propios límites!

Aunque no sea un padre ni una madre, desea ser una fuente de responsabilidad y justicia en las vidas de los niños sobre quienes ejerce influencia. Este libro ha sido escrito para ayudarlo a implementar estos principios, aunque no esté directamente a cargo de los niños o jueguen un papel secundario en su vida.

¿Por qué debiera leer este libro?

No tiene que estar atravesando una crisis para que este libro le sirva de ayuda. Los principios que aquí se describen se aplican a todo tipo de situaciones. Puede ser que su hijo tenga los niveles de madurez apropiados para su edad en su casa, en la escuela y en sus relaciones con los demás. Por lo tanto, tal vez desee utilizar este material para asegurarse de que el proceso continúe a medida que su hijo pasa de una etapa evolutiva a otra, hasta llegar a la adultez.

Pero *Límites para nuestros hijos* también lo ayudará a resolver los problemas y las crisis que se le presentan como padre. Todos los padres tienen problemas. Algunos de ellos están relacionados con temas de responsabilidad y control sobre sí mismo. Este libro le enseñará a manejar este tipo de conflictos:

- Impulsividad
- Falta de respuesta a las directivas de los padres
- Desafío ante la autoridad
- Caprichos
- Dejadez
- Incapacidad para terminar tareas
- Conducta agresiva
- Problemas escolares
- Conflictos con amigos
- Relaciones sexuales
- Drogas
- Pandillas

Si bien este libro aborda estos y muchos otros conflictos, no se "centra en los problemas", sino que se "centra en los principios". Con esto queremos decir que el texto está organizado alrededor de conceptos claves que ayudarán a los niños a tomar el control de sus vidas. Hemos tomado estos principios de nuestro estudio de la Biblia y de las enseñanzas de Dios sobre la responsabilidad, el liderazgo y el dominio propio. En *Boundaries*, el capítulo uno de las "Diez leyes sobre límites" fue escrito con la intención de ayudar a los lectores a hacerse cargo de sus vidas. En este libro, hemos escrito un capítulo sobre cada una de las leyes y las hemos aplicado a la crianza de los niños.

Límites para los niños no ha sido redactado de un modo cronológico, con secciones diferentes para los lactantes, los bebés, los niños y los adolescentes. Organizamos el libro de esta forma porque creemos que el principio de los límites para los niños es universal y que funciona en todos los niveles de la etapa evolutiva. Debe aplicar las leyes a su hijo en relación a su edad y madurez. Por lo tanto, hemos incluido muchos ejemplos e ilustraciones en cada capítulo acerca de cómo se aplican dichas leyes a todas las edades, para permitirle comprenderlos desde su propia perspectiva.

Este libro está enfocado hacia cómo usted, como padre, se comporta con su hijo y no sobre cómo debe educarlo. Aprender sobre los límites tiene mucho que ver con vivir experiencias tales como, las consecuencias que resultan de determinada conducta, aprender a tener control sobre uno mismo y saber manejar los límites de los demás. Se parece mucho a la forma en que la Biblia describe el proceso de crecimiento:

> Es verdad que ninguna disciplina al presente parece ser causa de gozo, sino de tristeza; pero después da fruto apacible de justicia a los que en ella han sido ejercitados
>
> Hebreos 12:11

Al tiempo que usted aprende a pedirle a su hijo que sea responsable, él aprende el valor de serlo. El proceso comienza en usted.

¿Cómo está organizado el libro?

Límites para nuestros hijos está dividido en tres secciones. Parte 1: "¿Por qué los niños necesitan límites?", es una visión general de la importancia que reviste ayudar a los niños a aprender a ser responsables. Describe cómo es un niño que crece con límites y cómo se comporta un padre respecto de sus propios límites, comparando ambas situaciones. Parte 2: "Diez principios sobre límites que los niños deben conocer", se ocupa de cada una de las diez leyes de los límites. A través de ellos aprenderá que no se trata solamente de enseñarles límites a los niños, sino que los límites en sí, con sus respectivas consecuencias, son los que ayudan al niño a aprender que su vida es cosa suya y no de usted. Finalmente, la Parte 3, "¿Cómo implementar límites con nuestros hijos?", concluye con seis pasos para implementar límites, fijándolos específica y prácticamente respecto de su hijo.

Por último, si se siente abrumado por la tarea de enseñarle a un joven que considera la responsabilidad como algo que debe evitarse a toda costa, consuélese. Dios también es un padre y durante muchos años ha pasado por los mismos sinsabores que usted está viviendo. Él comprende, por lo tanto guiará y ayudará a su corazón dispuesto: "Porque Jehová conoce el camino de los justos" (Salmo 1:6). Pídale ayuda, sabiduría y recursos mientras continúa en el proceso de ayudar a los jóvenes a crecer hacia la madurez en él.

De modo que ¡bienvenido a *Límites para niños*! Nuestra oración es que usted encuentre en estas páginas asistencia, información y esperanza para ayudar a que sus hijos aprendan cuándo decir que sí y cuándo decir que no, para tomar el control de sus propias vidas.

Parte 1

¿Por qué los niños necesitan límites?

1

El futuro es hoy

Era un día normal, pero cambiaría por completo la forma en que mi amiga criaría a su hijo.

Acabábamos de cenar, y yo (el doctor Cloud), estaba de visita en la casa de mi amiga Allison y su esposo Bruce, cuando ella se levantó de la mesa para hacer sus quehaceres. Bruce y yo continuamos hablando hasta que un llamado telefónico interrumpió la conversación, de modo que fui a ver si podía darle una mano a Allison.

La podía escuchar desde la habitación de su hijo de catorce años, Cameron. Así fue que ingresé a una escena que me impresionó. Allison estaba alegremente ordenando ropa y equipos deportivos, y tendiendo la cama. Ella dio inicio a una conversación como si todo fuera normal:

— Estoy ansiosa por que veas las fotos de nuestro viaje. Fue tan . . .

— ¿Qué estás haciendo? — pregunté.

— Estoy ordenando el cuarto de Cameron dijo. ¿Qué parece que estuviera haciendo?

— ¿Qué estás haciendo? — volví a preguntar.

— Ya te dije. Estoy ordenando su cuarto. ¿Por qué me miras de ese modo?

Lo único que pude hacer fue compartir con ella la visión que tenía en mi mente.

— Simplemente siento pena por la futura esposa de Cameron.

Allison se puso tiesa, se congeló por un instante, y luego salió rápidamente de la habitación. Caminé hacia el pasillo y la vi parada allí, inmóvil. Sin saber qué decir, nada dije. Luego de unos instantes, me miró y dijo:

— Nunca lo pensé desde ese punto de vista.

Como tampoco lo hemos hecho la mayoría de nosotros. Actuamos como padres en el presente sin pensar en el futuro. Habitualmente tratamos el problema que nos ocupa en ese momento. ¡Pasar toda una tarde pensando si enviamos a nuestros hijos a un campamento para niños de ocho años en Alaska, sin desear hacerlo, parece un gran logro! Pero una de las metas de ser padres es tener la mirada puesta en el futuro. Educamos a nuestros hijos para que sean adultos responsables.

Los padres se relacionan con sus hijos de una manera que les resulta natural. Por ejemplo, Allison, era por naturaleza una "ayudante", y con gusto asistía a su hijo. Otras personas tienen estilos de crianza diferentes. Algunos, mantienen mayor distancia y no se involucran tanto, no se meten en el cuarto de su hijo. Los que son más estrictos, les imponen severos castigos por no haber tendido bien la cama.

Por cierto, la crianza de los niños requiere muchos tipos de intervenciones. Hay momentos para ayudar, para no involucrarse o para ser estrictos. Pero el tema central es: *Lo que usted hace ¿es a propósito?* ¿O lo hace por motivos en los que no piensa, tales como su propia personalidad, su niñez, sus necesidades del momento o sus temores?

Recuerde que el hecho de ser padre va más allá del presente. Usted está preparando a su hijo para el futuro. *El carácter de una persona es su destino.*

En gran medida, el carácter de una persona determina cómo funcionará en la vida. El hecho de que le vaya bien en su vida amorosa y laboral depende de las capacidades internas que posea. En un mundo que ha comenzado a explicar la conducta de las personas mediante una diversidad de excusas, la gente se pregunta por qué las cosas no funcionan bien en su vida. *La mayoría de nuestros problemas son el resultado de nuestras propias debilidades de carácter.* Si tenemos fortaleza interna somos exitosos, incluso en las circunstancias difíciles que nos toque vivir. Pero si no contamos con fortaleza interior, nos paralizamos o fracasamos. Si una relación requiere comprensión y perdón y no contamos con esas capacidades, la relación fracasará. Si un momento difícil en el área laboral requiere paciencia y una gratificación postergada, y no tenemos esas características en la personalidad, fracasaremos. El carácter lo es prácticamente todo.

La palabra *carácter* tiene distintos significados para diferentes personas. Algunos la utilizan para referirse a lo moral o a la integridad. Otros suelen utilizar la palabra *carácter* para describir la forma de ser de una persona, narrar quién es ella. El carácter se refiere a la capacidad y a la incapacidad de alguien, a su formación moral, a su forma de relacionarse y a la forma en que realiza sus tareas. ¿Qué hace ante determinadas situaciones y cómo lo hace? Ante la necesidad de desempeñarse, ¿cómo cumplirá lo que se le exige? ¿Puede amar? ¿Puede ser responsable? ¿Puede sentir empatía por los demás? ¿Puede desarrollar sus talentos? ¿Puede solucionar problemas? ¿Puede lidiar con el fracaso? ¿De qué manera refleja la imagen de Dios? Estos son algunos de los temas que definen el carácter.

Si el carácter de una persona es el que determina su futuro, entonces la crianza de los niños se trata fundamentalmente de cómo ayudarlos a desarrollar un carácter que les permita transitar por la vida en forma segura, estable, productiva y feliz. Los padres — y los que trabajan con niños — tienen que tener esto en mente. Un objetivo principal respecto de la educación de los niños, consiste en ayudarlos a desarrollar el carácter que les permita lograr un buen futuro.

Recién cuando mi amiga Allison tomó conciencia de esta realidad del futuro, cambió su forma de crianza. Le encantaba ayudar a su hijo, Cameron. Pero su ayuda no era realmente una "ayuda" para su hijo. Él había desarrollado un patrón por el cual se sentía con derecho a contar con la ayuda de todo el mundo, y dicho sentimiento afectaba sus relaciones en la escuela y en la iglesia. Allison siempre se había sentido feliz de poder ayudar a Cameron a poner orden en los líos que éste generaba. Un proyecto no cumplido era otra oportunidad para amarlo.

Sin embargo, Allison no sólo era una madre, también era una mujer adulta y una esposa. Cuando puso su atención en el futuro e imaginó el momento en que Cameron dejara sus responsabilidades en manos de otros, comenzó a preocuparse. Lo que para una madre no es molesto, otros lo deploran. Ella tuvo una visión sobre la realidad del destino del carácter. Y cambió en la forma de interactuar con Cameron para ayudarlo a desarrollar un sentido de responsabilidad, para animarlo a pensar acerca de cómo su conducta afectaba a los demás y si ellos querrían o no, formar parte de su futuro.

Eso es lo que queremos decir cuando afirmamos que el futuro es ahora. Cuando uno es padre, ayuda a crear el futuro de sus hijos. Los patrones que los niños determinan en sus primeros años de vida (su carácter) son los que utilizarán más adelante. Y el carácter siempre se forma en un contexto de relaciones. No podemos subestimar el papel que usted tiene en el desarrollo del carácter de su hijo. Como dice Proverbios: "Instruye al niño en su camino, y aun cuando fuere viejo no se apartará de él" (Proverbios 22:6).

Medicina preventiva

En 1992 escribimos *Boundaries*, un libro que trata sobre cómo tomar el control de nuestras vidas. En *Boundaries* hablamos acerca de cómo reparar las fisuras del carácter provocadas por la falta de límites. Desde entonces, a través de conferencias en la radio y la televisión, hemos hablado a más de un millón de personas sobre la forma de establecer límites en sus vidas. Miles de ellos nos han dicho que eso les ha permitido amar y vivir mejor, algunos por primera vez en su vida. No hay nada más apasionante que ver cómo crecen y cambian las personas.

Pero a partir de nuestra experiencia y la de nuestro público y lectores, llegamos a advertir algo obvio. Los adultos que tienen problemas de límites no los desarrollaron cuando llegaron a la adultez. Aprendieron patrones en los primeros años de sus vidas y luego continuaron con esos parámetros fuera de control en sus vidas adultas, donde las dificultades eran mayores. Durante su niñez y adolescencia habían aprendido los siguientes problemas de límites:

- Incapacidad para decir que no a personas dañinas o para fijar límites respecto de conductas perniciosas de otras personas
- Incapacidad para decir que no a sus propios impulsos destructivos
- Incapacidad para escuchar respuestas negativas de otras personas y para respetar sus límites
- Incapacidad para posponer las gratificaciones y lograr objetivos y tareas
- Tendencia a sentirse atraídos por personas irresponsables o dañinas y a intentar "cambiarlos"
- Hacerse responsables de la vida de otras personas
- Facilidad de ser manipulados o controlados
- Luchas internas con respecto a su intimidad y a mantener relaciones estrechas con otras personas
- Incapacidad de ser sinceros con sus relaciones más cercanas
- Incapacidad para enfrentar a los demás y para resolver conflictos en forma productiva
- Transitar por la vida como si fueran víctimas en lugar de vivirla con un propósito y un sentimiento de dominio propio
- Adicciones y compulsiones
- Desorganización y falta de perseverancia

De manera que comenzamos a pensar en forma preventiva. Nos encanta ayudar a los adultos que han tenido problemas de límites durante años, pero también deseamos ayudar a los niños a evitar que vivan lo que muchos de nosotros debimos atravesar para reparar la falta de límites. Darnos cuenta de esto nos llevó a escribir este libro sobre los límites en los niños. La mayor parte de los adultos que conocimos habían tenido padres bienintencionados. Pero muchas veces esos padres no supieron cómo edificar límites en sus hijos. De modo que les traspasaron su propio funcionamiento restringido en cuanto a los límites. Si muchos de estos padres hubieran sabido cómo criar a un hijo con buenos límites, se hubieran evitado muchos conflictos. Esperamos que este libro le ayude a desarrollar en sus hijos el tipo de carácter que le permita evitar varios problemas con los cuales luchan los adultos.

Además, los padres comenzaron a pedirnos que escribiéramos este libro. Conocían bien el dolor que habían sentido y no querían que sus hijos atravesaran el mismo camino de aprendizaje. Es mejor para un niño perder privilegios, que para un adulto perder un matrimonio o una carrera. Asimismo, ellos se dieron cuenta de que los límites son un factor clave para que funcione cualquier tipo de relación, y querían saber cómo aplicar los principios de los límites a sus hijos. Sus preguntas podrían agruparse en tres rubros básicos:

- ¿Cómo les enseño límites a los niños?
- ¿Cómo aplico mis propios límites con respecto a mis hijos de manera adecuada?
- ¿Cómo puedo asegurarme que mis hijos no tengan los mismos problemas con límites que he tenido yo?

Queremos ayudarlo a responder a estas preguntas y ayudar también a sus hijos a desarrollar el carácter que los conducirá a la vida que Dios creó para ellos.

Los niños no nacen con límites

Un límite es una "línea de demarcación" que define a una persona. Especifica dónde termina una persona y dónde empieza otra. Si sabemos dónde están los límites de una persona, también sabremos qué podemos esperar en cuanto al control que puede llegar a tener sobre sí. Podemos requerir responsabilidad en cuanto a sentimientos, conductas y actitudes. Por ejemplo, todos hemos visto parejas peleándose por "quién tiene la culpa", evitando asumir la responsabilidad de cada

uno en particular. En una relación, podemos definir qué esperamos de cada uno de los integrantes que la componen, y luego podemos requerir que asuman responsabilidades por la
parte que les toca. Cuando nos hacemos responsables de
nuestra parte en una relación, dicha relación es efectiva y todos logramos nuestros objetivos.

En el caso de los niños sucede lo mismo. Un niño debe saber dónde comienza él, de qué debe ser responsable y de qué
no. Si el niño sabe que el mundo requiere que él asuma la responsabilidad de su propia persona y de su propia vida, entonces podrá aprender a vivir de acuerdo con esas exigencias y le
irá bien en la vida.

Pero si crece dentro de una relación en la que se siente
confundido respecto de sus límites (sus responsabilidades) y
los límites de los demás (las responsabilidades de los otros),
no desarrollará el dominio propio que le permitirá manejar su
vida en forma exitosa. El niño crecerá con una confusión de límites que lo conducirá a lo opuesto: intentar controlar a los
demás y estar fuera de control. De hecho, una descripción
muy precisa de los niños es que ellos son personas pequeñas
que no tienen control sobre sí y que intentan controlar todo lo
que los rodea. No quieren tomar el control sobre sí para adaptarse a los requisitos de mamá y papá. ¡Lo que en realidad desean es que mamá y papá cambien sus requisitos! Uno puede
ver por qué la tarea de ser padres es tan difícil. Los niños no
nacen con límites. Ellos interiorizan los límites a partir de las
relaciones con los demás y de la disciplina. Para que los niños
aprendan a saber quiénes son y de qué son responsables, sus
padres deben aplicar límites claros y relacionarse con ellos
para ayudarlos a aprender sus propios límites.

Si las fronteras son claras, los niños desarrollan varias cualidades, entre ellas:

- Un sentido muy definido de quiénes son
- Sobre qué cosas son responsables
- Capacidad para escoger
- Entienden que si eligen bien, las cosas van a ir bien, y
  que si su elección es errónea, sufrirán por ello

- La posibilidad de un amor genuino basado en la libertad

La esencia de los límites está en el dominio propio, la responsabilidad, la libertad y el amor. Estos son los cimientos para construir una vida espiritual. Además de amar y obedecer a Dios, ¿qué mejor resultado podría obtenerse? Pero el tema es, ¿cómo se logra?

Las tres funciones de un padre

La tarea de los padres puede encararse de muchas maneras. Algunos ven a los padres como a un entrenador, otros como a un policía, muchos como a un amigo y unos cuantos como si fuera Dios. Todas estas funciones tienen algo de cierto.

Según nuestra opinión, la tarea de un padre o un cuidador consta de tres funciones principales:

- Tutor
- Administrador
- Fuente

Tutor

Un tutor es la persona legalmente responsable de un niño, y bajo esa facultad lo protege y lo preserva. ¿Por qué un padre debe brindar protección y preservar a su hijo?

La Biblia dice que los niños están "bajo tutores y curadores" (Gálatas 4:2). Los niños no cuentan con la sabiduría para proteger y preservar su vida. No saben distinguir entre el bien y el mal, entre el peligro y la seguridad, la diferencia entre lo bueno y lo mejor, entre la vida y la muerte. No piensan en las consecuencias de sus actos, sino en obtener una gratificación inmediata. Por lo tanto, mientras exploran y descubren sus límites, se exponen a los peligros. La sabiduría proviene de la experiencia, un elemento importante que al niño le falta.

Un tutor le proporciona al niño un entorno seguro para aprender y lograr sabiduría. Si se le otorga poca libertad como para ganar en experiencia, el niño permanecerá como tal para siempre. Si se le da demasiada libertad, el niño corre el peligro de dañarse. Por lo tanto, lograr el equilibrio entre la libertad y los límites constituye una tarea primordial en la crianza de los niños. Los padres deben proteger a sus hijos del peligro, protegerlos del mal y preservar sus vidas.

Este tutor protector hace uso de los límites adecuados para resguardar a los niños de diversas fuentes de peligro:

1. Peligros internos
2. Peligros existentes en el mundo exterior
3. Libertades inadecuadas que no están preparados para manejar
4. Acciones, conductas o actitudes inapropiadas o malignas (tales como asesinatos en serie o adicción al LSD)
5. Su propia tendencia regresiva a mantenerse dependientes y a evitar crecer

Los padres, en su papel de tutores, se ocupan de que sus hijos estén seguros, sanos y que crezcan adecuadamente. Con mucha frecuencia, emplean límites para realizar esta función. Establecen fronteras respecto a la libertad, y luego los ponen en práctica a fin de proteger al niño. Mediante este proceso, el niño interioriza los límites como fuente de sabiduría y gradualmente comienza a tener la capacidad de ocuparse de sí.

Administrador

Un administrador se asegura que las cosas se hagan, de que se cumplan los objetivos, las exigencias y las expectativas. Los niños no nacen con disciplina propia, por lo tanto necesitan la "disciplina de los demás". Los administradores brindan este tipo de regla para asegurarse de que el niño realice las tareas que le competen con el objeto de satisfacer los requisitos que son importantes para su crecimiento.

Los administradores proporcionan esta disciplina controlando los recursos, las enseñanzas, poniendo el acento sobre las consecuencias, corrigiendo, infligiendo castigos, manteniendo el orden y construyendo habilidades. Supervisan la ardua tarea cotidiana de lograr los objetivos.

Cuando Allison decidió apartar a Cameron de su deseo de evitar responsabilidades, fue necesario que administrara dicho proceso. Como podrán imaginarse, Cameron no estuvo inmediatamente de acuerdo con la nueva situación. Sin embargo, Allison debió establecer algunos objetivos, controlar los recursos y manejar las consecuencias hasta el momento en que su hijo pudiera aceptar la disciplina que necesitaría para llevarse bien con otra persona que no fuera su mamá. En pocas palabras, tuvo que conducir la inmadurez de su hijo. Por ejemplo, le entregó una lista para que aprendiera a hacerse cargo de sus pertenencias y para realizar tareas en la casa. Le detalló lo que sucedería si no lo hacía y cumplió las promesas respecto de las consecuencias que esto acarrearía. Cameron perdió muchos privilegios y aprendió el costo de ser un haragán.

Los límites tienen una gran importancia en la conducción de los niños. El hecho de fijar límites y requerirle al niño que se haga cargo de sí (tomar el problema como suyo y no de los demás), y que sea responsable (ocuparse de lo que ha encarado), implica un claro entendimiento de dichos límites. Más adelante abordaremos este tema en mayor profundidad.

Fuente

Los niños llegan al mundo sin recurso alguno. No saben dónde están los alimentos, cómo obtener un refugio o el dinero que necesitan para cubrir sus necesidades básicas. También tienen necesidades inmateriales, pero no saben cómo satisfacerlas. Necesitan amor, crecimiento espiritual, sabiduría, apoyo y conocimientos, pero todo esto está fuera de su alcance.

Los padres son la fuente de todas las cosas buenas que un niño requiere. Son el puente entre los niños y el mundo exterior donde se encuentran los recursos básicos para vivir. Y en cuanto a dar y recibir recursos, los límites juegan un papel muy importante. Los niños deben aprender cómo recibir y hacer uso de la responsabilidad de lo que se les da para luego gradualmente llegar a satisfacer sus necesidades por sus propios medios. Al principio, los padres son la fuente. Luego, progresivamente le otorgan independencia al niño para que pueda satisfacer sus propias necesidades.

El hecho de ser una fuente para nuestros hijos es, a la vez, una bendición y una dificultad. Si los padres dan sin límites, los niños aprenden a sentir que tienen derecho a todo y se vuelven egoístas y exigentes. La ingratitud pasa a ser un patrón de su personalidad. Si los padres brindan los recursos con reticencia, los niños cejan en su esfuerzo por desarrollar una esperanza de alcanzar metas que los gratifiquen. Veamos cómo los límites ayudan a estructurar los recursos y cómo juegan un papel fundamental en la tarea de los padres.

Aprender a ser responsables

Cuando por primera vez Cameron pasó a las filas de los que deben aprender el proceso de cómo ser responsables del aseo, carecía de varias cosas:

- No sentía la necesidad de realizar las tareas de aseo. Era mamá quien lo sentía.
- No se sentía motivado para realizar las tareas de aseo. Era mamá la que se sentía motivada.
- No planificaba la limpieza ni tenía tiempo de hacerlo. Mamá sí.
- No sabía cómo organizarse. Mamá sí.

Entonces, ¿cómo aprendió a ser responsable? Hubo una transferencia gradual de estas cualidades desde el exterior de Cameron hacia su interior. Si bien mamá contaba con todas esas cualidades dentro de sí y Cameron no, los límites invirtieron dicha situación. Finalmente, mamá ya no sintió la necesidad o la motivación, y no se tomó el tiempo ni recurrió a sus habilidades organizativas. Pero Cameron sí. Los límites facilitaron el proceso de hacer que el niño interiorizara cosas externas a él. Y en el análisis final, el establecimiento de fronteras de amor en el niño logra lo siguiente: Lo que antes era externo pasa a ser interno.

En lo que resta del libro nos ocuparemos del proceso por el cual los niños interiorizan la estructura que no poseen en forma natural. Si uno establece límites claros, los niños tendrán mayor oportunidad de obtener la motivación, la necesidad, las habilidades y el plan para vivir una vida amorosa, responsable, justa y exitosa ante Dios y ante los demás. Y esto es de lo que se trata el carácter.

En el siguiente capítulo observaremos en detalle el tipo de carácter que deseamos desarrollar en nuestros hijos.

2

¿Cómo es el carácter?

Cuando Allison visualizó el futuro matrimonio de Cameron, pudo ver que la responsabilidad por uno mismo era una cualidad importante que debía inculcarle a su hijo. Pasó de centrarse en el aquí y ahora, a pensar en el desarrollo del carácter de su hijo a largo plazo. ¿Qué tipo de persona le estaba enseñando a ser a Cameron?

No cabe duda de que queremos que nuestros hijos sean responsables. Pero con frecuencia no tenemos un panorama claro sobre el carácter que estamos intentando construir. Al tratar con los niños, ¡a veces deseamos que pase ese día, o incluso la próxima hora! Pero si pudiéramos ver más allá de la persona que estamos tratando de educar, entonces estaríamos en condiciones de tratar con los problemas inmediatos que se nos presentan como padres. Es fundamental darse cuenta de que cuando quiere que Johnny haga su tarea, no se trata solamente de que la haga, sino del posible éxito o fracaso de su matrimonio o de su carrera. Por eso le pedimos que nos acompañe en un breve viaje hacia la vida de "Johnny dentro de diez años". En este capítulo quisiéramos presentar algunas cualidades que consideramos importantes para el funcionamiento del adulto, cualidades en las que los límites cumplen un papel fundamental en cuanto al desarrollo.

Amar

El apóstol Pablo escribió sobre las tres grandes virtudes, la fe, la esperanza y el amor: "pero el mayor de ellos es el amor" (1 Corintios 13:13). La mayoría de los padres dirían que su deseo es que sus hijos tengan capacidad para amar.

Las personas que aman reconocen que el mundo no gira alrededor de ellos. Consideran las consecuencias de su conducta sobre quienes los rodean antes de actuar. En términos psicológicos, no son "egocéntricos". No creen que son lo único que importa y que las personas que están a su alrededor sólo existen para satisfacer sus exigencias y necesidades.

Pero en ocasiones, hasta los padres más amantes tienen hijos sumamente egoístas. ¿Cómo puede ser? Todos hemos escuchado frases como: "Ya sabes cómo es Susan. Sólo piensa en sí". Y muchas veces, Susan proviene de una familia sana. Pero los padres de Susan no establecieron límites que le exigieran respetar los sentimientos de los demás. Esta falta de límites convirtió a Susan en egocéntrica, afectando su capacidad de amar. La ausencia de límites en la niñez también puede llevar a actitudes impulsivas, adictivas o irresponsables, siempre carentes de amor.

George llegó desalentado a mi consultorio (el del doctor Cloud). Su esposa, Janet, a quien él amaba con todo el corazón, acababa de abandonarlo porque él nuevamente se había quedado sin trabajo. George, que era una persona muy talentosa, parecía tener todo lo necesario para ser exitoso. Pero había perdido varios trabajos debido a su irresponsabilidad e inconstancia. Sus jefes valoraban el talento que tenía, pero detestaban su desempeño. Luego de varias discusiones por causa de los fracasos laborales de George, Janet dijo: "Basta".

— La amo tanto me dijo George. ¿Acaso ella no se da cuenta?

— Creo que la amas — dije. — Pero en realidad no creo que ella vea ese amor que sientes por ella. Lo único que ve es la consecuencia que tu conducta ha tenido sobre su vida y la de los niños. Entonces ella se pregunta: "¿Acaso puede amarnos y tratarnos de este modo?" No puedes amar a alguien y no darle nada. Un amor que no da frutos en realidad no es amor. Ella no se siente amada debido a las cosas que tú le has hecho vivir.

Si existía alguna posibilidad de que George recuperara a Janet, no lo lograría con otra promesa vacía. Debía desarrollar límites dentro de sí para alcanzar el dominio propio que lo convertiría en una persona responsable. Janet iba a creer únicamente en actos, ya no en palabras de amor.

De niño, a George nunca se le había exigido que diera los frutos del amor. Sus padres eran personas agradables y muy trabajadoras. Pero puesto que habían vivido la época de la Depresión y habían trabajado muy arduamente, no deseaban que George tuviera que luchar como ellos lo habían hecho. En consecuencia, lo sobreprotegieron y prácticamente no le exigieron que realizara tarea alguna. Cuando le indicaban que hiciera algún trabajo en el hogar o que asumiera responsabilidades y él no las cumplía, los padres no tomaban ninguna medida disciplinaria, pues pensaban que así tendría un "amor propio positivo" en lugar de la "culpa" con la que ellos tuvieron que crecer. Por lo tanto, cuando no hacía lo que debía, no veía ninguna actitud negativa por parte de sus seres queridos.

Pero el matrimonio era otra cosa. Ahora tenía una relación en la que la persona que él amaba también le exigía, y finalmente todo se estaba derrumbando. Para que George fuera alguien que realmente diera amor a los demás, alguien cuyo afecto tuviera un verdadero impacto positivo en las vidas de otras personas, debía convertirse en alguien responsable. A fin de cuentas, el amor consiste en hacer las cosas con amor.

Además, las personas que aman respetan los límites de los demás. ¿Alguna vez tuvo una relación con alguien que ni siquiera podía escuchar pronunciar la palabra "no"? ¿Cómo se sintió? Por lo general, uno se siente controlado, manipulado y resentido, en lugar de sentirse respetado y amado. Una persona controladora cruza la línea e intenta adueñarse del otro. Esto no se parece demasiado al amor, independientemente de que la persona en cuestión diga cuánto le importa el otro.

Las personas que aman son capaces de controlar sus impulsos. Por ejemplo, muchos alcohólicos sienten un gran amor por sus familias. Su adicción les preocupa mucho y se sienten tremendamente culpables. Pero siguen bebiendo y aunque, como George, sienten amor, los efectos de su falta de capacidad para decirle no al alcohol termina destruyendo sus relaciones. Muchos otros problemas de tipo impulsivo — como la adicción sexual, el consumismo, el abuso de alimentos o de drogas y los ataques de ira — también terminan destruyendo el amor. La falta de límites hace que estas conductas sigan su curso.

Responsabilidad

Otra característica de un temperamento maduro es la responsabilidad. La irresponsabilidad de George le costó su matrimonio, pérdidas económicas, situaciones caóticas, falta de estabilidad y sueños no concretados.

Pero, ¿a qué llamamos responsabilidad? Muchas cosas nos vienen a la mente frente a esta palabra, como por ejemplo, deberes u obligaciones, confiabilidad y posibilidad de depender del otro, o simplemente "cumplir la tarea encomendada".

En realidad, la responsabilidad abarca muchos otros aspectos. Cuando pensamos en ella lo hacemos en función de apropiarnos de algo. Apropiarse de su vida significa tomar el control. Apropiarnos significa ser el verdadero dueño de nuestras vidas y saber sobre qué cosas somos responsables, tanto ante Dios como ante los demás. Cuando uno toma el timón, se da cuenta de que todos los aspectos de su vida son única y exclusivamente suyos, y que nadie va a vivir su vida por usted.

Todos deberemos comparecer ante Dios (2 Corintios 5:10) y Él nos hará responsables por lo que hicimos con nuestros talentos, nuestros recursos, nuestras relaciones, nuestro tiempo y nuestras acciones. Las personas responsables ven la vida como algo que se les ha confiado y saben que sólo ellos serán responsables de lo que hagan con ella.

En el libro *Boundaries* tratamos acerca de qué abarcan nuestros límites, qué es lo que definen y lo que protegen. Las personas verdaderamente responsables se hacen cargo de lo siguiente:

- Sentimientos
- Actitudes
- Conductas
- Elecciones
- Límites
- Talentos
- Pensamientos
- Deseos
- Valores
- Amores

Hacerse cargo de estos factores significa ser una persona verdaderamente responsable, el tipo de persona con la cual todos quieren relacionarse. Alguien responsable dice: "Mis sentimientos son problema *mío*", o "Mi actitud es *mi* problema".

La responsabilidad ha sido un asunto problemático para la humanidad desde el Huerto del Edén. ¿Recuerda cómo Adán no quiso responsabilizarse por sus propias elecciones? Cuando Dios le preguntó qué había sucedido, Adán culpó a Eva. "Fue la mujer que me diste", dijo, no sólo acusó a su compañera, ¡sino también a Dios por su propia elección errónea! Incluso Eva responsabilizó a la serpiente por haberla engañado. La raza humana ha estado luchando contra este tipo de problemas desde ese entonces. Y si no podemos hacernos cargo de nuestras propias vidas, tampoco podremos tener control sobre las mismas.

El otro día estaba aconsejando a una pareja que atravesaba una crisis matrimonial. Les pregunté a ambos acerca de su comportamiento.

— ¿Por qué se aparta de él? — le pregunté a la esposa.

— Porque me grita respondió.

— ¿Por qué le grita? — le pregunté al esposo.

— Porque ella se aparta de mí me contestó.

Entonces, formulé esta simple pregunta:

— ¿Cuánto tiempo creen que pueden seguir así?

Ambos me dijeron que no podían controlar sus conductas. Cada uno de ellos pensaba que su problema era culpa del otro. Ante esta situación en la que ninguno de los dos se hacía cargo de su propio comportamiento hacia el otro, las posibilidades de que se produjera un cambio eran mínimas. Me recordaron a Adán y Eva.

La meta que usted debe tener para su hijo es que aprenda gradualmente que lo que recae dentro de sus propios límites — sentimientos, actitudes y conductas — son su problema y no el problema de los demás. El niño que dice con respecto a su hermana: "Ella me hizo hacerlo", dirá lo mismo cuando sea adulto. El adulto verdaderamente responsable se da cuenta de lo siguiente: "Yo lo hice por mi propia cuenta y soy responsable de ello". En ese caso, existen esperanzas de que se desarrolle su control propio.

Libertad

¿Alguna vez tuvo un vínculo con una "víctima"? Las víctimas se sienten como si no tuvieran opciones en la vida. La vida es algo que les ocurre y cualquier cosa que se interponga es obra del destino.

Una mujer se quejaba que una compañera de trabajo siempre la interrumpía cuando ella intentaba terminar su tarea. Actuaba como si su tendencia a retrasarse en el trabajo fuera culpa de su colega.

— ¿Por qué habla con ella? — le pregunté.

— ¿Qué quiere decir?

— Cuando ella llega y la interrumpe, ¿por qué se pone a conversar?

— Bueno, debo hacerlo. Ella está allí de pie hablando.

— ¿Por qué no le dice que está trabajando o cierra la puerta y coloca un cartel que diga "No molestar"?

La mujer me miró como si no entendiera de qué le estaba hablando. El concepto de disponer de alternativas y poder controlar su propia conducta ni siquiera se le había ocurrido. Sentía como si algo le hubiera sucedido "a ella", por lo tanto debía resignarse. No podía hacer nada para cambiar la situación. Cuando le señalé que tenía varias opciones, me preguntó cuáles eran. Le sugerí cinco o seis, desde hablar con su compañera acerca del problema o con un supervisor, hasta solicitar que la cambiaran a otra sección. Para ella, esta era una forma nueva de pensar. Nunca había aprendido que era libre de elegir en cuanto a sus relaciones y a su propia vida.

Joe también era una víctima. Su empresa estaba implementando nuevas políticas que le resultaban difíciles de aceptar, y se sentía muy deprimido por los cambios.

— ¿Qué piensa hacer al respecto? — le pregunté.

— ¿A qué se refiere con *hacer* al respecto? — preguntó Joe.

— Me refiero a qué va a hacer respecto de permanecer en una situación que no le agrada.

Simplemente me miró. Transcurrió bastante tiempo hasta que se dio cuenta de que podía decidir entregar su currículum vitae a otras empresas y no ser una víctima de las cincuenta horas de trabajo que tanto odiaba.

Los niños que crecen con límites bien establecidos no sólo aprenden a ser responsables de su propia vida, sino que también son libres de vivirla como deseen, siempre y cuando se hagan cargo de sus elecciones. Para el adulto responsable, todo es posible.

Vivimos en una sociedad de víctimas. En la actualidad, las personas actúan como si no tuvieran opciones en la vida y como si los demás debieran hacerlo todo por ellos. De no ser así, no pueden hacerlo ni realizar cambios. Esto presenta una gran oportunidad para el futuro: si usted cría a sus hijos para que controlen sus propias vidas, estarán tan adelantados respecto de los demás, que su éxito en la vida estará prácticamente garantizado. ¡Vaya delantera que les llevarán a los demás!

Iniciativa

Jeri me estaba contando acerca de su relación con Dave. Amaba su sentido del humor, su sensibilidad y su compasión hacia los demás, pero no toleraba su falta de iniciativa. Si ella y Dave acordaban hacer algo nuevo, como por ejemplo, gimnasia, cuando llegaba el momento de cumplir lo planificado, no pasaba nada, a no ser que ella se ocupara de que así fuera. Siempre sentía como si lo "estuviera empujando cuesta arriba".

Yo sabía que el jefe de Dave pensaba lo mismo. Dave finalmente hacía lo que se le pedía, pero siempre parecía hacer falta de una fuerza exterior para que se pusiera en movimiento. Las personas se molestaban por su falta de ambición.

Un aspecto normal de la conducta humana es dar inicio a determinadas cosas. Haber sido creado a la imagen de Dios es haber sido creado con la capacidad de dar inicio a algo. Con frecuencia, las dificultades que surgen a este nivel están relacionadas con los límites. Dave carecía de una estructura apta para una conducta impulsada por metas, cosa que sí proporcionan los límites.

Los niños deben aprender a tener iniciativa, un aspecto importante de la enseñanza de límites. Hace varios años, estaba con una amiga que tiene un hijo de siete años. Mientras hablábamos, Davey nos interrumpió varias veces quejándose de que "no tenía nada qué hacer". Le decía a su madre que le dijera a qué podía jugar. Sabiendo que tenía todos los recursos necesarios, lo miró y dijo: "Davey, tú eres responsable de tu propia diversión". Un rato después, encontró un amigo que vino a jugar a su casa.

Hace poco me encontré con ella y nos pusimos al tanto de nuestras vidas. Me contó sobre todas las cosas interesantes que estaba haciendo Davey en su último año de la universidad. Pensé para mí, "*Sigue haciéndose responsable de su propia diversión*".

"La vida es algo que nos sucede mientras estamos haciendo otros planes", dice la autora de libros de misterio Margaret Millar. Pero para muchos, la vida es algo sobre lo cual pueden tomar el control y continuar haciéndolo diligentemente. Toman sus talentos y los multiplican, hasta lograr que ocupen un importante lugar en sus vidas. Están haciéndose "responsables de su propia diversión" y de las consecuencias de sus logros. Quienes no actúan de este modo son, en muchos casos, personas a las que no se les requiere que tengan iniciativa y que cumplan con sus tareas y objetivos, puesto que alguien lo hizo por ellos o debieron hacerse cargo de las consecuencias de sus acciones.

Respetar la realidad

Alguna vez alguien dijo: "La realidad es un lugar difícil dónde vivir, pero es el único lugar en el que se puede conseguir un buen trozo de carne". Si bien la realidad puede ser difícil de manejar, también allí es donde residen las cosas buenas de la vida. El carácter que da lugar a una vida que da resultado, debe tener un sano respeto por la realidad. La realidad, según nuestro entender, es experimentar las consecuencias de nuestros actos en el mundo real. Trataremos este concepto en mayor profundidad en un capítulo posterior, pero por el momento demos una mirada al concepto.

En breves palabras, todas las personas saben que sus actos tienen consecuencias reales en el mundo real. Las personas maduras utilizan este concepto para que sus vidas sean maravillosas, mientras que las personas necias golpean una y otra vez su cabeza contra la realidad.

Desde una perspectiva positiva, si estudio y me aplico, tendré compensaciones por mi ardua tarea. Hace poco pasé unos días con un amigo de la universidad. En los primeros años de estudiante, había cambiado su carrera por la de medicina. Recuerdo cuando lo observaba estudiar tan diligentemente materias tales como química orgánica, física y demás. Como tenía un atraso de un año y medio, sabía que tenía que recuperar ese tiempo. También sabía que si estudiaba mucho sería admitido en la facultad de medicina. La carrera había comenzado.

Hoy día, este amigo es un respetado cirujano cardiovascular de una importante ciudad. Le encanta su trabajo y ha llegado a ocupar una posición preponderante en el campo de la medicina. Muchas personas lo admiran y elogian su trabajo. Cuando ven a este respetado cirujano cardiovascular, no ven al joven estudiante universitario que tuvo en cuenta la Ley de

las consecuencias de la realidad: Si estudio mucho y me esmero, me irá bien. Sólo ven el fruto de su trabajo.

Al observar grandes logros, sólo vemos los resultados y no
todo lo que se hizo para alcanzarlos. Esto nos lleva a caer presa
del pensamiento mágico. Pensamos equivocadamente que alguien alcanzó metas importantes mediante capacidades so-
brehumanas o algún tipo de conocimiento oculto. Pensamos
que se trata de algo mágico. Pero la realidad es que el logro se
alcanzó día tras día, curso tras curso, trabajo tras trabajo. Debemos enseñarles a nuestros niños a pensar de ese modo.
Cuando lo aprenden, comprenden que ellos también pueden
alcanzar grandes logros. Adquieren un sano respeto por el aspecto positivo de la realidad.

Pero la realidad tiene dos lados. La pereza y la haraganería
tienen un costo. Conducir a gran velocidad puede costarme el
uso del automóvil. Mis conductas tienen consecuencias en la
realidad. Si tomo conciencia de eso, trabajo tanto con la esperanza de obtener una gratificación como con el deseo de evitar
realidades dolorosas derivadas de mi falta de desempeño o de
malas elecciones.

Todos sabemos que los adultos tienen poco respeto por
la realidad. Constantemente realizan malas elecciones, o
bien, otros les han permitido evitar las consecuencias de su
comportamiento hasta que se produce una verdadera catástrofe y sufren una pérdida terrible tras otra. Entonces nos
preguntamos por qué continúan realizando estas devasta-
doras elecciones.

Una y otra vez, podemos encontrar las raíces de dicha
conducta en la falta de límites que hubieran permitido que la
persona pudiera sentir un respeto sano por la realidad. Demasiadas veces se los sacó de apuros. Se les permitió pensar que
las consecuencias eran para los demás y no para ellos.

Los adultos maduros sienten un respeto sano por la realidad. Saben que, la mayoría de las veces, si hacen las cosas
bien, el resultado será bueno. Si no hacen nada, o hacen las cosas mal, el resultado será malo. Este respeto doble por los as-

pectos positivo y negativo de la realidad, con frecuencia recibe el nombre de sabiduría.

Obviamente, también les suceden cosas malas a personas buenas. Pero incluso entonces, si uno responde en forma adecuada, el resultado será mejor. Siempre tenemos algo que decir sobre la realidad final en la que vivimos.

Crecimiento

¿Alguna vez se ha encontrado con una persona que no ha visto por un tiempo, y le ha contado que su vida es mucho mejor ahora de lo que era antes? ¿Y usted se fue con un sentimiento cálido, de aprecio por lo que dicha persona logró? Piense en algunos ejemplos que todos hemos visto:

- Alguien que bajó 15 kilos.
- Una pareja que estaba al borde del divorcio y logró reconciliarse.
- Alguien que tenía problemas en su carrera y que comenzó a tener éxito.
- La "oveja negra" que dejó de serlo.
- Un adicto o un alcohólico que abandonó su adicción.
- Alguien que vivió muchas desilusiones amorosas y que finalmente logró formar una relación sólida.

O si dejamos el reino de las dificultades y observamos las cosas normales que mejoran, vemos el mismo tipo de cosas:

- Alguien que inicia un pequeño negocio y le va cada vez mejor.
- Alguien que se muda al otro lado del país sin nada ni nadie y logra formar una vida propia.
- Una persona que cambia de carrera a mitad de camino, comienza otra y tiene éxito.
- Una persona tímida que ahora tiene un círculo de amigos y relaciones estrechas con determinadas personas.

Pocas cosas nos inspiran tanto como la historia de una persona que crece y que supera algún obstáculo difícil, especialmente respecto de su propio carácter. Nos encanta ver a la gente cambiar y crecer, convertirse en alguien que no era o mejorar aun más. Películas como *Regarding Henry* y *The Doctor* nos cautivan justamente porque en ellas vemos que alguien cambia y crece.

La capacidad de crecer está relacionada con el carácter. Una buena tarea de crianza por parte de los padres puede ayudar a un niño a desarrollar un carácter orientado hacia el crecimiento, que le permita enfrentar los obstáculos de la vida. Dicho carácter incluye capacidades de desarrollo y de obtención de conocimientos, así como también la capacidad para enfrentar situaciones negativas propias que uno necesita cambiar.

El carácter que tiene la capacidad de crecer permite:

• Recuperarse de estados emocionales dolorosos.
• Mantener períodos de tensión y demorar las gratificaciones o los buenos sentimientos hasta haber cumplido con una responsabilidad.
• Ser un buen perdedor, sentirse apesadumbrado y luego dejar de lado lo que no puede reclamarse ni ganarse.
• Confesar que uno se ha equivocado.
• Cambiar la conducta o el rumbo al confrontarse con la realidad.
• Perdonar.
• Hacerse cargo de un problema.

La persona que pueda hacer todas estas cosas podrá crecer cuando se enfrente a un desafío difícil.

Hace poco participé como asesor en una gran empresa que tenía problemas con su personal. La persona en cuestión estaba entre la espada y la pared: su conducta y su desempeño no se correspondían con lo que la compañía requería de él. Era sumamente talentoso, pero si no cambiaba, lo más probable era que perdiera su puesto. Recientemente lo habían promovido a un cargo de mayor responsabilidad, que abarcaba operaciones de varios estados. Comenzó a tener problemas cuando las nuevas responsabilidades empezaron a exigirle nuevos niveles de habilidad en cuanto al tratamiento de problemas y personas.

Por ejemplo, le tocaba resolver conflictos entre los empleados y la casa central. En ocasiones, el hecho de que una persona renunciara o no a su cargo dependía de cómo resolvía el conflicto. Pero le costaba lidiar con las personas en situaciones donde se involucraban las emociones. Se convertía en un adversario. Además, deseaba que los cambios produjeran un éxito inmediato.

En lugar de responder a esta nueva oportunidad laboral y a los nuevos requisitos correspondientes a una actitud dispuesta al crecimiento, hacía todo lo contrario. Exigía que la organización y sus jefes cambiaran y reconocieran que él era quien tenía razón. A decir verdad, si observamos la lista de habilidades características de una persona que desea crecer, él no cumplía con ninguna de ellas. En lugar de resolver los sentimientos problemáticos, los ponía de manifiesto. No tenía capacidad de sufrir las pérdidas, dejarlas de lado y planificar un curso de acción. No estaba dispuesto a ponerse a trabajar en serio e implementar los tipos de cambio que requerirían un tiempo hasta dar sus frutos. Quería resultados inmediatos. Si se lo enfrentaba, culpaba a los demás. Cuando se le pedía que cambiara, no se movía ni un ápice del rumbo que se había fijado.

Finalmente, fue reemplazado por otra persona que tenía menos talento pero más carácter. Sentí pena, porque si hubiera estado orientado hacia el crecimiento, le hubiera ido muy bien en su nuevo cargo. Cuando analicé su caso, descubrí patrones de resistencia al crecimiento que databan de su niñez. Nunca nadie había requerido que él se adaptara a las exigencias de la realidad. Siempre se le había permitido permanecer tal como era. Había utilizado su encanto personal y su talento para posponer los cambios.

Para evitar desperdiciar este tipo de talento, los padres deben hacer que sus niños produzcan el cambio, en lugar de intentar que sea la realidad la que cambie. Los límites ayudan a los niños a entender qué se espera de ellos y cómo deben crecer para satisfacer dichas expectativas.

Orientación hacia la verdad

Una persona poco honesta está ubicada entre lo que podríamos llamar el dolor y la catástrofe. Como consejero he visto más dolores ocasionados por la falta de sinceridad en las relaciones, que por cualquier otro motivo. La falta de honestidad alimenta la traición, obstaculiza la intimidad y evita el crecimiento. Si una persona es capaz de ser sincera y está dispuesta a serlo, podrá crecer.

Los padres son un ejemplo de honestidad para sus hijos, enseñándoles a ser sinceros y brindándoles un entorno seguro en el cual puedan manifestarse con franqueza. En términos generales, todos los niños ocultan la verdad cuando se sienten amenazados por ella. Por lo tanto, los padres deben crear un contexto en el que los niños puedan superar esa tendencia natural. Para ello, se requiere un delicado equilibrio entre la seguridad y las normas.

Había trabajado durante unos meses con Sara y Tom, cuando un día llegó Sara y dijo:

— Se terminó. Ya no puedo confiar en él y nunca más podré volver a hacerlo.

— ¿Qué pasó? — le pregunté, pensando que había tenido otra aventura amorosa, una situación que ya había sucedido años atrás y de la que ella no se había recuperado.

— Me dijo que teníamos suficiente dinero como para pagar las cuentas, que no me preocupara. Pero hoy me llegaron por correo varias intimaciones de pago, estamos atrasados en todo. Ya no puedo seguir viviendo así — dijo con sollozo.

Mientras hablábamos sobre el tema, me encontré ante una situación que había escuchado literalmente miles de veces de boca de cónyuges con parejas poco sinceras. Lo triste de todo esto era lo siguiente: *El dinero en realidad no era el problema. El problema era que Tom no era sincero respecto al dinero.* Sara podría haber tolerado el problema económico. Pero puesto que Tom no podía ser sincero respecto de cuán atrasados estaban en los pagos, ella siempre sentía como si estuviera en arenas movedizas. Todo el tiempo descubría cosas que no eran tal como Tom le hacía creer que eran. Habitualmente, los cónyuges mienten sobre cosas no demasiado importantes. Pero ocultar y mentir siempre destruyen la confianza. Las palabras dolorosas que siempre escucho pronunciar a una esposa son: "No me importa de qué se trate. Simplemente dime cómo son en realidad las cosas para saber cuál es la situación que estamos atravesando".

La triste pregunta que uno se hace sobre alguien que miente es: ¿Por qué? ¿Por qué mentir cuando sería mucho más sencillo decir la verdad? ¿Por qué engañar si eso produce mucho más enojo que admitir el error? ¿Por qué crear otro problema (mentir) cuando ya existe uno?

Por lo general, la respuesta reside en la historia y el desarrollo del carácter de la persona. Le teme al enojo, a la vergüenza, a la culpa, a la acusación y al abandono, como resultado de su error en una relación. Por lo tanto, oculta la verdad. Entonces, cuando todo se descubre, siente enojo, vergüenza, culpa, acusación y abandono, es decir, todo lo que temía. Pero lo siente más por haber mentido que por haber cometido un error.

Los límites ayudan a que las personas digan la verdad. Además de exigir la verdad, los límites brindan la tranquilidad de saber cuáles son las consecuencias de los errores que se cometen. *Los niños pueden manejar las consecuencias lógicas de sus errores (tales como una penitencia, no ver televisión, no poder salir a pasear) mucho mejor de lo que pueden manejar consecuencias vinculadas con las relaciones (como por ejemplo el enojo, la culpa, la vergüenza, la acusación o el abandono).* Los niños temen mucho más las consecuencias vinculadas con las relaciones que las consecuencias lógicas y conocidas resultantes de su comportamiento.

Orientación hacia la trascendencia

"Él nos hizo, y no nosotros a nosotros mismos", dijo el salmista (Salmo 100:3). Las preguntas más importantes que toda persona debe responder son: "¿Quién es Dios?" "¿Soy yo o es Dios?". Las respuestas a estas preguntas marcan el rumbo de la vida de una persona.

Quienes saben que no son Dios, admiran a Dios, a fin de trascender su propia existencia. Ordenan su vida alrededor de él y de sus valores. Son conscientes de que no están aquí para servirse ellos mismos, sino para servirle a él. Comprenden el más importante de los mandamientos: "Amarás al Señor tu Dios con todo tu corazón, y con toda tu alma, y con toda tu mente" (Mateo 22:37). Encomendarse a Dios les da un rumbo y un significado a su existencia, permitiéndoles trascender la vida, los problemas, sus propias limitaciones y errores, y los pecados que otras personas cometen en su contra. Sin una orientación hacia trascender las realidades de esta vida y acercarse a las realidades de Dios, las personas están muy limitadas.

Una de las cosas más tristes acerca de las personas que carecen de este sentido de trascendencia, es cómo los consideran los demás. Las demás personas constantemente se topan con esta incapacidad de ver que no son Dios y que la vida no gira alrededor de ellos. Puesto que siempre construyen una vida alrededor de ellos mismos y de su egocentrismo, los demás, en lugar de sentirse personas, se sienten objetos. Trascender significa poder pasar por alto nuestra propia existencia y valorar la existencia de los demás. Quienes no lo hacen, de alguna manera están esperando que la vida y los demás los sirvan a ellos, y no a la inversa.

Las personas que tienen capacidad de trascender van más allá de su propia existencia para tomar en cuenta la realidad de los demás, la de Dios y las virtudes que consideran más importantes que ellos mismos y su felicidad inmediata. Pueden demorar o privarse de la gratificación inmediata en pos de alguien o Alguien aparte de ellos mismos. En pocas palabras, puesto que se dan cuenta de que la vida es algo mucho más prominente que ellos mismos, se vuelven más prominentes de lo que son para satisfacer las necesidades que se les imponen. La humildad los convierte en personas más grandes de lo que fueron: la paradoja final. El orgullo trae consigo destrucción, mientras que la humildad, verdadera gloria.

Una tarea difícil

La tarea que tienen los padres en cuanto a estructurar el carácter de un niño puede ser abrumadora. Por cierto, es mucho más fácil actuar de acuerdo con las circunstancias o hacer las cosas en forma natural. Pero se requiere algo más elevado y de mayor envergadura. Como dijimos antes, el carácter de un niño determinará gran parte del rumbo que tome su vida.

"Comenzar con la meta final en mente", dice Stephen Convey en su afamado libro *The Seven Habits of Highly Effective People* [Los siete hábitos de personas de alta eficiencia]. Comenzar con la meta final en mente es una característica de las personas a las que les va bien en la vida. También es una característica de quienes hacen bien su tarea de padres. Cuando hayamos comprendido que un objetivo fundamental de los padres consiste en criar a una persona de buen carácter, nos habremos acercado a la meta.

Pero para criar a un niño de buen carácter, debemos ser padres de buen carácter. Para establecer límites en nuestros hijos, *nosotros* debemos tener límites. Y ese es el tema que trataremos en el próximo capítulo.

3

Los niños necesitan padres con límites

Yo (el doctor Townsend) escuché por primera vez las palabras "niño problemático" cuando estaba en la escuela primaria. Oí a dos maestras hablando acerca de Wayne, un compañero mío. "Había escuchado que Wayne era un niño problemático aun antes de que fuera mi alumno", le decía una maestra a su colega.

Como yo conocía a Wayne, la frase cobró sentido para mí. Si bien me agradaba, siempre parecía estar fuera de control. Cometía destrozos, era agresivo e insolente con las maestras. No había pensado mucho en cómo era hasta que un sábado fui de visita a su casa.

Los padres de Wayne eran amables, pero no le brindaban a su hijo una estructura sólida. Por ejemplo, él y yo hacíamos mucho ruido cuando jugábamos al baloncesto en la sala de su casa. Transcurrió bastante tiempo hasta que alguien vino a decirnos algo. Su madre entró y dijo con una sonrisa complaciente: "Wayne, querido, detesto interrumpir tu juego, pero ¿sería un gran inconveniente para ti jugar en otro lado?"

Wayne le respondió con insolencia y seguimos jugando.

Un rato después, vino su padre y nos gritó: "Eh, a ustedes les hablo. ¿Cuántas veces tengo que decirles ¡basta!?"

Así que subimos a jugar al cuarto de Wayne, volviendo aun más locos a todos los que estaban en la planta baja. Wayne era quien manejaba la casa.

Los "niños problemáticos" no evolucionan porque sí. Por lo general, provienen de un contexto con problemas, y los niños con límites sanos no los obtienen de la nada. Si bien, por naturaleza, nos resistimos a los límites desde que nacemos, el aporte de otros tiene mucha importancia en el desarrollo de límites o bien en la falta de desarrollo de los mismos. Cuando comience a pensar de dónde provienen los conflictos con los límites y los problemas de desarrollo, "Mirad a la piedra de donde fuisteis cortados, y al hueco de la cantera de donde fuisteis arrancados" (Isaías 51:1).

Siendo tanto cristianos como psicólogos, vivimos en dos entornos diferentes. El mundo religioso a veces culpa de los problemas al niño, diciendo que es parte de su naturaleza pecaminosa. El mundo psicológico a veces culpa a los padres, responsabilizando de las conductas descontroladas a "lo que le sucedió de niño". En ambos casos, hay claramente un muchacho bueno y un muchacho malo.

Ninguna de estas perspectivas es absolutamente correcta. En realidad, ¡es mucho peor! *Quienes somos hoy es básicamente el resultado de dos fuerzas: nuestro entorno y cómo respondemos a él.* La forma en que nuestros padres nos educaron, las relaciones significativas y las circunstancias, tienen mucho que ver en cómo se forjan nuestro carácter y nuestras actitudes. Pero la forma en que reaccionamos ante las relaciones importantes y las circunstancias — ya sea poniéndonos a la defensiva o respondiendo ante ellas — también influye en el tipo de persona llegaremos a ser.

Tal vez usted tenga un hijo con problemas de límites, o simplemente quiera ayudar a su hijo a convertirse en una persona responsable y honesta. Cualquiera sea el caso, este capítulo no tiene la intención de hacerlo sentir culpable. Por el contrario, queremos hacer hincapié en el primer y más importante ingrediente para ayudar a los niños a tener límites: un padre con límites.

Su hijo reacciona a su forma de actuar como padre

No ignoremos la realidad de que mi amigo Wayne tenía problemas. Y tampoco pasemos por alto que los problemas eran de Wayne y que a él le correspondía resolverlos. Pero aquí se aplica otro principio: *Usted debe interpretar la conducta de un niño como una respuesta a la suya propia.* Esto requiere un cambio de perspectiva, puesto que normalmente consideramos los actos de una persona en función de sus motivaciones, necesidades, personalidad y circunstancias, y no en función de las nuestras.

Tomemos a Wayne como ejemplo. Mi amigo era irrespetuoso, no respondía ante la autoridad y estaba fuera de control. Podríamos intentar comprender la conducta de Wayne de diversas maneras. Es impulsivo, egocéntrico o inmaduro. Tal vez todo esto sea verdad, pero eso no trata el tema de sus padres. Wayne respondía al estilo de relacionarse que tenían sus padres. Llegaba hasta dónde lo dejaban llegar. Sabía que su madre era impotente y temerosa de generar conflictos, de modo que Wayne se aprovechaba de su debilidad. Sabía que su padre despotricaría y se enfurecería y que podía hacer lo que quisiera hasta que éste explotara. Comprendía, incluso en ese momento, que podía eludir las órdenes de su padre y comportarse mal en otro lado, ya que su padre no le impondría un castigo, prefiriendo, en cambio, volver a la lectura de su periódico, sintiéndose justificado por haber puesto al niño en su lugar.

Como regla general, los niños no saben qué están haciendo. Poco conocen acerca de cómo manejarse en la vida para que las cosas salgan bien. Por eso Dios les dio padres, para que los amen, les den una estructura y los guíen hasta que alcancen la madurez. Entonces, así como un cachorro necesita entrenamiento para obedecer, los niños necesitan ayuda externa. Básicamente, madurarán hasta el punto en que los padres los estructuren, pero no más allá. Las limitaciones que tienen los mayores para poder ser responsables y enseñar a serlo, influyen en la forma en que los niños aprenden a ser responsables. Es algo que los niños no tienen naturalmente en su interior. Ellos responden y se adaptan a las enseñanzas de sus padres.

La primera y principal imagen mental que los niños tienen sobre cómo funciona el universo, es su hogar. Ese es el ámbito en el que se forman sus conceptos de realidad, amor, responsabilidad, opciones y libertad. De modo que si usted se relaciona con sus hijos de forma tal que se reflejan las leyes de Dios, harán una transición exitosa hacia el mundo externo. Pero si usted protege a sus hijos de los dolores de la irresponsabilidad, lo está preparando para que tenga dificultades graves cuando sea adulto.

Una de las preguntas más útiles que los padres pueden hacerse al enfrentarse al problema de un niño no es: "¿Por qué no deja de pegarle a su hermano?", sino "¿Qué hice yo para que se produjera este problema?" Puede que sea doloroso, ya que será necesario que usted mire la viga de su propio ojo y no la paja del ojo de su hijo (véase Mateo 7:1–5). Pero lo bueno de este enfoque es que lo aparta de la trivialidad de intentar controlar al niño y lo acerca a la posibilidad de poder controlar su postura con respecto a él. Ser un padre con límites, que está criando un hijo con límites, requiere aceptar la realidad de que *no basta con leer este libro*. Analice también sus propias actitudes. Descubra dónde están las debilidades de sus límites. Obtenga información y ayuda. Si no ha leído nuestro libro *Boundaries*, le sugerimos que lo haga, junto con el libro de trabajos prácticos. También hay disponible un video para trabajo en grupos. Corrija y desarrolle límites con Dios y con las otras personas que forman parte de su vida y que también están en un proceso de crecimiento.

Sus tres vías de influencia

Existen tres maneras de poder influir en el desarrollo de límites para sus hijos.

Enseñar

Usted le enseña a sus hijos a atarse los cordones de los zapatos, a andar en bicicleta y a asear sus cuartos. Los envía a la escuela para que aprendan un millón de hechos y habilidades. También puede enseñarle límites, es decir, la capacidad de escuchar y de decir que no cuando corresponda.

Los conceptos y los principios de los límites son explícitos y claros. No son ideas vagas ni esotéricas. Por el contrario, se basan en la realidad, en las leyes de Dios y en la vida cotidiana. Como resultado de ello, usted puede enseñarle límites a sus hijos, y ellos pueden aprenderlos. Puede ayudar a sus hijos a expresar en palabras sus experiencias, a aplicar sus enseñanzas a situaciones nuevas, y a aclarar y modificar las enseñanzas a medida que crecen y se desarrollan.

Por ejemplo, no tema utilizar la palabra *límite* con su hijo: es un término muy útil. Cuando, desafiante, se niegue a dejar de gritarle, espere a que pase el momento. Luego diga:

— Jill, en esta casa existe un límite por el cual no se permite gritar. Puedes estar enojada y contarme acerca de tu enojo, pero si gritas, molestas a la gente. Si cruzas el límite y gritas, la consecuencia será que hoy no podrás salir a jugar cuando regreses de la escuela.

Es más, enséñele a su hijo principios sobre los límites, no sólo aplicaciones prácticas. Los pequeños pueden aprender esta frase: "Eres responsable de tu comportamiento". Esto significa que deben aceptar la responsabilidad de, por ejemplo, asear su cuarto, obtener buenas calificaciones en la escuela, comportarse correctamente en la mesa y controlar los berrinches. Si no cumplen con los límites establecidos, no podrán culpar a otra persona por ello. Conceptos como éste respecto de los límites pueden rápidamente pasar a ser parte de la vida cotidiana de una familia y los niños observarán cómo se aplican a otros aspectos. Un niño de cuatro años le decía a su hermano: "No toques ese juguete, por ahí pasa mi límite". Enseñe diligentemente estos conceptos a sus hijos adaptándolos a su edad (Deuteronomio 6:6,7).

A continuación mencionaremos algunas pautas generales para comprender los diversos límites que se adaptan a las diferentes edades de los niños.

Desde el nacimiento hasta el primer año de edad. Durante el primer año de vida, los niños se vinculan con su madre y su padre y establecen una confianza básica, de modo que los límites a esta edad deberán ser mínimos. Los lactantes no tienen dentro de sí suficiente amor ni estructuras como para tolerar un alto nivel de frustración. Durante esta etapa de aprendizaje, la madre debe proteger y nutrir, al tiempo que satisface las necesidades de calidez y amor que necesita el bebé.

De uno a tres años. Los niños de estas edades pueden aprender a responder a la palabra *no* y comprender las consecuencias de su desobediencia. Esto puede aplicarse a situaciones de peligro, berrinches, violencia y demás. Puede que no comprendan su razonamiento lógico, pero en términos generales ellos pueden entender que el hecho de obedecer ese *no* traerá aparejadas cosas buenas y que el ignorar ese *no* les producirá incomodidad.

De tres a cinco años. Durante este período, los niños tienen mayor capacidad para comprender los motivos por los cuales deben asumir responsabilidades, y cuáles serán las consecuencias si no lo hacen. Pueden hablar con usted sobre el tema. Aprender cómo tratar con amabilidad a sus amigos, responder a la autoridad, disentir con respeto y hacer las tareas del hogar, son todos aspectos relacionados con fijar límites en esta etapa de crecimiento. Consecuencias tales como suspender salidas y compra de juguetes, no ver televisión o actividades divertidas, son muy eficaces en estas edades.

De seis a once años. Esta etapa requiere mucho trabajo al igual que una mayor orientación hacia ámbitos no familiares: la escuela, otras actividades, la iglesia y los amigos. Los temas relacionados con los límites girarán alrededor de un equilibrio entre el tiempo que el niño está en su casa y el tiempo que está con sus amigos, el cumplimiento de sus tareas escolares, la orientación de objetivos y administración del tiempo y el dinero. Las consecuencias pueden incluir la aplicación de restricciones respecto de las amistades, de la libertad y de los privilegios que el niño tiene en el hogar.

De doce a dieciocho años. La adolescencia es la etapa final de la niñez, previa a la adultez. Implica tareas tales como solidificar la propia identidad diferenciándola de la de los padres, aprendizaje en cuanto a carreras, madurez sexual, elecciones amorosas y valores. También es un período en el cual uno debe comenzar a dejar la tarea de crianza, pasando de una posición de control a una de influencia.

Si tiene hijos adolescentes, ayúdelos con temas como relaciones, valores, programación del tiempo y objetivos a largo plazo. Establezca tantas consecuencias naturales como sea posible (como por ejemplo, no darle dinero o tener que hacerse cargo de las malas calificaciones).

Algo a tener en cuenta en esta etapa: el adolescente que actúa como si fuera un niño de tres años no debiera contar con las libertades correspondientes a su verdadera edad. La libertad proviene de manejar bien las responsabilidades, no es un don adquirido por la edad cronológica.

Dar el ejemplo

Dar el ejemplo y enseñar son cosas diferentes. Los niños observan y aprenden cómo funciona usted con sus límites en su propio mundo. Observan cómo los trata a ellos, a su pareja y cómo encara su trabajo. Y lo imitan, para bien o para mal. Admiran a sus padres y desean ser como esos individuos grandes y poderosos. Cuando se colocan las chinelas de papá o se maquillan con el lápiz labial de mamá, están probando funciones de adultos para ver cuál es el adecuado para ellos. En este sentido, los límites se "contagian" más de lo que se "enseñan".

Dar el ejemplo es algo constante, no sólo cuando uno está "sintonizado" como padre. Se produce básicamente en cualquier momento en que su hijo lo ve o lo oye. Más de una madre se consterna al descubrir que sus hijos hacen lo que ella hace y no lo que dice: "¡Yo les enseñé qué era bueno y qué no!", exclamará. Y puede que lo haya hecho, pero con frecuencia el niño descubre desde temprana edad si las creencias de su madre (o de su padre) guardan coherencia con sus actos.

Un buen ejemplo de esto son las normas universales de conducta. Muchas reglas de privilegio y responsabilidad, tales como los horarios para irse a dormir y para ver televisión, son diferentes para los niños que para los adultos. No obstante, algunas de ellas debieran aplicarse a todos los miembros de la familia. Un ejemplo es la siguiente regla: "No se interrumpe cuando alguien está hablando". Con frecuencia, los padres sienten que lo que tienen para decir es más importante que los relatos del niño sobre qué le sucedió en la escuela.

Sin embargo, si la familia ha establecido que cualquier miembro puede hablar con el otro como regla universal, el niño ve en sus padres el ejemplo del respeto por los demás. Cuando el pequeño Jeremy dice: "Mamá, me interrumpiste" y la madre puede responder: "Tienes razón, hijo. Te pido disculpas", el niño está aprendiendo que respetar, disculparse y responder a las reglas del hogar son cosas que hacen los adultos.

Estos no son sólo aspectos buenos, sanos o maduros de un adulto, sino reglas de la realidad. Y los niños buscan desesperadamente normas a las cuales aferrarse. Por eso si mamá dijera: "Jeremy, no entiendes. Lo que yo quería decir era muy, pero muy importante", lo más probable es que Jeremy adopte una actitud defensiva y racionalice esa conducta al enfrentarse con otras contravenciones. *La necesidad de pertenencia que tiene un niño es mayor que su necesidad de ser bueno.* Si el hecho de obedecer las reglas de la casa lo ayudan a sentirse parte de ella, que así sea. Si el hecho de rebelarse contra ellas le permite atraer la atención y un sentido de pertenencia, que así sea también. La clave está en el ejemplo que uno da.

Ayudar a su hijo a interiorizar

Interiorizar algo es hacerlo parte de uno mismo. Es más que aprender un hecho, y es diferente de verlo concretado. Es convertir ese hecho en una realidad vivida. Hay dos maneras de "saber" acerca de algo: la intelectual y la de la experiencia. Uno puede memorizar una definición acerca de qué es el amor romántico, "saberlo" en forma intelectual. Pero, enamorarse es otro tema, es "saberlo" mediante la experiencia.

Esta diferencia puede sorprenderlo, pero si la comprende, su actitud como padre florecerá: *Si su enseñanza sobre límites consiste sólo en palabras, está desperdiciando su aliento.* Pero si "hace" límites con sus hijos, ellos interiorizan las experiencias, las recuerdan, las digieren y las incorporan como parte de su observación de la realidad.

Hace poco, mi esposa Barbi, y yo comenzamos a trabajar respecto de la responsabilidad económica con nuestros hijos Ricky, de siete años, y Benny, de cinco. Les otorgamos un cierto monto de dinero semanalmente, basándonos en determinadas tareas del hogar que debían hacer. Al principio, los niños pensaban que el dinero crecía en los árboles. Les gustaba tenerlo, pero no tenían ningún tipo de sentido de responsabilidad al respecto. Para ellos, tener dinero era maravilloso y creían que siempre habría suficiente. Barbi y yo hablamos con ellos varias veces sobre la conveniencia de ahorrar para adquirir lo que quisieran en lugar de gastarlo todo de una vez. Les entró por un oído y les salió por el otro. No era culpa de ellos, simplemente no tenían experiencia sobre querer tener algo y no tener un centavo.

Un día los niños gastaron todo su dinero en un juguete que deseaban. Un par de días más tarde, salió a la venta un libro de historietas que ansiaban tener desde hace tiempo y fueron a sus "arcas". No se habían vuelto a llenar del día a la noche. Estaban vacías. Entonces corrieron a pedir la ayuda de mamá y papá. Les dijimos: "Nada de regalos ni de préstamos. Gánenselo con el pago semanal que les damos". Entonces nos preguntaron si podían hacer tareas extra. Les dijimos que no.

Luego comenzaron a llorar. Nos dio lástima que no pudieran comprar lo que tanto deseaban, pero las huchas permanecieron vacías. Unas horas después, Benny dijo: "La próxima vez, voy a esperar mucho, mucho tiempo antes de gastarlo". Y lo hizo, y lo hicieron. La siguiente vez que recibieron su dinero, separaron una parte y hablaron de cómo iban a ahorrar y cuán poco iban a gastar. Habían comenzado a interiorizar la realidad de que si uno gasta ahora, no tendrá el dinero más adelante.

Ningún sermón ni reto hubiera logrado este resultado. Fue necesaria una experiencia con los límites de los padres, para poder crear los límites de los niños. Uno es como un árbol contra el que el niño se golpea la cabeza una y otra vez, hasta que se da cuenta de que el árbol es más fuerte que él y la siguiente vez, lo rodea.

Obstáculos para enseñar límites

"Si no puedes aguantar el calor, sal de la cocina", dice el refrán. Parte del calor de ser padres consiste en tolerar y soportar el odio que su niño siente por sus límites. En este caso, usted y su hijo tienen tareas distintas: la del niño consiste en poner a prueba su determinación para poder aprender acerca de la realidad, y la suya, en soportar la prueba, incluyendo el enojo, los pucheros, los berrinches y mucho más. Una de las grandes fallas de la tarea de los padres de la cual la Biblia hace referencia, es la David y su hijo, Adonías. Si bien David era un gran líder, ignoraba el aspecto referido a poner límites a su hijo: "Y su padre nunca le había entristecido en todos sus días con decirle: ¿Por qué haces así?" (1 Reyes 1:6). La palabra *entristecido* en hebreo significa "desagradar o fastidiar". Adonías creció ególatra y sin fe, y hasta intentó usurpar el trono (véase 1 Reyes 1,2).

¡Enseñar límites es difícil! A la mayor parte de los padres les cuesta mantener los límites y enseñarles a sus hijos a desarrollarlos. A continuación mencionamos algunos obstáculos que deberá tener en cuenta:

Depender del niño

— ¿Por qué no puedo ir a dormir a casa de Madelaine? lloriqueaba Beverly, de trece años, ante su madre, Samantha.

— Cariño, recuerda que esta semana ya has dormido afuera dos noches y mañana debes ir a la escuela. Estoy segura de que podrás ver a Madelaine en cualquier otro momento dijo tentativamente Samantha.

— ¡Tú lo que no quieres es que yo tenga amigas! ¡Nunca puedo hacer lo que quiero, jamás!

Habiendo dicho esto, Beverly salió enojada de la cocina y corrió hacia su cuarto. Luego Samantha dio inicio a la antigua danza que habían bailado ella y su hija durante muchos años. Samantha deseaba y necesitaba que Beverly fuera feliz y estuviera cerca suyo. Su relación era una fuente crucial de apoyo para ella. Le resultaba sumamente doloroso tolerar la distancia de su hija. De pie ante la puerta cerrada del dormitorio, dijo:

— Tal vez he sido un poco dura. Has tenido una semana difícil. Probablemente una noche más afuera no cambie las cosas.

La puerta se abrió abruptamente, Beverly abrazó a Samantha y exclamó:

— Mamá, ¡eres la mejor!

Una vez más, Samantha había vuelto a establecer el contacto con su hija y, sin saberlo, había protegido a Beverly de los rigores que implica crecer.

No hay mejor ingrediente para el crecimiento de su hijo que el amor. Puesto que usted es la principal fuente de amor de su hijo, le brinda la cercanía, la intimidad y la nutrición que le ofrece apoyo. Pero esta cercanía puede confundirse con la necesidad que tiene un padre o una madre de su hijo. Esto recibe el nombre de dependencia. Es lo inverso de lo que debiera ser una relación de padres e hijos.

La mayor parte de nosotros sentimos un fuerte deseo de tener una familia. Queremos pertenecer a un lugar en el que seamos bienvenidos y comprendidos. Dios nos creó con ese deseo y esa necesidad. En realidad, "Dios hace habitar en familia a los desamparados" (Salmo 68:6). Crecemos, buscamos nuestra pareja y formamos un nido. Este es un proceso bueno y necesario. Pertenecer a una familia satisface gran parte de nuestras necesidades.

No obstante, el problema surge cuando los padres necesitan la cercanía o el afecto de sus hijos para cumplir con sus propias necesidades insatisfechas. El niño es usado, sin saberlo, para dar calidez, un vínculo estrecho, y amor al padre o a la madre. Esto convierte al niño en un padre, en una etapa demasiado temprana de su vida. Por ejemplo, uno de mis pacientes, que provenía de una familia grande, le preguntó a su madre por qué había tenido tantos hijos. "Porque nunca más quiero sentirme sola como me sentía cuando era niña", le respondió.

Los niños aceptarán felices el papel de mamá o papá. No es que deseen ocupar ese lugar, sino que van hacia donde los lleve la relación. Si calmar, consolar y ocuparse de las necesidades emocionales de papá les permite conectarse, adoptarán esa función.

Esto no sólo ocasionará problemas en la vida adulta del niño, tales como convertirse en un guardián o en una persona depresiva o compulsiva, sino que también dará lugar a que la dependencia de los padres respecto de sus hijos pueda afectar la capacidad del padre para estructurar límites adecuados. Cuando uno necesita el amor de alguien, es sumamente difícil enfrentarlo o privarlo de algo, puesto que se corre el riesgo de perder su amor mediante el rechazo, el enojo o sentimientos de culpa. En consecuencia, el niño no es adecuadamente disciplinado y aprende la lección de que puede obtener lo que desea si escamotea su amor. Aunque nadie es consciente de ello, el niño está chantajeando emocionalmente a su padre, que intenta mantener todo en buenos términos, de modo de no cortar el flujo de la relación.

Hágase una pregunta difícil y sincera: ¿Siento temor de perder el amor de mis hijos si les digo que no? Si es así, empiece a trasladar a otros sitios sus necesidades afectivas. Estas necesidades son buenas y otorgadas por Dios. No es bueno que estemos solos (Génesis 2:18). Pero los niños ya tienen suficiente carga por el sólo hecho de crecer. No le agregue un peso más a esa carga. Encuentre amigos, una iglesia, o grupos de ayuda que le permitan satisfacer su necesidad de pertenencia.

Identificación exagerada con el niño

Troy y su esposa, Catherine, estaban entusiasmados. Hacía tiempo que no salían solos, sin su hijo Gavin de tres años de edad. Habían planeado cenar e ir a un concierto. Cuando la niñera golpeó la puerta, Gavin le dijo tímidamente "hola". Pero cuando vio a Troy y a Catherine ponerse sus abrigos, comenzó a lloriquear y a aferrarse de las rodillas de su madre.

— Vamos Cathy dijo Troy, — tomándola del brazo. — Él estará bien.

Pero su esposa no podía moverse. Al ver brotar las lágrimas de los ojos de su hijo, experimentó una fuerte sensación de cuán solo y abandonado debía sentirse Gavin. Ella podía sentir su dolor y su angustia, al verlo tan pequeño. Y sabía que tenía que optar.

— Querido, ¿podríamos dejarlo para otro día? — le preguntó a Troy. Gavin se sentirá muy molesto y asustado.

Su esposo suspiró y se quitó el abrigo. Otra noche a solas frustrada.

En general, los padres no pueden demorar las gratificaciones de sus hijos porque ellos se identifican en forma exagerada con los sentimientos de niño. Los padres necesitan sentir empatía con el dolor, el temor y la soledad que sienten sus hijos. De este modo, los niños se sienten saciados en su interior, consideran que sus sentimientos son válidos y comprendidos, y aprenden a manejar y utilizar sus emociones. Sin embargo, algunos padres confunden sus propios sentimientos de dolor con los del niño, pensando que su hijo está sufriendo más de lo que sufre en realidad. Los padres proyectan sus problemas en sus hijos. Lo que pudiera ser una incomodidad para un niño de un año, para una madre es un trauma. Lo que pudiera ser ansiedad para un adolescente, el padre lo vive como pánico.

Con frecuencia, este es un síntoma de los problemas personales no resueltos por los padres. Por ejemplo, Catherine sufrió abandonos emocionales por parte de sus padres. Cuando ella no era "perfecta", sus padres se apartaban de ella, no le demostraban su amor y no le hablaban durante períodos prolongados. Cuando Catherine creció y se casó, cada vez que Troy llegaba tarde a su casa o se iba de viaje de negocios, ella se sentía incómoda e insegura, desprotegida y totalmente sola. Intentaba luchar contra esos sentimientos, pero persistían. El abandono que sufrió en su niñez surgía con frecuencia en su matrimonio.

Catherine "interpretó" sus propios sentimientos en Gavin cuando él protestaba porque sus padres salían. Su llanto horadó su corazón, hasta llegar a su propio dolor no resuelto. Sin embargo, la diferencia era que Gavin nunca había sido abandonado. El afecto diligente y constante de Catherine había convertido a su hijo en un niño pleno de amor. Sus lágrimas no provenían de las heridas de una persona no amada, sino de la angustia normal de un niño de tres años que necesita aprender a tolerar las ausencias de mamá.

Si descubre que no puede soportar el dolor de su hijo, piense que tal vez está proyectando su pena en él. Piense en situaciones del pasado que tal vez no hayan cicatrizado. Busque consejos sabios para investigar estos problemas. Usted necesita a su hijo y él necesita a un padre que pueda distinguir entre dolor y daño.

Pensar que el amor y la diferenciación son enemigos

Cuando Ron, de doce años de edad, trajo a casa su boletín de calificaciones lleno de malas notas, Susie le dijo a Keith:

Llegó el momento de que sepa cuáles son las consecuencias. Ron tiene un alto coeficiente intelectual y las maestras dicen que lo único que hace es molestar en clase. Tú y yo debemos hablar. No podrá utilizar el teléfono, ni salir de noche, ni ver televisión, ni cualquier cosa que sea necesario hacer para corregir esta situación.

Querida, sé que las calificaciones son un problema respondió Keith. Pero Ron necesita saber que lo amamos. Si lo castigamos de ese modo, pensará que no nos importa y podría descarriarse. Sentémonos a razonar con él. Estoy seguro de que comprenderá.

Como podrán imaginar, a Ron le costó mucho "comprender". No lo hizo hasta que abandonó la escuela vocacional para unirse al ejército, cuatro años más tarde. La estructura existente en el ejército lo ayudó a crecer, pero ¡vaya pérdida de tiempo y oportunidades! Keith cometió el error tan común de creer que estructurar y disciplinar a su hijo equivalía a falta de amor. No quería hacer nada que pusiera en peligro la amistad con su hijo.

Muchos padres no comprenden bien este tema. Temen que disentir o enfrentar a sus hijos, o simplemente ser diferentes a ellos, indique una ruptura del vínculo. Por lo tanto continúan sin realizar ningún comentario hasta que las cosas caen por su propio peso. La realidad es que el amor y la diferenciación van de la mano y no se contraponen. *A decir verdad, el punto en que uno puede diferenciarse de alguien es hasta donde en realidad puede amarlo.*

Si nunca disiente con la persona que ama, hay algo que está muy mal. Ciertas personas temen ser tal como son con otros. Dicho temor anula el amor. La Biblia dice que "el perfecto amor echa fuera el temor" (1 Juan 4:18). Uno no puede realmente amar a alguien del cual no puede separarse. Es decir, que el amor no significa perderse uno mismo, sino que en realidad lo libera y lo capacita para ser usted mismo.

La cosa más amorosa que Keith pudiera haber hecho es sentarse con Ron y explicarle cuál sería el costo de sus opciones, de modo de que Ron pudiera empezar a madurar. Le hubiera demostrado a su hijo que eran dos personas que disentían respecto de cómo el joven manejaba su vida. Y al mismo tiempo le hubiera demostrado cuán profundos eran sus sentimientos respecto de Ron y que él quería lo mejor para su vida.

Cuando uno mantiene límites establecidos para su hijo, éste se siente más seguro y amado. No a la inversa. Sabe que uno valora su libertad para elegir su camino dentro de determinados parámetros, y que custodiará y desarrollará junto a él su libertad.

Tal vez sienta que cuando le dice la verdad a un niño, desaparece el amor. Tal vez perciba que cuando se siente cerca de su hijo, no puede ser sincero. De ser así, comience a trabajar dentro de usted para lograr ser una persona veraz y sincera, tanto con Dios como con las personas que lo rodean. Las buenas personas se acercarán y lo amarán aun más. Las que no lo son, muy probablemente se alejarán. Recuerde que en el carácter de Dios, el amor y la verdad son amigos: "La justicia *[la honestidad]* y la paz *[el amor]* se besaron" (Salmo 85:10).

Ignorar y explotar

Para Carol, la paciencia era una de sus virtudes. Podía dar aliento cuando los demás pasaban por situaciones difíciles, ver el "panorama general" y esperar que se produjeran los cambios y los resultados. Por lo general, debía poner a prueba dicha virtud con Tess, su hija de cinco años, que poseía un fuerte temperamento. Cuando iban de compras a la tienda, Tess exigía a los gritos, repetidas veces, que le compraran juguetes y helado. Carol pensaba que lo mejor era ignorar su comportamiento, con la esperanza de que el capricho cesaría. No era así. Cada viaje al supermercado implicaba exigencias pronunciadas a voz en cuello y sumamente embarazosas para Tess.

Un día, se encontraron con una amiga de Tess que estaba haciendo las compras al mismo tiempo que ellas. "Vaya, tu hija sí que sabe cómo salirse con la suya", dijo la amiga.

Carol se sintió mortificada. Al llegar al automóvil, Tess volvió a exigir que su madre le diera un dulce. Carol le dijo: "Señorita, ¡hasta aquí has llegado! ¡Has insistido e insistido tanto, y yo he tenido que soportar tu comportamiento mientras hacíamos las compras! ¡Cuando lleguemos a casa, irás directamente a tu cuarto y esperarás allí hasta que le cuente a tu padre!" La supuesta paciencia de Carol se desvanecía mientras despotricaba y regañaba a su hija. Tess estaba aterrada y lloró todo el camino a casa. Carol se sentía culpable e impotente a la vez.

Inconscientemente, Carol estaba utilizando el método que denominamos "ignorar y explotar" con su hija Tess. Soportaba actitudes inadecuadas, esperando que pasaran. Pero, en cambio, se intensificaban. Al mismo tiempo, crecía su resentimiento. Finalmente, todas las verdades que había evitado decir, terminaron en un exabrupto, haciendo que Tess se sintiera herida y asustada. Esta habitual incoherencia se encuentra arraigada en la creencia de que las cosas malas simplemente se resolverán por sí solas. Lamentablemente, el mundo no funciona así. Uno no toma esa actitud frente a las infecciones físicas ni a las goteras del techo de su casa. Por lo general, los problemas no abordados, con el transcurso del tiempo empeoran en lugar de mejorar.

Esto se aplica perfectamente a los niños. No tienen frenos internos respecto de sus conductas exigentes o inapropiadas. "La necedad está ligada en el corazón del muchacho" (Proverbios 22:15). Los niños necesitan que sus padres actúen como fronteras externas, corrigiendo, poniendo límites y demostrando las consecuencias de sus actos, hasta que puedan interiorizar dichas fronteras. Por eso es tan importante la coherencia para enfrentar problemas de conducta en las primeras fases del juego.

Ignorar y explotar le enseña al niño que debe persistir en cualquier cosa que desee lograr. Aprende que, nueve de cada diez veces, puede salirse con la suya y que sólo debe aprender a soportar al padre, que una de cada diez veces está fuera de control. Las probabilidades son excelentes. Tal vez ansíe invertir en acciones que tengan un noventa por ciento de probabilidades de éxito. Con el objeto de evitar enseñarles esta lección, enfrente los problemas apenas surgen, y pida colaboración a sus amigos para que, a su vez, lo ayuden a ser coherente en su tarea de padre. De este modo, podrá preparar a su hijo para la vida real, donde no obtendrá todo lo que quiera, por mucho que lo intente.

Ganar por cansancio

Asusta pensar en cómo pueden percibir nuestros hijos cuando nos sentimos débiles y dispuestos a ceder. Más de un padre podrá identificarse con el adolescente astuto que ruega, implora, discute y argumenta durante horas y horas para quitarse de encima alguna responsabilidad. Una pareja de amigos míos decía que su hijo siempre argumentaba y discutía durante cuarenta y cinco minutos sobre el tema de sacar la basura, ¡cuarenta y cinco minutos! No le importaba perder el tiempo siempre y cuando no tuviera que hacer lo que se le pedía.

Los niños insisten, insisten e insisten. No se dan por vencidos fácilmente. Y cuanto más tarde comience a tomarse en serio el tema de los límites, mayor resistencia encontrará. Es difícil dejar de jugar a ser Dios cuando uno lo ha estado haciendo durante mucho tiempo. Comprendemos a los padres que piensan: "Bueno, esta vez cederé y les daré el dinero. No vale la pena pelearse por eso". Y quizá eso sea cierto en algunos casos. Pero cada vez que uno les permite ser negligentes respecto de sus responsabilidades, se produce una erosión en la capacidad del niño para llegar a ser una persona que tenga control sobre sí.

Si advierte que su hijo intenta ganarle por cansancio, esto puede significar dos cosas. En primer lugar, puede que usted se sienta carenciado, ya sea porque no cuenta con relaciones que le brinden apoyo o porque no tiene tiempo para sí. No podemos mantener los límites en el vacío. Establezca relaciones estables y positivas o dedíquese tiempo para "cargar combustible". Recuerde que la tarea de padre es un trabajo temporal y no una identidad. Los niños cuyos padres tienen vida propia, aprenden que ellos no son el centro del universo y que son libres de tratar de concretar sus propios sueños.

En segundo lugar, puede que le haya enseñado a su hijo que puede llegar hasta un punto en el que usted cederá. Como me dijo un amigo: "La clave en la tarea de ser padres es aferrarnos a nuestros límites una vez más de lo que nuestros hijos se aferran a sus exigencias. Eso es todo lo que se necesita ... una vez más". Necesitará amigos que lo alienten a mantener esa actitud unas doscientas veces más. Pero lo bueno es que, si lo hace, los niños llegan a comprender que, esta vez, mamá habla en serio, y comenzarán a cejar en sus esfuerzos.

Recuerde que no puede enseñar lo que no está dentro de usted. No le *diga* a su hijo cuáles son los límites, *conviértase* en esos límites. Si todavía no lo ha hecho, comience a trabajar en ello. Tanto sus hijos como usted saldrán beneficiados.

Esperamos que ahora se sienta motivado y alentado por la importancia de enseñarles límites a sus hijos y de ser un padre que tiene límites. En la siguiente sección nos ocuparemos de las diez leyes de los límites. Estos principios le ayudarán a aplicar fronteras a muchos aspectos de la vida hogareña. Utilícelos como herramientas con sus hijos a fin de poner en práctica y enseñar la responsabilidad.

PARTE 2

Diez principios sobre límites que los niños deben conocer

4

¿Qué sucederá si hago esto?

La ley de la siembra y cosecha

Sally tenía grandes planes para su familia. Iban a ir a Disneylandia y se deleitaba con la idea de cuánto se divertirían. Como habían programado salir al mediodía, durante el desayuno comenzó a pensar qué debía hacer cada miembro de la familia antes de partir. Quería que su hijo Jason hiciera la limpieza del jardín que venía postergando — algo que sucedía habitualmente — porque ese día debían devolverle algunas herramientas a un amigo.

Sally le dijo a Jason que "debía" hacerlo antes de partir. Puso énfasis en que "terminantemente" debía finalizar el trabajo antes de las 11:30 de la mañana, por lo tanto, debía asegurarse de empezar temprano. Una hora después, Jason todavía no había comenzado y Sally se lo volvió a recordar. Media hora más tarde, repitió las mismas palabras.

Estuvo muy ocupada en otros quehaceres y a la hora señalada, entró a la sala y encontró a Jason mirando televisión.

— ¿Qué estás haciendo? — gritó. — Te dije que terminaras con el jardín antes de que nos fuéramos. ¡Ahora saldremos tarde! No puedo creer que nos hagas esto.

Continuó quejándose, muy enojada, hasta que ella misma, papá, una hermana y Jason finalizaron el trabajo de limpiar el jardín para poder partir a la hora prevista. El viaje a Disneylandia fue bastante menos que agradable. Se podía "respirar" el encono hacia Jason. El resto del día continuó de la misma manera.

A unas cuadras de allí, se producía una situación similar, pero con diferentes resultados. Susan tenía planes para ir de compras esa tarde con sus tres hijas. Les había dado instrucciones acerca de qué debían hacer antes de partir. Les dijo que saldrían a la una de la tarde y que quienes no hubieran terminado sus obligaciones para esa hora, no serían de la partida.

Unos quince minutos antes de salir, descubrió que Jen, su hija del medio, no había terminado con sus obligaciones.

— Parece que has elegido no venir con nosotras — le dijo Susan a Jen. — ¡Qué pena! Te vamos a extrañar.

— No puedes hacerme eso. ¡No es justo! — exclamó Jen.

— Me parece que dije claramente que debían terminar sus tareas antes de que saliéramos de compras. Lamento mucho que eligieras no hacerlas. Te veremos más tarde. Dicho sea de paso, ahora no tengo tiempo para pensar en una consecuencia si no las terminas para la hora de la cena, pero tal vez no deba preocuparme por eso. Te echaremos de menos. Adiós.

Susan y sus otras dos hijas pasaron una tarde maravillosa.

Enseñar el principio de la realidad

Los padres se ven en problemas cuando no pueden distinguir entre las consecuencias psicológicas y negativas de las relaciones, en contraposición a las consecuencias de la realidad. La vida funciona con *las consecuencias de la realidad.* Las consecuencias psicológicas y negativas de las relaciones, tales como enojarse, enviar mensajes de culpabilidad, reprochar y dejar de dar muestras de amor, por lo general no motivan a las personas a cambiar. Pero si lo hacen, ese cambio es temporal y está dirigido únicamente a lograr que la persona deje de ejercer una presión psicológica. El verdadero cambio generalmente se produce sólo cuando la conducta de una persona hace que ésta deba enfrentar consecuencias de la realidad tales como, el dolor o pérdida de tiempo, dinero, posesiones, situaciones de disfrute y personas queridas.

En las situaciones que describimos, Sally y Susan pasaban básicamente por la misma circunstancia, pero sus respuestas fueron totalmente opuestas. Sally empleó consecuencias psicológicas y negativas sobre las relaciones y evitó las consecuencias de la realidad. Susan evitó las consecuencias psicológicas, y aplicó las consecuencias de la realidad.

En pocas palabras, Susan permitió que Jen experimentara la Ley de la siembra y la cosecha. Ella sembró irresponsabilidad y cosechó la consecuencia: la pérdida de algo que quería. ¿Acaso no es así como funciona el mundo real? ¿No le hará falta comprender esa ley cuando llegue a la adultez? Consideremos lo que dice Dios:

> Todo lo que el hombre sembrare, eso también segará. Porque el que siembra para su carne, de la carne segará corrupción; mas el que siembra para el Espíritu, del Espíritu segará vida eterna.
>
> Gálatas 6:7,8

¿No es cierto que cuando se nos permite pagar un precio por nuestros errores, aprendemos de ellos? Las pérdidas de la realidad nos hacen cambiar nuestra conducta.

Dependemos de la Ley de la siembra y la cosecha a diario, tanto positiva como negativamente. Dios la ha colocado en el universo y podemos construir una vida alrededor de ella. Desde el aspecto positivo, dependemos de esta ley para que sucedan cosas positivas:

- Si me esmero, podré progresar en mi carrera.
- Si hago suficientes llamados telefónicos, haré algunas ventas.
- Si estudio la Biblia y busco a Dios, creceré espiritualmente en mi relación con él.
- Si dedico tiempo a contactarme estrechamente con la gente que quiero, mis relaciones crecerán.

O situaciones negativas:

Las consecuencias de Sally para Jason	Las consecuencias de Susan para Jen
• Reprochar toda la mañana para que Jason no tuviera que prestar atención al tiempo que transcurría. • Gritar y manifestar enojo, haciendo que se desviara la atención del problema verdadero — la tardanza — y convirtiendo a Sally en el verdadero problema de Jason. Por ejemplo, en lugar de "Estoy atrasado y corro el riesgo de perderme algo", el problema pasó a ser "Tengo una madre loca". • Adoptar el papel de víctima a causa de la conducta del niño: "Ahora deberemos salir más tarde. Mira lo que has hecho", enseñándole de ese modo a su hijo que él tiene el control del día y del humor de toda la familia. • Generar todas las emociones negativas en su hijo (culpa, resentimiento y enojo) en lugar del único que puede ayudarlo a cambiar: la tristeza. • Lo peor de todo: asegurarse de que la conducta de su hijo no le produjera ningún costo salvo la pena de mamá, hacia la cual ya se había vuelto insensible.	• No reprochar todo el tiempo. Ella dio por sentado que si Jen lo deseaba, era capaz de mirar el reloj. • Ninguna reacción emocional que la convirtiera en un problema para Jen. • No sentirse víctima del comportamiento de su hija. Mantener el control de su propia vida, sin permitir que la conducta de Jen afectara los planes o el humor de la familia. • No provocar reacciones emocionales en Jen y, por ende, permitir que su hija pudiera experimentar con plena libertad su propia pérdida. • Asegurarse de que el comportamiento de su hija le daría la oportunidad para hacer algo que deseaba hacer.

- Si como todo lo que deseo, engordaré o tendré alguna afección cardíaca.
- Si grito a las personas que quiero, las lastimaré y se producirá una distancia entre nosotros.
- Si no me esmero para crecer vocacionalmente, me estancaré en una posición que finalmente no me satisfará.
- Si no presto atención a lo que gasto, puedo llegar a tener problemas financieros y a perder mi libertad.

El aspecto positivo de la Ley de la siembra y la cosecha nos otorga un sentido razonable de poder y control sobre nuestras vidas. Eso es lo que quiso Dios para nosotros, y él se complace cuando invertimos nuestros talentos y nuestras vidas para cosechar frutos (Mateo 25:14–30). Tanto la Biblia como la vida misma demuestran que el esfuerzo, la diligencia y la responsabilidad dan sus frutos.

El aspecto negativo de la Ley de la siembra y la cosecha nos brinda un sano temor por las cosas malas. Un respeto sano por las consecuencias nos permite vivir en la realidad y encontrar un rumbo para nuestras vidas. A través del efecto de los fracasos en las relaciones, aprendemos por ejemplo, a amar como corresponde.

Pero si no asimilamos la Ley de la siembra y la cosecha, perdemos tanto los aspectos positivos como los negativos de la vida. Nos falta la motivación para esforzarnos en nuestro trabajo y, al mismo tiempo, no le tememos a la pereza, a la irresponsabilidad y a otros problemas de carácter. Ambas situaciones producen sufrimiento: la pérdida de los buenos aspectos de la realidad y tener que enfrentarnos con los que no son tan buenos.

Piense en lo que aprendió Jason: No tienes que hacer tu trabajo, puesto que todos lo harán por ti. No sucederán cosas malas cuando uno no se desempeña bien. Uno puede dejar de lado sus responsabilidades y aun así ir a Disneylandia. Uno no pierde nada. Es cierto, la gente te grita, pero si no los escuchas, eso no constituye un problema. Más adelante, esto servirá de práctica con los jefes y los cónyuges.

¿A quién le fue mal?

Las consecuencias transfieren la responsabilidad del padre al hijo. Las consecuencias hacen que *el problema sea del niño*.

Un día estaba en casa de un amigo e invité a su hijo de nueve años a salir al jardín a jugar al baloncesto.

— No puedo. No me dejan salir.

— ¿Por qué? — pregunté.

— Mi mamá hablaba por teléfono y yo la interrumpí varias veces. Y bueno . . . me fue mal.

"Me fue mal." Esta es la lección que enseñan las consecuencias. "Mi conducta me trae problemas a *mí*". Demasiadas veces, el comportamiento de los niños no les acarrea problemas. No significa que pierdan algo que sea valioso para ellos.

En cambio, los padres permiten que el problema se convierta en un problema suyo y no de sus hijos. Recuerde que el niño necesita preocuparse por el problema y resolverlo. Por ende, el papel del padre consiste en ayudar al niño que desee hacerlo. Las consecuencias dan lugar a esta motivación.

Jen aprendió que su tardanza era su problema y no el de su madre. Esté seguro de que la próxima vez que se le diga que puede perder algo si no termina su tarea para una hora determinada, mirará su reloj. Pero Jason todavía no aprendió que su conducta es *su* problema. Sigue siendo el problema de su madre. Ella tuvo que preocuparse, ponerse nerviosa y esforzarse. Para él nada cambió, pues de todos modos fue a Disneylandia.

Como padre, recuerde estas pocas preguntas cuando no sepa qué hacer:

1. ¿De quién es el problema?
2. ¿Qué puedo hacer para ayudar a mi hijo a vivir el problema como suyo?
3. ¿Qué estoy haciendo para impedir que viva el problema como suyo?

Lo que cambia es la edad y el contenido, no la ley

La ley de la siembra y la cosecha les enseña a los niños a tener "dominio propio" (Gálatas 5:23), una de las lecciones fundamentales de la vida. Aprenden lo siguiente: "Yo tengo el control sobre la calidad de mi vida". Se dan cuenta de que pueden optar entre no salir y sentirse desgraciados, o salir y jugar. Si eliges hacer tus tareas, juegas. Si eliges evitar hacerlas, pagas. Cualquiera sea el caso, el niño es quien controla su vida y no sus padres.

Cuando el niño es pequeño, el contenido puede ser: "No toques eso o te pondré en penitencia". Cuando crece: "No cruces la calle con la bicicleta o te la quitaré". Si es adolescente, puede ser: "Si te multan, no te presto más el automóvil". Por supuesto, sucede lo opuesto a medida que sus opciones son mejores. "Puesto que no estás rompiendo las reglas, puedes jugar todo el tiempo que quieras". "Puesto que te has manejado con tanta cautela, hablemos sobre ir más lejos con la bicicleta." "No has tenido ninguna multa, por lo tanto ahora estoy dispuesto a hablar contigo sobre conducir hasta ese recital en San Diego."

Puede que la temática cambie, según el contexto en el cual el niño — y más tarde el adulto — se encuentre. Si no arroja la comida al suelo, puede comer en la mesa. Si vende una determinada cantidad, puede administrar toda una región. El contenido es diferente, pero la ley es la misma. Si tomo buenas opciones, la vida será mejor que si no lo hago.

La fórmula consiste en brindarle al niño libertad, permitirle que decida y luego manejar apropiadamente las consecuencias. Cuando los niños hagan un buen uso de sus responsabilidades, dígales cuán orgulloso se siente de ellos e incremente sus libertades. Asegúrese de que sepan por qué están obteniendo más privilegios. La razón es porque son más dignos de confianza.

Cuando los niños realicen malas elecciones, póngase de su lado. Evite el famoso "Te lo dije". La empatía se expresa más o menos de este modo:

• "Es una lástima no poder salir a jugar hoy".

- "Ya lo sé. Siento que te pierdas el partido. Detesto cuando no puedo hacer algo que deseo".
- "Seguro que tienes hambre. A mí también me molesta saltearme una comida".

Compárelas con las siguientes frases:

- "No vengas a llorar aquí. Si hubieras hecho tu trabajo no estarías en problemas".
- "No me digas que no es justo. Tendrás que sufrir las consecuencias de tus actos".
- "Si hubieras hecho tus tareas y te hubieras comportado bien, habrías podido comer junto con nosotros. Pero tal vez la próxima vez no serás tan egoísta y no nos harás pasar a todos por esta situación por el hecho de llegar tarde a la mesa".

Los niños fácilmente pueden sentir resentimiento hacia una persona que dice estas últimas frases. Luego, se centrarían más en odiar al padre que los hace sentir mal que en corregir la conducta que les acarreó problemas. Queremos poner suficiente énfasis en sentir empatía por el niño que hace una mala elección. En lugar de una barrera, construya un puente.

Equilibrio entre libertad, elecciones y consecuencias

El objetivo no es controlar a los niños para que hagan lo que uno desea, sino darles la opción de hacer lo que ellos desean y que les cueste tanto hacer lo que no deben, que finalmente no deseen hacerlo. ¿Quién desea estar castigado todo el día? De este modo, uno no está intentando que hagan algo. Les está permitiendo elegir, pero convirtiendo a la Ley de la siembra y la cosecha en una realidad. Si siembran irresponsabilidad, cosecharán dolor. Y si siembran una conducta responsable, cosecharán los beneficios y desearán elegir ese camino.

Joey desea dos cosas incompatibles:

1. Quiere hacer las cosas a su manera.
2. Y quiere que las cosas le salgan bien.

La mamá de Joey también desea dos cosas:

1. Quiere que a Joey las cosas le salgan bien.
2. Y quiere que Joey haga lo correcto.

Mamá sabe qué cosas necesita hacer Joey para convertirse en un adulto responsable, y ella tiene el control para manejar los privilegios, las libertades, las recompensas y los castigos que su hijo necesita para que le vaya bien en la vida. *Si recuerda que su tarea consiste en asegurarse de que Joey no cumpla con sus dos deseos, está haciendo las cosas bien.* Puede obtener una de las dos cosas, pero no ambas. Si elige hacer las cosas a su manera, probablemente no todo le salga bien. Si las cosas le salen bien, esto se debe a que con frecuencia hizo buenas elecciones. Los padres controlan la cosecha.

Además, ningún adulto puede tener estas dos cosas: "Quiero triunfar" y "Quiero hacer lo que me dé la gana, todos los días". Los adultos deben optar entre una u otra, y lo mismo deben hacer los niños.

La clave está en que el niño cuente con ambas opciones. Esa es la esencia de la libertad y la raíz del control sobre uno mismo. El dominio propio no existe sin libertad ni opciones. Entonces, la tarea de padre consiste en proporcionar la cantidad adecuada de libertad y de opciones y luego manejar las consecuencias. Recuerde una verdad teológica básica:

Libertad = Responsabilidad = Consecuencias = Amor

Siempre y cuando estos componentes sean iguales, vamos por el buen camino. Si nuestro hijo tiene la libertad de optar y de ser responsable por las consecuencias de sus actos, criaremos una persona con capacidad de amar que hace las cosas correctas por los motivos correctos. Si alguno de estos elementos se encuentra desequilibrado — por ejemplo, mayor libertad de la que uno puede hacerse responsable — entonces se generan problemas de carácter. O si alguien tiene una responsabilidad pero no es libre de elegir, se convierte en un esclavo o en un robot, y no optará con amor, sino por el deber y el resentimiento. O si alguien es libre y responsable de algo, pero no sufre las consecuencias de utilizar mal su libertad, desarrollará problemas de carácter y terminará haciendo cosas muy irresponsables y carentes de amor.

Un niño tiene pequeñas cantidades de libertad, opciones dentro de dicha libertad, y consecuencias resultantes de sus opciones y, como resultado de eso, puede sentir amor. Esto se aplica del mismo modo a los adultos. Otorgar libertad, requerir responsabilidad, sufrir las consecuencias y brindar amor.

Interferencias

A los padres les resulta difícil permitir que sus hijos sufran consecuencias. La tendencia natural es depositar su confianza en ellos. Esta es una prueba para usted: ¿cuántas noches dedicó a ayudar a su hijo en alguna tarea escolar que debía ser entregada a la mañana siguiente, pero que usted se enteró de eso esa misma noche? Por lo general la escena se parece a la siguiente:

— Mamá, necesito pegamento para mi tarea.

— Lo lamento, querido, se terminó.

— Pero lo necesito. Tengo que entregar la tarea mañana.

— ¿Desde cuándo sabes que tenías que entregarla mañana?

— Desde hace dos semanas.

— ¿Y por qué no compraste el pegamento antes?

— Me olvidé.

— La única tienda abierta a esta hora está a 30 cuadras. ¿Cómo puedes hacerme esto?

— Lo siento, mamá. Pero tengo que terminarla, si no me pondrán una mala calificación.

— Bueno, sube al automóvil.

(A veces mamá se siente frustrada y enojada, pero en ocasiones realmente no le molesta).

Compare esta situación con la de una mamá que tiene la vista puesta en el futuro:

— Mamá, necesito pegamento para mi tarea.

— Lo lamento, querido, se terminó.

— Pero lo necesito, tengo que entregar la tarea mañana.

— ¿Qué maestra llamaría y te daría una tarea a esta hora, cuando no tienes tiempo suficiente para obtener los materiales?

— Vamos, mamá. Nos lo dijo en la escuela.

— ¿Cuándo?

— Hace dos semanas.

— Ah, ¿entonces tuviste dos semanas para comprar el pegamento y los demás materiales?

— Sí, pero pensé que los teníamos en casa.

— Ah, qué lastima. Me recuerda a algo similar con la felpa que necesitabas para tu última tarea. Bueno, no tenemos pegamento y ya es hora de que me vaya a dormir. Así que espero que puedas pensar en algo para hacer que no requiera pegamento. Buenas noches, cariño. Yo estoy contigo.

La mamá número dos puso sus ojos en el futuro para ver qué lección de carácter podía enseñarle a su hijo hoy día que le garantizara un mejor futuro. Vio que se desarrollaba un patrón. Esta no era la primera vez que su hijo le pedía materiales a última hora. No se presentaría ningún problema con una madre que ayudara a su hijo a salir de apuros si el niño habitualmente pensara con antelación, planificara responsablemente e hiciera sus tareas cuando correspondiera. Pero el hijo de la mamá número dos no era así. Ella vio que se desarrollaba de un modelo de carácter que le dificultaría la vida a su hijo:

- Intentos de último momento a fin de terminar proyectos para un jefe y por ende, pérdida de empleos.
- Meterse en problemas con la Dirección de Recaudación de Impuestos por no cumplir con lo requerido.
- Destruir relaciones debido a la tendencia a no tirar de su propio carro y a depender de los demás para que siempre se hagan cargo de sus responsabilidades.

Por lo tanto, decidió no interferir con la Ley de la siembra y la cosecha, y dejó que la ley obrara por sí sola. El niño sembró pereza y debía pagar una sanción por su falta de planificación. Las consecuencias le enseñarían una lección mucho menos costosa que las que debiera enfrentar cuando fuera adulto. Cualquiera fuera el privilegio escolar que perdiera, este sería mucho menos importante que la versión adulta resultante de la misma conducta.

La ley funciona, si no interferimos. Pero, con demasiada frecuencia lo hacemos. Obstaculizamos interrumpiendo las consecuencias antes de que las mismas puedan enseñar a nuestros hijos la lección que deben aprender. Con demasiada frecuencia los niños no aprenden hasta que transcurren muchos años, cuando nadie los podrá sacar del apuro. La adicción o el patrón de la irresponsabilidad ya es percibida por las personas que lo rodean, y quienes están cansadas de eso. Es tarea de los padres cansarse de sacar a un niño de un apuro ahora, en lugar de que más tarde se cansen los demás, y luego quitarse ese sentimiento no volviendo nunca más a sacar a sus hijos de un apuro.

A fin de lograrlo, los padres deben tener la capacidad de tolerar que el niño sufra. Como dice la Biblia: "Es verdad que ninguna disciplina al presente parece ser causa de gozo, sino de tristeza; pero después da fruto apacible de justicia a los que en ella han sido ejercitados" (Gálatas 12:11). La palabra griega para "tristeza" significa "una gran y dolorosa pena". Eso no suena bonito. Pero para obtener el fruto de la disciplina, debe haber dolor. Los padres generalmente se resisten a permitir las consecuencias de la Ley de la siembra y la cosecha porque se identifican en forma exagerada con el dolor del niño. Permita que el niño sufra hoy día y no más adelante. El sufrimiento es inevitable. Asegúrese de que suceda cuando las consecuencias de la irresponsabilidad sean nada más que pérdidas de privilegios y no de una carrera o de un matrimonio.

Si le resulta difícil permitir que su hijo sufra las consecuencias, trate de encontrar a alguien que pueda ayudarlo a vencer su resistencia. Tal vez esté sintiendo su propio dolor del pasado, su propia falta de límites, o patrones de codependencia aprendidos en la niñez. Quizá sea fundamental obtener la ayuda de un buen consejero o de otro padre para adoptar la perspectiva que su hijo necesita.

Equilibrar la gracia y la verdad

Hemos hablado con frecuencia de que, para que se produzca el crecimiento, debe existir un equilibrio entre la gracia y la verdad, y nos ocuparemos en detalle de este tema más adelante. Pero en pocas palabras, la receta para una persona en proceso de crecimiento siempre es gracia más verdad a lo largo del tiempo. Otórguele a una persona gracia (favor inmerecido) y verdad (estructura), durante un tiempo, y le dará la mayor de las posibilidades de convertirse en una persona de buen carácter.

La gracia incluye apoyo, recursos, amor, compasión, perdón y todos los aspectos asociados a las relaciones de la naturaleza de Dios. La verdad es la estructura de la vida. Nos dice cómo se supone que debemos vivir nuestras vidas y cómo en realidad funciona. La Ley de la siembra y la cosecha es fundamental para lograr una vida exitosa. Los padres pueden repetir una y otra vez a sus hijos qué es bueno para ellos y de qué manera se puede lograr el éxito y tener una buena vida. Pero hasta que sus enseñanzas y prédicas se tornen reales para el niño al experimentar las consecuencias, son sólo teoría, reproches y ruidos que emiten los padres. Para que la verdad sea tal para un niño o para cualquier otra persona, tiene que ser real y no sólo un concepto. Si mamá me dice que es bueno para mí hacer *a, b* o *c,* entonces necesito que eso sea real para poder aprenderlo. Es trabajo de ella convertirlo en algo real. Sólo entonces la verdad es *realmente* verdadera.

Cómo implementar bien la ley de la siembra y la cosecha

La lista de las consecuencias de la realidad es infinita. El único límite es nuestra propia creatividad. Pero aquí le presentamos algunas sugerencias:

- Haga que las consecuencias sean la derivación lógica de la transgresión. Por ejemplo, si tardo en prepararme para ir al cine, puede que no llegue a ver la película. Si siempre llego tarde a cenar, tal vez no coma. Si estoy atrasado en la preparación de un proyecto, puede que obtenga malas calificaciones. Si no hago los quehaceres de la casa, puede que pierda un privilegio del que goza el resto de la familia. Si no les digo a mis padres dónde voy, puede que la próxima vez no salga.

- Guarde las consecuencias para las ofensas graves. En general, las consecuencias de las que hemos estado hablando se refieren a conductas que corren el riesgo de convertirse en un patrón de carácter negativo. En ocasiones, todos necesitamos flexibilidad y comprensión. Por ejemplo, los empleadores cuentan con políticas para utilizar luego de una ausencia por enfermedad. Las escuelas justifican una ausencia si existe una buena razón. Pero si alguien tiene una excusa para todo, ya no es más una excusa, sino una racionalización. Llegamos a la etapa de las consecuencias cuando ya hemos fracasado con el razonamiento, las advertencias y las conversaciones.

- Las consecuencias deben ser inmediatas. Cuanto más pequeño sea el niño, más inmediata debe ser la consecuencia. Con niños de muy corta edad, un "no" firme, una penitencia, el aislamiento, un chirlo en el trasero y alejarse de la escena son elementos que funcionan muy bien.

- Mantenga distancia de las consecuencias emocionales y ponga en práctica las consecuencias de la realidad. El enojo, la culpa y la vergüenza no le enseñarán a Johnny a portarse mejor. En cambio sentir dolor por no poder ver televisión, porque no se le da dinero o se le reduce el tiempo que pasa frente a la computadora, son mucho más efectivos.

- Emplee las consecuencias asociadas con las relaciones únicamente si tienen que ver con sus propios sentimientos. Si el comportamiento de Jill le produce daño a usted o a los demás, dígaselo y explíquele qué piensa hacer con sus propios sentimientos: "Me entristece cuando me hablas de ese modo. No me gusta que me hablen así. Me hace sentir muy lejos de ti. De modo que no te escucharé si eres impertinente o irrespetuosa. No me permito escuchar que se hable de ese modo. Cuando estés en condiciones de dirigirte a mí de otro modo, estaré encantada de escucharte".

• Piense en las consecuencias como una manera de protegerse usted mismo y el resto de la familia del comportamiento del niño. *En otras palabras: sus propios límites son los mejores límites.* "No me gusta comer con gente que se pelea. Jimmy, vete a tu cuarto y cuando puedas dejar de agredir a los demás, podrás regresar a cenar. Dicho sea de paso, levantaré los platos de la mesa a las 19:30, y luego de esa hora ya no habrá más comida. Los bocadillos que se sirven más tarde sólo son para quienes comieron su cena." O bien: "Nos agrada usar las áreas comunes de la casa, como por ejemplo la sala, como lugar de reunión de la familia. Nos desagrada tener que tropezarnos con tus cosas en ese lugar. Por lo tanto, cuando me vaya a la cama, incautaré cualquier juguete que siga tirado, porque no nos gusta el desorden en la sala familiar. Si deseas recuperar tus juguetes, deberás pagar por ellos".

La hija de una amiga no respetaba sus deseos de poder dar fin a charlas y a sesiones interminables de preguntas. Le decía a su hija, Susie:

— El tiempo para conversar llegó a su fin.

— Pero todavía no terminé de hablar —respondía su hija.

Su respuesta fue perfecta:

— Lo sé, Susie. Está bien. Pero yo ya terminé de escuchar.

Sus propios límites son los más adecuados.

• Preserve lo más que pueda las opciones. En situaciones en las que el niño dispone de una única opción, como salir con su familia, preséntele una alternativa: "Puedes venir y divertirte con nosotros, o puedes venir y no intentar divertirte. ¿Qué preferirías hacer? Y, ya que estamos, si te conviertes en una molestia para nosotros, tendremos que recordarlo cuando llegue el momento de ir al cine".

- Asegúrese de que no hay algún motivo que justifique el mal comportamiento del niño antes de recurrir a las consecuencias. Verifique que no sienta temores ni problemas médicos o emocionales. Puede que un niño manifieste dolor, sentimientos de pena, de impotencia o algún otro estado emocional al que hay que prestarle atención. Por ejemplo, no es inusual que los niños comiencen a manifestar este tipo de síntomas o regresiones cuando algo sucede en la familia, como por ejemplo un divorcio, tensión entre los padres o una mudanza. El dolor puede ser una respuesta directa a sentirse herido por un padre o por otro niño. Los niños pueden sufrir dolor de mil de maneras diferentes y, con frecuencia, su mal comportamiento es una señal de dolor que necesita algo más que límites. Véase el capítulo sobre empatía.

- Hable con el niño y pregúntele por su mal comportamiento. Hágalo en un momento en que el niño no se está portando mal. "Cuando haces esto y esto, quisiera comprender por qué lo haces. ¿Hay algo que intentas decirme? ¿Estás enojado conmigo, o herido por alguna situación? ¿Cuál piensas que sería un buen plan para que implementemos la próxima vez que esto suceda?"

Algo más acerca de las recompensas y las consecuencias

Hace poco una mamá me dijo que le había pedido a su hijo que hiciera algo insignificante, como sacar la basura, y que su respuesta fue: "¿Qué me darás a cambio?" Me preguntó cuál sería una buena recompensa. Le indiqué que le dijera a su hijo que se enojaría mucho con él si no hacía lo que le pedía. Me miró extrañada, pero tuvimos una interesante conversación sobre las recompensas y los castigos.

Creemos que deben recompensarse dos cosas:

1. La adquisición de nuevas habilidades.
2. Tener un desempeño excepcional.

Y no creemos que se deba recompensar:

1. El hecho de cumplir los requisitos de las personas civilizadas apropiados a la edad del individuo (tales como normas de convivencia)
2. Hacer lo que se espera de uno (como por ejemplo, trabajar).

Recompensas tales como halagos, dulces, dinero, un paseo al zoológico o "medallas" adheridas a la heladera pueden ser herramientas muy poderosas para enseñar nuevas destrezas. A veces, cuando estamos aprendiendo algo nuevo que requiere un gran esfuerzo, necesitamos la motivación de una gratificación a corto plazo. A los niños les encanta recibir una recompensa por haber aprendido algo nuevo.

Las recompensas también pueden ser eficaces cuando alguien excede lo que normalmente se espera de él. Las escuelas recompensan este tipo de desempeño, al igual que los niños exploradores, las organizaciones deportivas y los empleadores. Los incentivos respecto del desempeño y otras recompensas sirven de gran motivación para los empleados.

Se espera un determinado comportamiento normal de un ser humano civilizado. Las ciudades, los propietarios, los empleadores, la escuela, los amigos y los cónyuges esperan un determinado nivel de desempeño por parte de un adulto con el cual tienen relación. Una vez que los niños hayan aprendido las habilidades necesarias para llevar una vida responsable, no debieran esperar recompensa alguna. Por el contrario, se les debiera imponer un costo por no hacerlo.

Recompensamos a un niño de dos años por haber aprendido a controlar sus esfínteres, pero no a un adulto porque lo siga haciendo. Usted no obtuvo una recompensa la semana pasada por entregar su trabajo a tiempo. Eso era lo lógico. Pero si algunas veces se retrasara, probablemente le llamarían la atención o recibiría algún tipo de sanción disciplinaria.

Esté atento a no enseñarle a sus hijos la actitud de que sólo tienen que desempeñarse bien cuando alguien paga por eso. Deben aprender que ellos son quienes tienen que pagar si no tienen un buen desempeño. Esto evita la actitud de "sentirse con derecho a", esa noción que muchos tienen en la actualidad de sentirse con derecho a algo por nada. Es preferible que aprendan que todos los miembros de la familia debe cumplir con su parte. Si hace más de lo que su parte le requiere, podremos hablar de alguna recompensa adicional, pero esperamos el mínimo de todos. Como dijo Jesús: "¿Acaso da gracias al siervo porque hizo lo que se le había mandado?"(Lucas 17:9). En el mundo real, no se hacen banquetes para recompensar un desempeño mínimo. En cambio, se aplican sanciones por no haber logrado satisfacer las mínimas expectativas civilizadas.

La realidad es una amiga

Llegamos a la madurez cuando dejamos de exigirle a la vida que satisfaga nuestras demandas y comenzamos a satisfacer las exigencias de la vida. La Ley de la siembra y la cosecha nos obliga a satisfacer las exigencias de la vida, porque de lo contrario, sufriremos. Cambiamos nuestra conducta cuando el dolor que implica permanecer igual es mayor al dolor que produce cambiar. Las consecuencias nos proporcionan el dolor quenos motiva a cambiar.

La realidad no es nuestra enemiga, sino nuestra amiga. Si hacemos las cosas en la forma en que ella lo exige, obtendremos grandes recompensas:

> Hijo mío, no te olvides de mi ley, y tu corazón guarde mis mandamientos; porque largura de días y años de vida y paz te aumentarán. Nunca se aparten de ti la misericordia y la verdad . . . Y hallarás gracia y buena opinión ante los ojos de Dios y de los hombres
>
> Proverbios 3:1–4

Una persona madura sabe que el buen camino es el mejor camino. Vivir sabiamente, realizar buenas opciones y hacer lo correcto hacen a una buena vida.

Sin embargo, en la mente de un niño, la realidad es una enemiga. Las consecuencias les enseñan a los niños que la realidad puede ser su amiga. Producir los cambios de conducta necesarios y satisfacer las exigencias de la realidad, puede significar que las cosas vayan mejor. Aprendemos que en última instancia controlamos gran parte del rumbo de nuestra vida. Si sembramos para satisfacer las exigencias de la realidad, cosechamos los beneficios. Si sembramos para evitar la realidad, finalmente la realidad nos exigirá que paguemos las consecuencias. Y a la larga eso no resulta muy amistoso.

Hágale un favor a sus hijos y enséñeles a hacerse amigos de la realidad desde su más tierna infancia. Es más barato, más seguro, y podrá comenzar a cenar a la hora que pensaba hacerlo.

Pero para lograrlo, deben aprender a ser responsables de las cosas que son correctas. En el siguiente capítulo, nos ocuparemos de ver cuáles son.

5

Tirar de mi propio carro

La ley de la responsabilidad

Cuando mis hijos (los del doctor Townsend), Ricky y Benny eran más pequeños, se peleaban mucho, como lo hacen todos los hermanos. Con frecuencia, mi esposa Barbi y yo actuábamos como moderadores y jueces. Uno de nosotros se sentaba a la mesa de la cocina, y escuchaba las quejas de los niños sobre cómo el otro lo maltrataba terriblemente. Analizábamos los hechos lo mejor que podíamos, decidíamos quién tenía razón y quién no, y les sugeríamos cómo solucionar el problema: devolverle el juguete, pedir perdón o lo que fuera.

Este sistema de arbitraje funcionó bien hasta que advertí que cada vez nos insumía más tiempo. En cada oportunidad que me sentaba a leer el periódico o que comenzaba a conversar con mi esposa, tenía que dejar todo de lado y jugar a ser juez. Los niños dependían cada vez más de nuestra supuesta sabiduría. Finalmente, se me ocurrió una idea.

"Hagamos otra cosa", les dije. "De ahora en más, nadie recurrirá a mamá o a mí a no ser que hayan dedicado el tiempo suficiente a tratar de solucionar el problema entre ustedes. Intenten resolverlo. Luego, si no llegan a nada, pueden recurrir a nosotros. Pero si lo hacen, el que estuvo equivocado probablemente sufrirá una consecuencia".

Llevó un tiempo, pero los niños comenzaron a hacerlo. Tenían dos incentivos. En primer lugar, el culpable, que quería que se resolviera el problema sin la intervención de los padres, estaba ansioso por negociar. En segundo lugar, se sentían orgullosos por no necesitar a sus padres para resolver pequeñas disputas.

De hecho, un día tuve que vérmelas con mi propia codependencia cuando los vi peleándose. Tratando de ayudar, me acerqué y dije:

— ¿Qué pasa, muchachos?

Benny me miró con impaciencia y me dijo:

— Papá, estamos tratando de resolverlo.

Apenado, volví a mi silla. En ese momento, no me necesitaban. Los niños estaban aprendiendo una valiosa lección de límites: Ser responsables por ellos mismos y sus peleas. *Los niños deben saber que sus problemas son suyos, y no de otras personas.* Su vida es su propio carro, y su trabajo es tirar de él, sin esperar que alguien más lo haga. El corolario es que si bien los niños deben ocuparse de sus relaciones, no se deben hacer cargo de los problemas de los demás. Son responsables *de* ellos mismos y *ante* los demás. (Hablaremos con más detenimiento sobre este tema en la sección: "Amar en contraposición a rescatar".)

Uno de los hitos de la madurez es hacerse responsable de la propia vida de uno, de los deseos y los problemas. Si llegamos tarde al trabajo, no le echamos la culpa a la autopista. Si estamos enojados, tratamos de ver qué nos enojó y manejemos nuestros sentimientos en lugar de esperar que venga alguien en quien podamos descargarnos. Los adultos maduros se consideran capaces de solucionar cualquier situación en lugar de intentar buscar a otra persona a quién culpar o resolverles los problemas a los demás.

Las personas inmaduras viven como víctimas y constantemente quieren que otra persona resuelva sus problemas. Una definición de "adicto", por ejemplo, es una persona que cuenta con alguien que paga sus deudas por él. Pero, como enseña la Biblia: "Porque cada uno llevará su propia carga" (Gálatas 6:5).

Ser responsable de uno mismo no es algo que se produce en los niños en forma natural. Durante el primer año de vida, el niño está ocupado con la tarea opuesta: aprender a depender y necesitar. Se centra en obtener amor y calidez de mamá y a aprender a confiar. Su vida está verdaderamente en las manos de otra persona, y podría llegar a morir sin el tipo apropiado de cuidados que necesita. Llora cuando se siente desolado, alertando a mamá de que algo no está bien. Estira sus brazos para que lo alcen. Se pone inquieto cuando quiere que lo bajen. Dios nos ha creado de tal manera que desde los primeros meses de vida aprendamos a sobrellevar nuestra propia carga.

Por lo tanto una gran parte de la enseñanza sobre límites que impartirá a sus hijos estará relacionada con ayudarlos a comprender que gradualmente deben hacerse responsables de sus propios problemas. *Lo que comienza siendo una carga para el padre debe terminar siendo la carga del hijo.*

Para muchas personas, especialmente los adultos que han sufrido heridas emocionales en su niñez, estas son palabras duras. No obtuvieron algo que necesitaban, como cuidados, seguridad o estructuración. O bien obtuvieron algunas cosas que no necesitaban, tales como ira, distancia o críticas excesivas. A ellos les toca reparar lo que está roto en lugar de la persona que ocasionó el problema. Y eso no es justo.

Pero desde la Caída en el Huerto del Edén, las cosas no han sido justas. Cosas malas les han sucedido a personas buenas. Ahora, si esperamos que haya justicia, estamos colocando nuestras vidas bajo el control de quienes nos lastiman. Es preferible tomar la solución de Dios respecto de lamentarse y luego perdonar, y así crecer gracias a la situación injusta. Recuerde que Dios mismo no exigió justicia para nosotros. Por el contrario, valoró tanto su relación con nosotros que fue a la cruz a morir: "A su tiempo, murió por los impíos" (Romanos 5:6).

En uno de nuestros seminarios, alguien del público preguntó: "¿Cuánto de lo que soy en la actualidad es mi responsabilidad, y cuánto es el resultado del entorno?" En otras palabras, quería saber cuánto había influido en él la forma en que lo trataron sus padres.

A modo de diversión, Henry y yo escribimos separadamente en una hoja de papel qué porcentaje de responsabilidad por la vida de uno pensábamos que carga el niño y qué porcentaje le pertenece a los padres. Cuando comparamos nuestros papeles, las cifras eran exactamente iguales: pensamos que el niño carga con el setenta por ciento de la responsabilidad, y los padres con el treinta restante.

Ahora bien, estos porcentajes no son inamovibles, pero reflejan nuestras propias conclusiones de que, si bien todos hemos sido víctimas de pecados y malos tratos, nuestras respuestas al entorno son las fuerzas más determinantes respecto de nuestro carácter y personalidad. El niño lleva la mayor carga de su propio desarrollo.

Las responsabilidades de los niños

A los aspectos de la vida sobre los cuales sus hijos deben hacerse responsables, los denominamos *tesoros* o cosas de gran valor. Jesús nos enseñó que el reino de los cielos es como un tesoro escondido en un campo, cuyo valor merece que vendamos todo lo que poseemos para comprarlo (Mateo 13:44). Parte de ese tesoro es nuestro carácter: la manera en que amamos, trabajamos y servimos. Debemos proteger, desarrollar y hacer madurar nuestro carácter, no sólo para crecer en esta vida, sino en la venidera. Pasemos a ver algunos de los tesoros de los cuales su hijo debe apropiarse.

Emociones

Cheryl estaba ante una situación difícil. Su hijo Nathan, de once años, tenía berrinches cada vez que se sentía frustrado. A esa edad, los berrinches son motivo de preocupación. Gritaba, pateaba el piso, daba portazos y, en ocasiones, arrojaba objetos. No obstante, Cheryl pensaba: *Necesita descargar esos sentimientos que tiene encerrados dentro de sí, sino lo carcomerán.* De manera que permitía que Nathan "se expresara", o bien intentaba calmarlo y consolarlo. Pero su conducta fue empeorando con el tiempo. Finalmente, una amiga le dijo: "Lo estás educando para que sea un colérico machista". Impactada por sus palabras, escuchó su consejo.

Con un poco de ayuda, Cheryl cambió su forma de enfrentar los ataques de ira de Nathan. Le dijo: "Sé que hay situaciones que te enojan, y lamento que te sientas frustrado. A todos nos pasan cosas. Pero tus sentimientos me molestan a mí y al resto de la familia. Así que esto es lo que haremos de ahora en más. Cuando te enfurezcas, podrás decirnos que estás enojado. Queremos que seas sincero con respecto a tus sentimientos. Y si se trata de nosotros, nos sentaremos y trataremos de resolver el problema. Pero no aceptamos gritos, insultos, golpes en el piso ni que arrojes objetos. Si eso ocurre, tendrás que irte a tu habitación sin teléfono, computadora ni música hasta que puedas convertirte en un ser civilizado. Luego, por los minutos que has interrumpido la paz de la familia, tendrás que hacer tareas en el hogar que duren el mismo tiempo. Espero que podamos ayudarte con esos sentimientos".

Al principio, Nathan no le creyó a Cheryl, pero ella se mantuvo firme. Durante un tiempo las cosas empeoraron (padres: estén preparados para eso, porque los niños necesitan comprobar que van a cumplir con lo que dicen), pero Cheryl siguió adelante con las consecuencias. Se sentía sumamente ansiosa por lo que se proponía hacer, puesto que temía que Nathan ya no tuviera posibilidad de desahogarse. ¿Explotaría aun más intensamente? ¿Se quebraría su espíritu?

No sucedió ninguna de las dos cosas. Luego de su período inicial de protestas, Nathan se calmó. Sus berrinches fueron cada vez menos intensos y frecuentes. Comenzó a acercar sus dificultades a Cheryl como problemas, y no en forma de crisis, y pudo hablarlos con ella. Lo que sucedía dentro de Nathan era que se estaba convirtiendo en el amo de sus emociones. Estaba utilizando los sentimientos en la forma en que Dios los creó: como señales del estado de nuestra alma. Podía estar enojado, pero en lugar de que la emoción lo sacara de control, podía identificar la fuente del enojo y resolver cualquier tipo de problema de la vida que lo había llevado a sentirlo. Nathan estaba comenzando a hacerse dueño de sus tesoros: sus sentimientos.

Actitudes

Las actitudes son diferentes a los sentimientos. Las actitudes son las posiciones u opiniones que tenemos respecto de las personas y los asuntos. Por ejemplo, una persona puede tener determinadas actitudes con respecto a cómo debe llevar adelante su vida. Una actitud egocéntrica sería: "Debiera obtener lo que quiero en la vida por el sólo hecho de ser yo mismo". Una actitud más madura sería: "Probablemente obtenga las cosas por las que luche arduamente en mi vida". Las actitudes son la base de gran parte de las decisiones que tomaremos en nuestra vida, como el amor, el matrimonio, la carrera profesional y la espiritualidad. La siguiente es una breve lista de las cosas respecto de las cuales sus hijos deben desarrollar una actitud:

- Su propia persona (fortalezas y debilidades, gustos y desagrados)
- La función familiar
- Los amigos
- Dios (quién es y cómo relacionarse con él)
- La escuela (sus intereses y deberes)
- El trabajo
- Asuntos morales (sexo, drogas, pandillas)

Para poder ser dueños de sus actitudes, los niños necesitan dos tipos de ayuda. Aprender que las actitudes son algo que ellos desarrollan y deciden por sí, y que las actitudes de los demás tal vez no sean similares a las de ellos. Debemos ayudarlos a ver las consecuencias de sus actitudes, o sea, cómo deben responsabilizarse por ellas.

Por ejemplo, la actitud de su hijo respecto de su familia tal vez sea: "La familia existe para satisfacer mis necesidades", y no "Yo pertenezco a un grupo en el cual las necesidades de todos son tan importantes como las mías". Demuéstrele cómo su actitud le produce daño a él y a los demás. Enséñele el valor de pertenecer a una comunidad y la forma en que allí puede satisfacer sus necesidades. Ejemplifique sus enseñanzas con experiencias que puedan ayudar al niño a ver dichas realidades. Por ejemplo, podría decir: "Molly, si no puedes esperar a que tu hermano termine de hablar y lo interrumpes, tendrás que esperar hasta mañana para contarnos acerca de cómo fue tu día. Tenemos muchos deseos de saber cómo te fue en la escuela, pero debes esperar tu turno". Esto ayuda a desarrollar una actitud de respeto por los sentimientos de otras personas.

Le hará un enorme favor a sus hijos si los ayuda a experimentar la realidad del principio de Jesús sobre la viga y la paja. Antes de ver la paja en el ojo ajeno, debe quitar la viga de su propio ojo (Mateo 7:1–5). En otras palabras, *enseñe a sus hijos que cada vez que tengan un problema, primero examinen qué pudieron haber hecho para contribuir a que se produjera dicha situación.* La actitud en todos los órdenes de la vida tiene que ver con este tema. Estos son algunos ejemplos de eso:

Situación	Paja	Viga
Una amiga de la escuela es mala conmigo.	Es tan odiosa	¿En qué pude haberla herido?
Mis calificaciones son muy bajas.	La maestra está loca.	¿Cómo fueron mis hábitos de estudio?
Recibí sólo parte del dinero que me dan mis padres por semana.	Mis padres son injustos.	¿Cuáles tareas dejé de hacer?
Mi hermano mayor me pegó.	Tengo un hermano malo.	¿Lo estoy provocando y luego me hago la víctima?

Comportamiento

Los niños aprenden a comportarse en privado y en público mediante el amor, las enseñanzas, los ejemplos y las experiencias. Deben aprender que la manera en que actúan es responsabilidad de ellos.

Por naturaleza, los niños son "impulsos desordenados", es decir, relacionan sus emociones con sus acciones sin agentes intermediadores, tales como pensamientos, valores o empatía por los demás. Existe una línea directa entre sus sentimientos y su comportamiento. De continuar esto en la adultez, pueden convertirse en adictos o sufrir desórdenes del carácter. Simplemente descargan sus sentimientos en su conducta. No tienen sentido alguno sobre: "¿qué sucedería si actúo de acuerdo con lo que siento?" Así obra el niño (o el adulto que nunca conoció límites):

Causa: Estoy enojado porque no me dejaste ver televisión hasta tarde.

Efecto: Lloriqueo, tengo un berrinche y se produce un caos.

El niño con límites actúa de este modo:

Causa: Estoy enojado porque no me dejaste ver televisión hasta tarde.

Pensamiento: Podría tener un berrinche, pero eso haría que perdiera mucho más que poder ver televisión hasta tarde. Es mejor que ceda.

Efecto: Comenzaré a hacer mi tarea para la escuela.

Su hijo no viene de fábrica con ese agente intermediador. Sin embargo, Dios le dio a usted, su padre, las herramientas para ayudar a edificarlo dentro de él, incluso sin la cooperación del niño. Usted sencillamente hará que le resulte más doloroso ser impulsivo que frenar su comportamiento. Muchos padres subestiman hasta qué punto pueden los niños controlar su propio comportamiento (véase la sección sobre los límites adecuados según la edad en el capítulo 3). Los niños normales y sanos, que son obstinados y de voluntad fuerte, pueden aprender a hacerse cargo de su comportamiento.

Uno edifica agentes intermediadores en los niños por medio de la validación, la instrucción y la experiencia. *Validación:*

Permítales saber que lo que sienten es real y auténtico, independientemente de que sea realista. *Instrucción:* Dígales que actuar dejándose llevar por sus enojos o deseos no es adecuado. Enséñeles maneras de tratar con sus sentimientos, tales como hablar o sustituir cómo se obtiene lo que se desea (por ejemplo, que uno obtiene más privilegios cuando es respetuoso que cuando es exigente). *Experiencia:* Hábleles sobre las consecuencias de un comportamiento inadecuado y elógielos cuando se hagan cargo de su conducta.

Por ejemplo, en una familia que conozco, había dos hermanas y cada una de ellas tenía un problema. La más extrovertida, Taylor, interrumpía constantemente a Heather, que era más callada. Los padres se sentaron y dijeron: "Taylor, sabemos que estás entusiasmada por todo lo que tienes para decirnos [*validación*]; pero es una actitud irrespetuosa hacia Heather cuando la interrumpes todo el tiempo, y por lo tanto hieres sus sentimientos. Nos gustaría que refrenaras tus pensamientos hasta que ella termine de hablar. Si no puedes hacerlo, le daremos a Heather el doble de tiempo para que se exprese hasta que puedas controlarte. Esperamos que esto te ayude a tener mayor dominio propio, porque de no ser así, este hábito pudiera provocar resentimiento en las personas [*instrucción*]".

Taylor escuchó y luego puso a prueba el sistema, tarea que debe estar a cargo del niño. Sus padres se mantuvieron firmes en lo que le habían manifestado y Taylor se sintió muy triste porque durante un par de noches sus padres no llegaron a escuchar qué le había sucedido en la escuela [*experiencia*]. Luego, según me contó la madre de Taylor, ocurrió algo gracioso.

— La tercera noche — dijo — Heather estaba hablando mientras yo observaba que el rostro de Taylor se animaba, puesto que se le había ocurrido algo importante para contarnos. Tomó aliento y abrió la boca. Heather dejó de hablar en medio de una frase. Luego, en medio del silencio de la cena, el rostro de Taylor cambió. Pudimos observar claramente cómo recordaba las oportunidades que había perdido las dos noches anteriores. Nos miró a todos, sonrió y dijo: "¿Qué estabas diciendo, Heather?" Casi nos caímos de las sillas de la risa.

¡Bravo! Taylor había comenzado a desarrollar dominio propio: un aspecto fundamental de la madurez, así como también un fruto del Espíritu (Gálatas 5:23). El dominio propio nos permite diferenciarnos del reino animal y ayuda a que nuestros niños sean responsables de sus actos. No es necesario que actúen por sentimientos. Pueden expresar, reflexionar, simbolizar o demorar la gratificación. Los niños pueden aprender que no siempre les es posible controlar sus reacciones emocionales, pero que sí pueden controlar cómo responden desde el punto de vista del comportamiento.

Lo que los niños deben comprender

"Es difícil" en contraposición a "No puedo"

Otro aspecto con relación a ser responsable de uno mismo, es que el niño comprenda que *no poder* difiere de *sentirse incómodo*. Para los niños, ambas cosas son iguales. Por lo tanto, piensan que no pueden hacer aquello de lo que no disfrutan. Entonces, puesto que no pueden hacer algo que los hace sentir incómodos, otra persona debe hacerlo en su lugar. Y esa otra persona es el padre sin límites.

Pensar que no puede hacer lo que no disfruta, le impide al niño aprender que su vida y sus problemas son responsabilidad de él, y no de otros. Dejará de hacer cosas difíciles porque le cuesta mucho trabajo, convencerá a alguien para que las haga por él o encontrará atajos, tales como copiarse en los exámenes.

Todo comienza con cosas poco importantes. Recientemente, me enfrenté a una de estas situaciones con Benny, nuestro hijo de cinco años. Había arrojado su vaso con jugo durante la cena y, con ayuda, estaba haciendo un buen trabajo al limpiar el desastre que había ocasionado. Cuando finalmente terminó, automáticamente quiso darme el trapo sucio para que lo arrojara al cesto de la basura. Tan automáticamente como él, alcé mi mano para tomarlo. Luego algo me detuvo.

Creo que se debe únicamente al hecho de que estaba escribiendo este libro.

Dije: "Benny, ¿qué estás haciendo? Tú puedes levantarte de la mesa y arrojar el trapo en el cesto". Y en realidad Benny no tuvo ningún problema en hacerlo. No se enojó ni protestó. Simplemente se levantó, lo tiró y pudimos finalizar la cena. Creo que fue una nueva forma de pensar para ambos.

Benny y yo estábamos participando de un juego en el que él me alcanzaba algo, y yo tomaba la pelota y corría con ella por él. No se me había ocurrido en esa situación en particular que él tenía dos piernas y que era bastante bueno para embocar el trapo en el cesto de la basura. No estaba desamparado ni necesitaba el rescate de un adulto. Y lo que para mí resultó sumamente significativo fue que la culpa no era de Benny, sino mía.

Los niños aprovecharán toda oportunidad que se les presente para sacarse de encima las responsabilidades hasta que los ayudemos a comprender que el hecho de hacerse cargo de uno mismo es un estilo de vida. Como veremos en muchas situaciones a lo largo de este libro, uno no le enseña simplemente límites a sus hijos. La instrucción oral nunca es suficiente. Usted es un ejemplo de los límites. *Usted mismo se convierte en límites para sus hijos.* En otras palabras, su tarea consiste en convertirse en una persona que estructure su vida alrededor de la responsabilidad y la realidad. Esto es lo que permite desarrollar el sentido de responsabilidad en sus hijos.

Parte del crecimiento consiste en aprender de qué cosas somos responsables y para qué necesitamos ayuda de los demás. Gálatas 6 enseña una paradoja: "Porque cada uno deberá llevar su propia carga" (v.5), pero "sobrellevad cada uno las cargas de los otros" (v.2). A primera vista, ¡significaría que debemos resolver nuestros propios problemas y los de todo el mundo! Para algunos de nosotros, así parece ser nuestra vida. Pero, en realidad, la Biblia no enseña eso. La explicación está en el término griego. Como decimos en el libro *Boundaries*, las "cargas" que debemos llevar unos por otros son las "rocas pesadas" abrumadoras de la vida, tales como las económicas, las enfermedades o las crisis emocionales. Las "cargas" que debemos llevar sobre nosotros son "alforjas", es decir, las responsabilidades normales que implican trabajar, ir a la escuela y cumplir con los deberes respecto de nuestros amigos, nuestra familia y la iglesia.

Por lo general, los niños consideran estas alforjas como rocas pesadas y quieren que nosotros les solucionemos sus problemas. Debemos frustrar ese deseo y construir dentro de ellos el sentido de que se espera que ellos puedan manejar muchas cosas por su propia cuenta (calificaciones, comportamiento, tareas), si bien pueden solicitar ayuda en asuntos que estén más allá de su alcance (transporte, oportunidades para ganar dinero, crisis).

Este es el otro extremo de la responsabilidad. Por cierto, existen cosas y problemas para los cuales los niños *sí* necesitan ayuda. La vida es difícil y nadie puede hacer solo todo lo que se le requiere. De hecho, los "Llaneros Solitarios", que resuelven sus problemas sin ayuda son emocionalmente enfermos, no sanos. La Biblia enseña que debemos levantar "las manos caídas y las rodillas paralizadas" (Hebreos 12:12). Todos necesitamos el apoyo, el amor, el consejo y la sabiduría de los demás para transitar por la vida.

Su hijo debe saber que es correcto solicitar ayuda cuando se encuentra en crisis, se siente abrumado o tiene algún problema que no puede resolver solo. Usted tiene que convertir su hogar en un ámbito en el que el niño se sienta seguro de llegar a casa y decir: "Me va mal en matemáticas y no comprendo el tema", "me arrestaron" o "estoy embarazada". En este tipo de situaciones, la familia debe rodear al niño y ayudarlo a resolver sus problemas.

Pero incluso en estas situaciones críticas, el niño debe aprender a ser responsable. Él tiene tareas propias, como por ejemplo:

- Ser lo suficientemente sincero y humilde como para darse cuenta de que tiene un problema en lugar de ser orgulloso y negarlo.

- Tomar la iniciativa de solicitar ayuda a los demás en lugar de encerrarse en sí o esperar que desaparezca el problema.
- Elegir personas confiables, de carácter, a las que se pueda recurrir para pedir ayuda.
- Hacerse cargo de su parte para resolver el problema.
- Valorar y apreciar la ayuda que se le da.
- Aprender de la experiencia, para no repetir los mismos errores.

Estas son las malas noticias de la vida. Incluso cuando no somos capaces de ayudarnos nosotros mismos, tenemos una tarea por delante. Si lo atropella un automóvil, usted es una víctima, pero aun así debe asistir al fisioterapeuta y realizar los ejercicios de rehabilitación. Si su mejor amigo se muda lejos, no es su culpa, pero debe encontrar otras personas de carácter a las cuales confiarles su corazón. Hay muy pocas "rocas pesadas" en la vida respecto de las cuales el niño no tiene responsabilidad alguna.

Amar en contraposición a rescatar

Cuando estaba en octavo grado, vino una reemplazante a sustituir a nuestra profesora de ciencias, la señora Southall, que se encontraba enferma. La reemplazante carecía de experiencia y era frágil. Bill, uno de los muchachos más populares, le hizo las cosas aun más difíciles. En una oportunidad, cuando ella dio la espalda a la clase, la insultó y la joven maestra salió del aula llorando.

Cuando volvió la señora Southall al día siguiente, estaba furiosa. Quería saber quién había insultado a su reemplazante. Nadie quiso mencionar a nuestro compañero Bill, si bien todos sabíamos que había sido él el causante de esa situación. Entonces la señora Southall caminó por entre las filas de los pupitres y nos preguntó a cada uno de nosotros si sabíamos de quién se trataba. No podíamos evitarlo: mentíamos, o bien decíamos la verdad. Uno por uno, los treinta niños miraron a la señora Southall a los ojos y le mintieron, incluyéndome a mí.

Sólo uno, un niño llamado Jay dijo: "Fue Bill". Bill fue acusado y sentenciado por el testimonio de Jay. Bill estuvo enojado durante mucho tiempo con Jay. Él y sus amigos aislaron a Jay, de modo que sufrió socialmente por lo que había hecho Bill.

Años más tarde, le pregunté a Jay por qué lo había hecho. Porque él no era el preferido de la maestra ni siquiera quería ganarse sus favores. Sencillamente él no estaba de acuerdo en que había que salvar a Bill. "Bill era mi amigo", dijo Jay, "pero pensé que lo correcto era lo correcto y lo incorrecto, incorrecto. Creí que no le haría ningún favor al encubrirlo". Admiro las convicciones de Jay. Arriesgó la ira y el rechazo de su amigo para evitar rescatarlo de sus actos. Jay estaba marcando una diferencia entre *ayudar* y *rescatar*.

El hecho de aprender esta diferencia es una de las lecciones más importantes del curso sobre responsabilidad que debe aprender su hijo. Él es responsable *por* sí. Él es responsable *ante* los demás. Él debe preocuparse por su familia y sus amigos, y salirse de su carril para ayudarlos. Pero la responsabilidad implica que deba refrenarse de protegerlos de las consecuencias de sus acciones.

Nuevamente, esto no es algo que los niños tienen naturalmente dentro de sí. Vacilan entre un enorme egocentrismo y una preocupación increíble por sus amigos. No conocen la diferencia entre ser responsables "por" ellos mismos y "ante" sus amigos. Especialmente en el caso de las amistades, ocuparse de alguien y protegerlo, con frecuencia son sinónimos para los niños. (Por ejemplo, puede que un niño exija que su amigo lo apoye aunque esté equivocado).

Esta confusión forma parte del proceso evolutivo. Es decir, que cuando los niños comienzan a crecer y a separarse de su vida hogareña, están desarrollando otros sistemas y estructuras sociales que los prepararán para abandonar su casa. En particular durante los últimos años de la adolescencia, el centro de su vida está fuera del hogar y no dentro de él. Este proceso involucra "apegarse" a los amigos y estar "en contra" de los padres. Sienten que los padres no comprenden sus sentimientos, sus problemas, sus pasiones y su música. Entonces se apegan a sus pares y dedican horas a estar con ellos, compartiendo pensamientos, sentimientos y secretos.

Esto es algo bueno. Pero, si bien, como padre usted debe permitir que sus hijos tengan su propia vida y amigos con límites razonables, sus hijos todavía deben aprender que la Ley de la Responsabilidad se aplica a sus compañeros al igual que a su familia. Los niños deben soportar la intensa presión social para no contar sobre un amigo que se droga o que se copia en los exámenes. Y, del mismo modo, deben aprender a decir que no a las exigencias de sus amigos a que les resuelvan sus problemas, se ocupen de sus sentimientos y los hagan felices.

Los niños no aprenden estas cosas en los libros. Los niños aprenden sobre amar y rescatar en el hogar. Cuando su hijo observa que mamá, papá y sus hermanos no los necesitan para que actúen como padres, aprende que puede amar a los demás sin hacerse responsable de ellos. Puede iniciar libremente relaciones sabiendo que puede obedecer la Ley de la empatía, pero que también puede negarse a hacer aquellas cosas que no son buenas para él o que son la carga de otra persona. Permita que si se raspa las rodillas, busque las vendas sin que usted tenga que correr a socorrerlo. Déjelo observar que usted ha tenido un día malo, pero que a la vez comprenda que usted se hará cargo de sí por esa circunstancia.

Mientras ayuda a su hijo a comprender cuál es la diferencia entre amar y rescatar, también aprenderá a elegir amigos que no requieran que alguien se haga cargo de sus problemas: amigos de buen carácter, amigos a los que su hijo les pueda decir que no sin temor a perder la relación.

Un motivo fundamental por el cual los niños tienden a rescatar a los demás, es que han aprendido que es la única manera de no perder un amigo. Ayude a su hijo a elegir mejores compañías. Siempre oro en silencio una oración de agradecimiento cuando veo a mis hijos desde la ventana de la cocina interactuar en el patio trasero y los observo disentir con sus amigos. La mayor parte de los amigos que eligen no huyen cuando alguien disiente con ellos. Nuestros hijos deberán relacionarse de este modo durante toda la vida.

Es sencillo caer en la trampa de permitirle al niño que rescate y se confunda respecto de su responsabilidad. Por ejemplo, una madre que se siente sola, con frecuencia convertirá a su hija en su confidente, pensando: *¿No es maravilloso que mi hija y yo seamos grandes amigas? Le puedo contar todos mis problemas y viceversa.* En realidad, el niño aprende a ser padre de su propio padre y corre el riesgo de que todas sus relaciones sigan el mismo patrón. Hemos visto a cientos de personas que tienen matrimonios codependientes, "dadores" que se casaron con "tomadores". En muchos casos, la niñez de los dadores incluía alguno de los siguientes elementos:

- Un padre que se sentía solo y necesitado.
- Un padre descontrolado que necesitaba que alguien lo ayudara a controlarse.
- Un padre que confundía las necesidades de su hijo con las propias.

Nuestros hijos no son una renta para cuando nos jubilemos, ni un seguro social ni médico. Están allí para Dios y para ellos mismos. Es valioso ser vulnerable con nuestros hijos respecto de nuestras debilidades y fracasos. De esta manera aprenden que los adultos no son perfectos. Otra cosa es procurar que su hijo para satisfaga sus necesidades. No lo cargue con sus heridas. Por ejemplo, no busque que su hijo consuele su dolor o que sea su mejor amigo. Para esas necesidades busque adultos. Su hijo ya tiene bastante que hacer por el solo hecho de crecer. Al mismo tiempo, aprenda el equilibrio entre ayudarlo a no rescatar y a asistir a las necesidades genuinas de su familia y amigos. Aprender a amar comienza por recibir empatía y luego por comprender nuestro deber de respetar a los demás e interesarnos por ellos

¿Cómo es posible que un niño que es tan pequeño y débil, tenga tanto poder sobre un adulto? Si alguna vez vio a una madre a merced de un niño fuera de control en un supermercado, ha sido testigo de este dilema. La siguiente ley de límites tiene que ver con este tema: ayudar a que su hijo sea dueño del verdadero poder que posee y ayudarlo a que deje de lado el poder que no debiera tener.

6

No puedo hacerlo todo, pero tampoco soy desvalido

La ley del poder

Cuando tenía siete años (doctor Townsend), comencé a leer *Tom Sawyer* y supe que ese era el momento de huir de casa. Harto de mis padres y mis hermanos, sabía que podía arreglármelas sin ellos. Entonces, un sábado, busqué un palo y un pañuelo rojo, en el que empaqué mis herramientas básicas de supervivencia: un emparedado de manteca de cacahuate, una linterna, una brújula, una pelota y dos soldados verdes de plástico.

Me fui de casa por la tarde y caminé un par de cuadras hacia el bosque. Resuelto, me interné donde ningún muchacho había ido antes. El sendero se terminaba y la espesura era cada vez mayor. Comí mi emparedado. Empezó a oscurecer. Oí ruidos. Era hora de volver a casa.

Recuerdo que mientras estaba regresando pensaba: *¡Esto es horrible! No quiero volver a casa. Nadie me obliga a hacerlo, pero* *necesito regresar.* Allí estaba yo, deseando ser poderoso e independiente, enfrentándome con mi propia impotencia.

El poder y los niños

Tarde o temprano, la mayor parte de los niños pasa por experiencias similares a la mía. Piensan que son adultos, fuertes y que no tienen límites. Se vuelven demasiado confiados en ellos mismos y arrogantes en su omnipotencia. Luego, si los padres no ingresan al camino de Dios, los niños caen en la realidad de que no tienen tanto poder como pensaban. Deben hacer algunos ajustes respecto de su vida, y crecen a partir de las experiencias. Se adaptan a la realidad, que es la definición de salud mental, en lugar de exigir que la realidad se adapte a ellos, lo cual es la definición de la enfermedad mental.

Para desarrollar límites adecuados, los niños necesitan tener poder, o la *capacidad de controlar algo.* El poder puede oscilar entre armar un rompecabezas, bailar en un recital y resolver un conflicto para desarrollar una amistad valedera. La supervivencia y el crecimiento del niño en este mundo depende de una valoración adecuada y basada en la realidad de lo siguiente:

- sobre qué cosas tienen poder y sobre qué cosas no,
- el alcance de su poder sobre las cosas que controlan, y
- cómo se adaptan a lo que no pueden controlar.

Por ejemplo, yo me sentí impotente ante mi necesidad de regresar a casa. Tuve que adaptar mi falta de poder resignándome al hecho de que todavía era un niño pequeño. Pero tuve poder sobre cómo me sentía. Me desagradaba el hecho de tener que necesitar a mi familia. ¡Por lo menos, en eso tenía un poco de poder!

A fin de observar la paradoja de los niños y el poder, pensemos en un lactante y sus padres. Una vez salido de la matriz de su madre, un lactante está totalmente desvalido. En realidad, un lactante humano permanece desvalido durante mucho más tiempo que cualquier otro animal de su edad. A la vez, ejerce un enorme poder sobre sus padres. Imponen un nuevo esquema a sus horarios de trabajo, la vida hogareña y las rutinas de sueño. Sus padres lo tratan con mucho cuidado. Le tienen fobia a los gérmenes. Instalan un monitor en su dormitorio para asegurarse de que respira. Durante un lapso, el bebé es el centro de sus vidas: "Estoy manejando la familia". En cambio, pasa por estados desagradables de: terror, desolación e ira, a estados agradables de: seguridad, calidez y amor. Probablemente diría: "No tengo ningún poder ni control".

En este estado de impotencia, un niño no tiene poder sobre sí, por lo cual Dios creó un sistema en el cual sus padres le otorgan poder y se sacrifican por él hasta que pueda crecer lo suficiente como para desarrollar una sensación de poder personal.

Poder, impotencia y límites

Aprender sobre el adecuado uso del poder ayuda a que los niños desarrollen sus límites. Las personas maduras saben sobre qué tienen poder y sobre qué no. Invierten todo en lo primero y dejan de lado lo segundo. Su hijo necesita aprender sobre qué tiene poder, sobre qué no tiene poder, y cómo reconocer la diferencia (para parafrasear la Oración de la Serenidad).

Los niños no cuentan desde el principio con un entendimiento del poder basado en la realidad. Piensan que pueden sortear edificios altos con un solo salto. Felices, ingresan al mar, confiados de que domarán las olas. Y esperan que usted y sus amigos vean la vida tal como la ven ellos.

Aquí reside el primer problema: un niño siempre intenta tener poder sobre cosas que no son suyas. Pero *no puede fijar límites alrededor de lo que no constituye su propiedad*. Cuando lo intenta, el verdadero propietario finalmente destrozará sus cercos. Esto es lo que sucede cuando un niño provoca a sus amigos. Si son normales, protestarán o simplemente se alejarán. Por ende, el niño que piensa que es omnipotente se encuentra atrapado en un círculo vicioso perpetuo, ya sea realizando intentos infructuosos para controlar lo que no puede, o bien encontrando personas débiles que le ayudarán a mantener su ilusión. Un caso clásico de los adultos es el esposo controlador y la esposa complaciente. Él piensa que tiene poder sobre la vida de ella. Ella participa de la ilusión no haciéndole frente para llevarse bien sin hacerle ver su impotencia para adueñrse de ella. Un niño que nunca llega a manejar los límites de su poder puede convertirse en un esposo controlador.

El segundo problema que enfrenta el niño es que *al intentar controlar lo incontrolable, niega su capacidad de ejercer poder sobre lo que puede controlar.* Está tan concentrado en lo primero, que deja de ver lo segundo. En el ejemplo anterior, un niño que invierte en "hacer" que sus amigos hagan lo que él quiere, no aprenderá a tomar control sobre sí, a aceptar las decisiones de los demás, a adaptarse a ellos, a sufrir por algunos deseos no cumplidos y demás. Dios nos otorga poder no para hacer lo que queramos, sino para lo que es correcto y bueno.

En efecto, aprender a aceptar la impotencia tiene profundas implicancias espirituales para su hijo. Cuando aceptamos la realidad de nuestra condición humana — que somos totalmente impotentes para cambiar nuestra condición de caídos, y que, sin embargo, somos plenamente responsables por estar en ese estado — somos impulsados a recibir la solución de Dios basada en el pago de su hijo por una deuda que no podemos pagar. Los niños que crecen aferrados a su omnipotencia y sin llegar a aceptar su fracaso absoluto, posiblemente tengan dificultad para ver la necesidad de contar con un Salvador. Tienden a pensar: *Sólo tengo que poner un poco más de empeño.* Pero la Biblia nos enseña que ser impotentes es un estado de bendición: "Porque Cristo, cuando aún éramos débiles, a su tiempo murió por los impíos" (Romanos 5:6).

Qué es y qué no es el niño

Los padres tienen recuerdos vívidos de las luchas de poder que han mantenido con sus hijos. Los niños afirman su omnipotencia en millones de situaciones tales como: quehaceres domésticos, estilos de vestimenta, privilegios y restricciones, y amigos. Es tarea suya ayudar a sus hijos a seleccionar sobre qué cosas tienen control y sobre cuáles no, y el alcance de su poder. Además, tenga presente que probablemente no tendrá alumnos dispuestos a escuchar la lección. Al igual que los adultos, a los niños no les gusta que les recuerden sus limitaciones y probablemente quieran "matar al mensajero". Sea sensible mientras realiza sus deberes divinamente ordenados.

Poder sobre mí

En primer lugar, un niño debe comprender qué puede hacer y qué no respecto de sí mismo. La siguiente tabla enumera algunos aspectos importantes al respecto:

No tengo poder para . . .	Sí tengo poder para . . .
Sobrevivir sin necesidad de los demás	Elegir de quién depender
Hacer lo que quiera	Hacer lo que puedo
Evitar consecuencias	Adaptarme para reducir al mínimo las consecuencias
Evitar fracasos	Aceptar los fracasos, aprender y mejorar

Negación de la dependencia

A los niños no les agrada que se les recuerde que necesitan a otras personas. Quieren tomar sus propias decisiones, resolver sus propios problemas y nunca tener que pedir ayuda o apoyo a nadie. Desean tanto ser independientes que, a menudo se meterán en serios problemas antes de contar a sus padres lo que sucede.

Aquí, con frecuencia, se confunden dos tipos de dependencia. *La dependencia funcional* se relaciona con la resistencia del niño a realizar las tareas y deberes de la vida que son su responsabilidad. Esto significa que quiere que otros se ocupen de las cosas de las que él debiera ocuparse. Por ejemplo, un adolescente le pide a sus padres dinero para gastar en lugar de buscar un empleo de tiempo parcial. No favorezca la dependencia funcional. Permita que el adolescente sienta el dolor de no tener un centavo. Le ayudará a buscar un trabajo.

La dependencia relacional es nuestra necesidad de contactarnos con Dios y con los demás. Dios nos creó para que seamos dependientes de las relaciones; es el combustible que nos mantiene en la vida: "¡Ay del solo! que cuando cayere, no habrá segundo que lo levante" (Eclesiastés 4:10). La dependencia relacional es lo que nos impulsa a desahogar nuestras almas unos en otros, a ser vulnerables y a sentir necesidad de los demás. Entonces, cuando somos amados por Dios y por los demás en este estado de necesidad, nos sentimos plenos interiormente. Puesto que necesitan tanto, los niños son particularmente dependientes de las relaciones. Con el transcurso del tiempo, a medida que van interiorizando relaciones que los nutren, necesitan menos. El amor que interiorizaron de mamá y papá, y de otras personas, los sostiene. Sin embargo, hasta el día de nuestra muerte seguiremos necesitando una conexión periódica y profunda con personas de emociones sanas que se preocupan por nosotros.

Debe fomentar e incentivar la dependencia relacional en su hijo. Enséñele que las personas maduras y sanas necesitan de los demás, y que ellos no se aíslan. Es posible que su hijo también confunda los dos tipos de dependencia, pensando que si pide consuelo y comprensión, se está comportando como un bebé. Ayúdelo a entender que necesitar amor no significa ser inmaduro. En cambio, nos da la energía que necesitamos para enfrentar la vida.

Usted ve que su hijo tiene un problema, pero puede que se aísle en su propia suficiencia omnipotente. Es el antiguo diálogo: "¿Cómo te fue?", "Bien". Enfrente el aislamiento. Dígale que no pretende darle un sermón, sino que sólo quiere saber cómo se siente. No dé cabida a su ilusión de que no necesita a los demás.

Una forma en que puede ayudar a su hijo con respecto a este tema es esperar hasta que le pida ayuda. Si corre a levantar a un niño que se cae antes de que lo llame pidiéndole auxilio, puede desarrollar la actitud de *Soy tan poderoso que no necesito a mamá*, puesto que no tiene que hacerse responsable de pedir ayuda. Déjelo optar por pedir ayuda. No es sencillo observar y esperar mientras uno ve a su hijo llegar al fondo. Le destroza el corazón a cualquier padre. Pero es la única forma en que el niño se dará cuenta de su necesidad de amor y apoyo, y de su falta total de poder para vivir sin esos componentes.

Mientras su hijo está aprendiendo a necesitar a los demás, ayúdelo a no sentirse desvalido en las relaciones. Incentívelo a que exprese sus deseos, sus necesidades y opiniones a sus seres cercanos. Esto se aplica especialmente a la relación que tiene con usted. Él no escogió formar parte de su familia, esa decisión le correspondió a usted. Sin embargo, puede contar con algunas opciones en cuanto a su forma de relacionarse con usted. Por ejemplo, déle libertad de acción para determinar su propio ritmo con respecto a cuándo necesita acercarse a usted y cuándo necesita tomar distancia. No lo invada ni sea afectivo con él cuando claramente le demuestra que desea estar más alejado. Pero no lo abandone cuando necesita más intimidad. Otro ejemplo sería incentivarlo a compartir su opinión sobre las actividades familiares. Él tiene algo que decir y eso tiene importancia, aunque no tenga la palabra final.

Exigir poder sobre todas las opciones

Los niños piensan que tienen el poder de hacer todo lo que se proponen. Ningún nivel de actividad es demasiado. Tienen una ilusión omnipotente de un tiempo y una energía ilimitados. Un niño no reconoce limitaciones de tiempo ni "calcula los gastos" (Lucas 14:28). Por ejemplo, un muchachito podría armar el siguiente plan de juegos para un sábado:

9:00 Partido de fútbol

10:30 Película

12:00 Hamburguesas

13:00 Patinar

15:00 Fiesta

17:00 Otra película

Su hijo necesita ayuda con respecto a esto. Los niños fácilmente pueden tener demasiadas expectativas sobre ellos mismos, pensando que tienen poder sobre su energía, su tiempo y su plan de actividades. Pueden desarrollar problemas de límites al comprometerse demasiado y luego tener una experiencia superficial respecto de demasiadas cosas.

Una amiga mía era de esta misma forma cuando era niña. Ahora, siendo esposa y madre, aún intenta estirar el tiempo como un acordeón. Piensa que puede llevar los niños a la escuela, ir de compras, tomar un café con una amiga y limpiar la casa antes del almuerzo. En cambio, se siente apurada, frustrada y crónicamente llega tarde. Actualmente está intentando trabajar sobre su ilusión de poder total con respecto a lo que desea hacer.

Dentro de determinados parámetros de edad y madurez, ayude a su hijo a fijar límites de tiempo y energía, estableciendo un sistema que se quiebre si hace demasiadas cosas. Por ejemplo, como experimento, permítale planificar más de lo que a usted le gustaría. Pero imponga requisitos tales como:

- Un buen promedio en sus calificaciones escolares
- Cuatro noches en casa con la familia
- Ir a la cama, con las luces apagadas, a una hora determinada.
- Ninguna señal de fatiga o tensión

Dé a su hijo suficiente soga como para ahorcarse, para que *él* escoja su destino, y no usted. Cuando asistía en la escuela secundaria, estaba tan sobrecargado con las tareas escolares, las actividades sociales y los deportes, que comencé a tener síntomas de fatiga y tensión. Una noche, mis padres se sentaron a hablar conmigo y me dijeron que pensaban que yo tenía mononucleosis. No tenía la menor idea de que podía estar enfermo, y siempre les agradecí que me dejaran llegar hasta dónde llegué para experimentar mi falta de omnipotencia respecto de mi tiempo y mi energía.

Evitar consecuencias

Un elemento que forma parte de la composición de su angelito es una mente criminal. Piensa que es suficientemente poderoso como para evitar los resultados de sus actos. Le llega en forma natural: ¡Adán y Eva pensaban que podían ocultarse de Dios! Los niños manipularán, mentirán, racionalizarán y distorsionarán con tal de evitar los castigos.

Los niños deben aprender a evitar las malas consecuencias haciéndose cargo de sus actos. Cuando piensan que pueden evitar que los atrapen, ya no se preocupan por reprimirse, sino que se concentran en salirse con la suya. El resultado no es la madurez de carácter, sino la patología de carácter.

Haga que la sinceridad sea la norma en la cultura cotidiana de su hogar y determine límites fuertes respecto de la deshonestidad. Cualquiera sea la consecuencia de una desobediencia, fije una peor para un engaño. Cualquiera sea la recompensa por obedecer, fije una mejor por ser sincero. Haga una fiesta cuando su hijo cumpla con algo determinado. Debe experimentar la realidad de que vivir en la oscuridad del engaño será mucho más doloroso que vivir en la luz de la exposición. Esto le ayudará a alejarse de la ilusión de que tiene el poder de evitar cosechar lo que siembra.

Una familia que conozco tiene la regla de que si uno confiesa algo, tiene un determinado castigo. Pero si alguien lo cuenta antes de que la persona lo confiese, el castigo es mayor. Si bien esto tiene incorporado el problema de criar chismosos, se corresponde con el sistema jurídico de Estados Unidos, quienes violan la ley y confiesan su delito tienen penas menores que los que son atrapados.

Evitar el fracaso

Puesto que nacieron perfeccionistas, a los niños no les agrada que les recuerden que son producto de la Caída. Con frecuencia, piensan que tienen el poder de evitar errores o de fracasar. Su hijo debe aprender a lamentarse por su perfección perdida, aceptar sus fracasos, aprender de ellos y crecer. El crecimiento no deja otra alternativa. O bien uno niega sus errores y los repite una y otra vez a lo largo de su vida, o los admite y se esfuerza por resolverlos.

Quítele a su hijo de la cabeza la idea de que puede evitar el fracaso. Haga que los fracasos se conviertan en sus amigos. Hable de las cosas tontas que hizo en el trabajo o en el hogar. No tenga una actitud defensiva cuando un miembro de la familia le señala algo que hizo. Tenga cuidado de no darle a su hijo la impresión de que usted ama más su lado de perfección y destreza que su lado mediocre y torpe. Cuando hable de su hijo con sus amigos, incluya la virtud de admitir el fracaso, entre otros logros que tenga. Esta información suele llegar a los oídos de los niños.

Poder sobre los demás

Mientras ayuda a su hijo a dejar de lado sus ilusiones de que puede controlarse perfectamente sin fracaso alguno, también deberá ayudarlo con ilusiones similares con respecto a su poder sobre los demás. ¿Recuerda la imagen del lactante impotente/poderoso? Así es como comienza la historia del niño, y seguirá así a menos que usted intervenga. El objetivo para su hijo es que deje de lado la idea de que puede controlar a los demás y que se comience a concentrar en controlarse él mismo. Recuerde que uno de los frutos del Espíritu es el dominio propio, y no el dominio sobre los otros (Gálatas 5:23).

El bebé necesita a sus padres casi todo el tiempo. Se puede decir que prácticamente deben estar al servicio del bebé. De otro modo, no podrá sobrevivir. Pero a medida que crece, desarrolla suficiente confianza en los demás y en su propia capacidad para resolver sus problemas como para no sentirse tan desesperado por ejercer poder sobre mamá y papá. No obstante, los niños se aferran a la idea de que pueden hacer que los demás hagan lo que ellos desean. Necesitan amor, incentivos para ser responsables y límites a su omnipotencia. Usted es el agente para estos tres ingredientes.

Cuando Ricky estaba en jardín de infantes, tenía un amigo muy querido llamado David. Estaban todo el día juntos. Una noche, durante la cena, Ricky me dijo con tristeza, que David tenía otro mejor amigo, Andy. Ahora, David y Andy pasaban todo el día juntos sin Ricky. Se sentía excluido y solo. Entonces me dispuse a ayudarlo a resolver el problema.

— ¿Por qué no hablas con David acerca de tus sentimientos? — sugerí.

— Puedo hacerlo.

— ¿Qué crees que debieras decirle?

— Le diré: *Tienes que quererme.*

Así piensan los niños. Ya sea por temor o por un deseo de ser como Dios, ellos creen que tienen poder sobre su familia y sus amigos. Estos son algunos ejemplos de cómo intentan los niños ejercer poder sobre los demás y las respuestas que puede darles:

Intento de dominar a los demás	Su respuesta
Si lloriqueo lo suficiente, obtendré el juguete.	Pídemelo una vez y lo decidiré. Pero el lloriqueo obtiene una negativa automática.
Puedo dar órdenes a mis amigos.	Ahora parecen evitarte. Dejaremos de invitar amigos hasta que tú y yo hablemos sobre cómo tratar a las personas.
Si soy amable y servicial, no tengo por qué estar restringido por mi última violación del toque de queda.	Me alegra que tu actitud sea tan buena, pero permanecerás castigado por el término que habíamos establecido.
Puedo ignorar tus pedidos de que asee la sala.	Sólo te lo pediré una vez, y dispones de quince minutos. Después de eso, te perderás el juego con tus amigos.
Puedo intimidarte con mis gritos y mi enojo.	Es cierto que tu enojo me molesta bastante. De modo que hasta que sepas comportarte y hablarme con respeto, se suspenden todos tus privilegios.
Mi odio puede destruirte.	Puedes hacerme sentir incómodo y herir mis sentimientos. Pero tu odio no me daña ni hará que me vaya.

De esta forma, usted ayuda a sus hijos a abandonar el deseo de tener poder sobre usted y los demás. Al igual que con cualquier aspecto vinculado a la crianza de los niños, la primera vez que usted responda de este modo, probablemente no le creerán, y la situación se generará nuevamente. En el segundo o tercer intento por resistirse a sus límites, es posible que a la incredulidad le siga la ira. No se mueva de ahí. Luego de que los niños se den cuenta de que su límite es real, puede conversar con mayor calma sobre lo que está sucediendo.

Si el proceso funciona, puede que su hijo comience a sentir tristeza porque no puede gobernar su mundo de relaciones. La tristeza es buena para él, puesto que le permite abandonar un deseo irreal. No obstante, ayúdelo a ver que, si bien no puede tener poder sobre los demás, tampoco está desvalido. Su hijo necesita aprender que puede *influir* en otros para lograr lo que para él es importante. Control e influencia son cosas muy distintas. El control niega la libertad del otro, mientras que la influencia respeta dicha libertad. Dígale: "Si disientes con alguna decisión que estoy tomando, estoy dispuesto a escuchar tu opinión y tus sugerencias, siempre y cuando sean respetuosas. Las escucharé con la mente abierta, pero sólo si estás dispuesto a continuar aceptando mi decisión una vez que haya pensado acerca de lo que has dicho. Tienes que ganarte el derecho a ser escuchado por medio de tu comportamiento".

El padre herido

Si su hijo dirige su ira o egoísmo hacia usted, puede llegar a ser doloroso. Puesto que está vinculado estrechamente a él, tiene el poder de hacerlo sentirse mal. No obstante, no ceda a la tentación de usar ese hecho como forma de manipular al niño para que se haga cargo de sus propios sentimientos. Por ejemplo, algunos padres dicen cosas tales como: "Si gritas, entristeces a mamá y ella necesita de tu ayuda para ser feliz". Esto sólo incrementa la omnipotencia del niño y contribuye a varios otros problemas, como por ejemplo:

- Colocar al niño en el papel de padre
- Crear en el niño una culpa innecesaria

- Influir al niño para que sienta desprecio hacia la fragilidad del padre
- Concentrarse más en los sentimientos del padre que en las consecuencias para el niño

Al mismo tiempo, el niño debe comprender que lo ha herido y que a usted no le agrada. Esto crea un sentido de responsabilidad empática en su hijo. Todos necesitamos saber que podemos herir a las personas que queremos y que si continuamos haciéndolo a lo largo de la vida, tendremos problemas para crear y mantener buenas relaciones con las personas. Esto orienta al niño a tomar posesión del poder que tiene para afectar a los demás.

El principio del desarrollo del poder

Los conceptos básicos que debe tener presente al trabajar junto a su hijo respecto de hacer suyo lo que le pertenece y

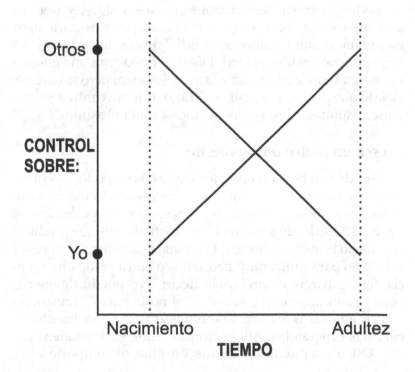

adaptarse a lo que le pertenece a otra persona, se resumen en el siguiente gráfico:

Un niño llega al mundo casi sin poder sobre sí mismo. A modo de compensación, utiliza una enorme energía para controlar a sus padres. Su trabajo como padre consiste en incrementar gradualmente el poder del niño sobre sí y en reducir sus intentos de controlarlo a usted y a los demás.

Manténgase conectado, pase lo que pase

A usted le corresponde la tarea de eliminar el poder omnipotente de su hijo para ayudarlo a tener verdadero poder sobre lo que le pertenece. En la mente del niño, usted le está quitando algo que él necesita. Para ayudarlo a tolerar el proceso, deberá estar presente emocionalmente. Sienta empatía por sus temores a sentirse desvalido, por sus frustraciones por no poder controlar las reacciones de sus amigos, y por sus preocupaciones sobre el fracaso. La empatía es particularmente importante cuando está lidiando con los intentos del niño por controlarlo a usted. Dígale: "Puede que me enoje o me sienta lastimado mientras atraviesas esto, pero no me iré. Pase lo que pase, estoy aquí, incluso si disiento contigo y debo ponerte límites. Ahora comencemos a tratar el asunto".

No sea un padre omnipotente

Ayude a su hijo a aceptar los límites de su poder, aceptando los suyos propios. Admita sus fracasos, sus debilidades y limitaciones. Pero, además, tome posesión del poder que sí tiene. Al hacerlo, dé a su hijo tanta libertad como sea posible y contrólelo lo menos posible. "Haré que te detengas" a veces es necesario para niños muy pequeños o en casos de emergencia. Sin embargo, es preferible decir: "No puedo detenerte, pero puedo decirte qué sucederá si no lo haces". Luego, no realice amenazas vacías. Manténgase firme con las consecuencias prometidas. Allí es donde reside su verdadero poder. Usted no puede hacer que un niño se comporte bien, pero puede estructurar alternativas y consecuencias que ayuden al niño a escoger correctamente.

Sea un padre que toma decisiones libres

Sea "incontrolable", es decir, sea un padre cuyas elecciones no están dictaminadas por las respuestas de su hijo. A usted le importan sus sentimientos y deseos porque lo ama. Pero el jefe es usted y está tomando las decisiones que considera que son las mejores porque es responsable ante un Jefe de mayor nivel (2 Corintios 5:10).

He visto padres que vacilan sobre las decisiones cuando sus hijos pierden el control. No basan sus acciones en valores, sino en el manejo del conflicto. Esto hace que los niños lleguen a la conclusión de que tienen un gran poder sobre sus padres. Y tienen razón.

Si no está seguro de la solicitud de su hijo, simplemente diga que no. Si no puede decir que sí de todo corazón, es posible que esté dando de mala gana o bajo coacción (2 Corintios 9:7). Es más, recuerde que el padre que dice que no y luego cambia de opinión es un héroe, pero el que dice primero sí y luego no, es un traidor.

Ser un padre libre también significa no reaccionar ante los ardides elaborados por su hijo para tener poder sobre usted. Si usted tiene necesidad de que su hijo se comporte de un cierto modo, eso mismo le otorga poder sobre usted. Por ejemplo, los niños saben qué tonos de voz usar y cuáles palabras decirles a los padres para sacarlos de quicio o bien lograr que se comporten en forma cálida y generosa. Muchos son los padres cuya decisión de no consentir a su hijita se desmorona cuando su hija comienza a practicar la rutina de "niñita- dulce y padre-maravilloso". La clave reside en no necesitar nada de su hijo, como por ejemplo valoración, apoyo, respeto o comprensión. Debe exigir que se cumplan determinadas normas de comportamiento, no porque usted las necesite, sino porque su hijo las necesita. Deje que otras personas satisfagan sus necesidades y libere a su hijo para que sea auténtico con us-

ted. Luego podrán trabajar juntos para limar los bordes áspe-
ros de su hijo.

Trabaje orientado a darle a su hijo un poder de dominio propio

Tenga presente que la tarea de padre es un trabajo temporal. Usted ha sido investido con un poder de fideicomisa-
rio durante el período de crecimiento de su hijo bajo su
cuidado. Pero gradualmente, a medida que pueda asumir
mayor responsabilidad, debe traspasarle las riendas de su
propia vida. La frase: "Siempre seré tu padre" es cierta en un
sentido, pero no totalmente. Usted siempre tendrá ese lega-
do, pero no siempre esa responsabilidad. Su meta es conseguir un afecto mutuo entre dos adultos, no una posición
asimétrica permanente.

El truco en este caso consiste en saber qué le puede entregar a su hijo para que se aleje de su zona de comodidad, pero
que no sobrepase su madurez. Que se doble, pero que no se
rompa. Recuerdo cuando llamé a mis padres durante los primeros años de universidad:

— ¿Qué cursos debo tomar? — pregunté ansioso.

— ¿Cuál fue tu promedio de clasificaciones en la escuela
secundaria? — preguntó mi padre.

— Fue bastante bueno.

— Bueno, si eres suficientemente inteligente como para
estar en la universidad, apuesto a que eres lo suficientemente
inteligente como para darte cuenta qué cursos tomar.

Me llevó un semestre de navegar por cursos que no me in-
teresaban y algunas malas calificaciones hasta aprender cómo
elegir un curso que tuviera sentido para mí. Pero aprendí, y
comencé a disfrutar de la universidad porque asumí mis propias responsabilidades. ¡Gracias papá por la frustración!

Limite la omnipotencia, pero fomente la autonomía

Los niños deben saber que no pueden hacer todo lo que
desean. Sin embargo, esto no significa que deban ser esclavos

suyos ni de ninguna otra persona. Necesitan desarrollar un sentido de autonomía, o de libre elección sobre sus decisiones. No caiga en el error de eliminar todo el poder de sus hijos. Ellos necesitan todo el poder auténtico que puedan obtener. Por ejemplo, un niño de tres años puede elegir un determinado juguete en una juguetería dentro de ciertos parámetros económicos y de seguridad. Un adolescente debiera tener el poder de escoger amigos, vestimenta y música, también dentro de determinados parámetros. Usted es el laboratorio en el que sus hijos aprenden la diferencia entre omnipotencia y autonomía. Oscilarán entre ambos extremos y su tarea consiste en ayudarlos a desarrollar un sano dominio propio.

Tanto como sea posible, incluya a su hijo en decisiones que le competen a él. Háblele de la escuela, de la iglesia, del dinero y de los problemas, de manera que no viole la frontera padre-hijo (no lo convierta en un par o en un confidente de sus problemas). Pídale su opinión, particularmente sobre sus límites como padre y de las consecuencias que le conciernen a él. Escúchelo, y si lo que dice tiene sentido, utilice la información para adaptar alguna actitud que usted ha tomado. Esto no socava su autoridad y ayudará a su hijo a no sentirse tan niño.

En ocasiones, el niño puede fijar sus propias consecuencias, esto suele ser una buena experiencia de aprendizaje. ¡Con frecuencia, los niños son más estrictos ellos mismos de lo que sería usted! Sin embargo, mantenga siempre la autoridad final en caso de que su hijo esté más inclinado a la gracia que a la responsabilidad.

Conclusión

El poder puede sanar o dañar a su hijo. Él necesita el poder que proviene de un sentido realista del dominio propio y debe abandonar el deseo de tener poder absoluto sobre sí y sus relaciones. Una comprensión del verdadero poder basada en la realidad le dará los cimientos para respetar, fijar y mantener límites. Ayúdelo a desarrollar sus tesoros con el espíritu "de poder, de amor y de dominio propio" (2 Timoteo 1:7).

¿Pero qué hace un padre cuando su hijo utiliza su poder para invadir las fronteras de los demás? Trataremos este tema en el siguiente capítulo cuando abordemos la Ley del respeto.

7

No soy la única persona que cuenta

La ley del respeto

¿**R**ecuerda cuando dejó a su hijo con una niñera? ¿Cuántas veces lo escuchó decir: "Bueno, mamá y papá, veo que necesitan tiempo para ustedes, a solas. Estoy ansioso por que lo hagan. Realmente debieran pensar más seguido en ustedes. Pásenla muy bien y no se preocupen para nada por mí. Tengo que aprender a cuidarme solo y a respetar la privacidad y las necesidades de los demás"?

¿O ha escuchado alguna vez esta respuesta de su hijo de ocho años: "Sí, mamá, comprendo. Aunque en realidad desee tomar un helado ahora y quiero que te detengas en la heladería, me doy cuenta que realmente es importante para ti que lleguemos a casa rápido. Hagamos como tú dices"?

O la versión adolescente: "Puedo comprender por qué no puedo ir a la excursión de esquí. Si me dan el dinero para ese viaje tendríamos problemas con el presupuesto familiar. Me ocuparé de hacer algunos trabajos en el vecindario y me ganaré el dinero".

¿Le suena conocido? Lo dudamos. El denominador común de todas estas situaciones es el respeto por la existencia, las necesidades, las elecciones y los sentimientos de los demás. Este respeto por los otros no se produce naturalmente. Se aprende. ¿Alguna vez se ha relacionado con un adulto que no puede respetar sus límites? Es algo tedioso y difícil. Y aprender esta verdad es muy importante para sus hijos. Si crecen sin respetar los límites de otras personas, su futuro estará plagado de dolor.

Todos los niños llegan al mundo deseando las cosas a su manera y sintiendo poco respeto por las necesidades de los demás. No sólo desean que las *cosas* sean a su manera, sino también que las *personas* lo sean. No sólo quieren imponer las reglas para sí, sino también dictaminar sobre las vidas, las posesiones, los sentimientos y las libertades de los demás. En pocas palabras, llegan al mundo pensando que los demás existen sólo para ellos, sin derecho a tener vida propia. Su tarea — y el tema de este capítulo — es curarlos de esa falta de respeto natural por los límites de otras personas.

Respetar los límites de los demás

Para respetar los límites de los demás y llevarse bien con otras personas, los niños deben aprender varias cosas:

1. No lastimar a los demás.
2. Respetar la negativa de los otros sin castigarlos por eso
3. Respetar los límites en general
4. Entender que los otros son seres individuales
5. Sentirse tristes y no enojados cuando los límites que imponen los demás les impide obtener lo que desean

Un niño llega al mundo sin ninguna de estas cosas, de modo que su tarea consiste en hacérselo entender.

Buenas lecciones: No herir a los demás, no invadir propiedad ajena y no castigar sus negativas

Como mencionamos en el capítulo 3, la mejor manera de enseñarle a un niño el respeto por los demás es que usted tenga buenos límites. Esto significa que no permitirá que se lo trate con desdén. Sus límites como padre son los que internalizará el niño. Si dice que no cuando sus hijos no respetan sus límites personales, ellos aprenderán a respetar a los demás y sus límites. Si usted no lo hace, ellos no lo harán.

El siguiente es un ejemplo de la falta de respeto de Billy, de once años, respecto de los límites de su mamá:

— Mamá, voy a la casa de Joey a jugar al hockey. Te veo más tarde.

— No, Billy. No puedes ir. Es hora de que hagas tu tarea.

— ¡Vamos, mamá: Todo el mundo va. Puedo hacer mi tarea más tarde!

— Billy, comprendo que desees ir, pero acordamos que si ibas a nadar, harías la tarea antes de cenar.

— Sí, pero la puedo hacer después de cenar.

— Un acuerdo es un acuerdo. No quiero seguir hablando de esto.

— Eres una estúpida. No entiendes nada. Eres una gorda estúpida.

Si esto le suena familiar, no se inquiete. Es natural que los niños normales detesten los límites cuando uno los establece por primera vez. La prueba consiste en qué es lo que va a hacer cuando el niño exprese falta de respeto y odio. Es normal que se produzca una falta de respeto, pero no es normal que esta situación continúe. La cura consiste en empatizar y corregir y luego en aplicar las consecuencias.

Empatía y corrección

- "Billy, comprendo que estés desilusionado, pero esa no es forma de dirigirte a mí. No está bien que me digas "estúpida". Hiere mis sentimientos. Es correcto sentirse triste o enojado, pero no permitiré insultos."
- "Billy, comprendo que estés molesto. Pero cuando me dices estúpida, ¿cómo crees que me siento?" (Espere a que le responda para que el niño tenga que pensar cómo se siente otra persona). "¿Cómo te sientes tú cuando la gente te insulta? ¿Te gustaría que te trataran de ese modo?"

- "Billy, veo que estás enojado, y cuando me hables con más respeto, estaré encantada de escucharte. No escucharé a nadie que me diga estúpida. Si estás molesto por algo, dímelo de un modo diferente."
- "Billy, por favor piensa en lo que acabas de decir y dilo mejor."

Cuando a la marcación del error le sigue una disculpa, suficiente corrección propia y arrepentimiento, el niño aprende a respetar. Si el niño no pide disculpas, no se arrepiente ni se retracta, o si esto se convierte en un patrón, deben aplicarse las consecuencias correspondientes.

Consecuencias

- "Billy, te pedí que no me hablaras de ese modo. No escucho a nadie que me hable de esa manera porque hiere mis sentimientos. De modo que puedes irte a tu cuarto y pensar en una mejor manera de dirigirte a mí."
- "Billy, hasta que no dejes de ser sarcástico, puedes irte a cualquier otra parte donde encuentres a alguien que quiera escucharte. Yo no lo haré. Vete."
- "Billy, si nos tratas a todos nosotros con esa actitud, ni quiero imaginarme lo que haces en el vecindario. Es preferible que no salgas por un tiempo para que pienses cómo dirigirte de mejor modo a las personas."

Advierta que, en la medida de nuestras posibilidades, relacionamos las consecuencias con la transgresión. En este caso, la transgresión tiene que ver con las relaciones. Billy actúa de una forma que no agrada a las personas. Por lo tanto, las consecuencias finales serán perder el acceso a las personas debido a su comportamiento.

Advierta también que Billy no puede desligar el tema del control. La madre sólo está manifestando sus límites y cuáles son las consecuencias. No está avergonzando a Billy ni lo está desdeñando. Está expresando lo que en realidad hizo. Sus opciones se mantienen. Puede ser fastidioso si quiere serlo, pero su madre le dijo claramente cuál sería el costo. Ella está preservando su libertad y sus elecciones, y le está demostrando su amor. Estos tres ingredientes — libertad, elección y responsabilidad — se preservan totalmente en la relación.

Billy descubre qué es lo importante en un comportamiento deficiente entre las personas:

1. Daña a la gente
2. Acarrea un costo respecto de sus relaciones

Tanto como sea posible, asegúrese de mantenerse en control, puesto que de esto se tratan los límites. Aquí tienen que suceder tres cosas. En primer lugar, usted no se someterá a malos tratos. Por lo tanto, cuando Billy le hable de ese modo, usted, como persona con buenas fronteras, póngale límites a lo que escucha y entonces él no tendrá con quién hablar si es que continúa actuando de ese modo. (Esto también es efectivo con niños más pequeños que tienen berrinches. Dígales que pueden estar enojados si así lo desean, pero que deben hacerlo en su habitación. Usted no quiere escuchar esos ruidos.)

En segundo lugar, su hijo aprende que su comportamiento hiere a otras personas. A la mayoría de los niños no les gusta la idea de herir a alguien. Luchan en contra de las reglas y los límites, pero comprenden el dolor. Dígales que lo que dijeron fue cruel y que lo hizo sentir mal. Está empezando a enseñarles la Regla de Oro, que es una moral basada en la empatía, es decir, basada en la conciencia y la preocupación que tengan sobre cómo se siente la otra persona: "Ama a tu prójimo como a ti mismo" (Mateo 22:39). Tratar a los demás como quisiéramos que nos traten a nosotros implica comprender cómo nuestro comportamiento afecta a otras personas. Los niños pronto comprenderán que no desean ser tratados de un modo determinado. No se dirija a ellos con mensajes de culpa, sino con un tono de exploración, cuando les dice: "¿Cómo te sientes cuando alguien te habla así en la escuela?" Hágalos pensar y responder y luego diga: "Bueno, así me sentí yo cuando me hablaste de ese modo. A mí tampoco me gusta".

En tercer lugar, la conducta no se corrige automáticamente — lo cual puede que no suceda al principio — tiene que costarle algo al niño. Un costo en la relación puede ser útil. En otras palabras, puesto que han herido a una persona o han sido irrespetuosos con ella, el costo es una pérdida del tiempo que pasan con dicha persona. Haga que el niño se retire y no interactúe con él mientras actúe de ese modo. Dígale que cree que él necesita tiempo para pensar una mejor manera de dirigirse a usted, y que luego estará dispuesto a escucharlo. "Actuar en forma cruel", equivale a "actuar en forma cruel, pero solo". "Actuar en forma agradable" equivale a "tener alguien que me escuche". Oiga el enojo, no la crueldad.

¿Y qué sucede con otras personas?

Los mismos principios se aplican a otras personas. En general, cuando sea posible, no se involucre en las peleas entre niños o con otros adultos. Deben aprender a resolver por sí mismos sus discordias. Esto también evita la triangulación del niño que actúa como uno de sus padres en contra del otro, o que actúa como un padre en contra de otras personas que no pertenecen a la casa.

El hijo de trece años de Mary, Stephen, tenía un problema de actitud. En una oportunidad, él y sus amigos estaban jugando en el patio trasero, cuando Mary oyó que discutían. Luchó contra su impulso por disciplinar a Stephen cuando escuchó cómo su "actitud" hería a los demás, si bien le rompió el corazón oírlo. La intrépida Mary de antes hubiera ingresado al campo de batalla e intentado hacer de mediadora para ayudar a Stephen en sus peleas con sus amigos o hermanos. Pero esta vez decidió dejar que él lo resolviera por su cuenta.

Al poco tiempo, Stephen entró solo a la casa. Estaba callado y se dispuso a encender el televisor. Cuando Mary intentó iniciar una conversación, Stephen no demostró tener ganas de hablar. Ella supuso que había resuelto el problema con sus amigos.

— ¿Dónde están tus amigos? — preguntó.

— Ah, tenían que irse — murmuró Stephen.

— Es bastante temprano. ¿Por qué debían irse?

— ¡Se fueron, eso es todo! — dijo Stephen, intentando evitar que la conversación continuara.

— ¿Estás seguro?

Stephen parecía estar triste. Mary sabía que este era un momento difícil para ambos. Antiguamente, cuando su caja de herramientas contenía sólo compasión, pero no límites, hubiera intentado alegrarlo y hacerlo sentir mejor. Pero luego de haber aprendido la fórmula de la empatía y la realidad, tomó una bocanada de aire e intentó aplicar ambos componentes de la fórmula.

— Stephen, ¿pasó algo para que Justin y Robbie quisieran irse a su casa?

Al poco rato, Stephen comenzó a relatar la historia de cómo quería que las cosas se hicieran a su modo. Sin embargo, en realidad no se estaba haciendo cargo de su responsabilidad en la pelea y, en cambio, estaba invitando a mamá a que se uniera a culpar a sus amigos:

— ¡No es mi culpa! Ellos no querían jugar a ese juego tan divertido. Ya habíamos jugado a eso.

Pero esta vez Mary dejó que la realidad fuera la realidad y sólo se conectó con el dolor de Stephen.

— Stephen — dijo ella con tono amoroso. — Te sientes mal porque estás totalmente solo. Eso es lo que siempre sucede cuando quieres que las cosas se hagan a tu manera. Tú puedes hacer las cosas a tu modo, pero tus amigos no querrán estar contigo. Si compartes y cedes, tendrás amigos con quienes estar. Es duro estar solo. Yo lo comprendo. Siento tu pena. Entonces, tal vez sea bueno pensar si es importante para ti o no que las cosas siempre sean como tú quieres que sean. Tú siempre puedes hacer lo que quieres, pero estarás muy solo si eliges ese camino.

Utilizando la empatía y permitiéndole sentir el dolor de la soledad, Mary permitió que la realidad de los límites le enseñara a Stephen una lección sobre el respeto de las fronteras de los demás. Al cabo de un año, luego de sufrir más incidentes de este tipo, Stephen cambió. Finalmente, pudo compartir con los demás.

Dejar que la realidad del mundo del niño le enseñe y contar con la empatía y los límites de la madre o el padre para apoyar el proceso de enseñanza constituyen la mejor receta para aprender a respetar las fronteras. Sin embargo, para los padres esto es algo difícil de hacer. La mayoría quiere culpar o avergonzar al niño, o rescatarlo culpando a la escuela o a otros compañeros. El padre sabio deja que el mundo del niño le enseñe las lecciones de la vida y luego empatiza con su dolor. Entonces, el niño aprende a respetar los límites del mundo externo al igual que los de los padres. Preguntarle a Susie cómo va a solucionar el problema que tiene con su maestra, es un método mucho mejor que entrar como una tromba a la escuela y resolver el problema por ella o, en la mayor parte de los casos, castigarla en casa por un problema que tiene en la escuela.

Tenga conciencia de que hay momentos en los que — al igual que en algunas peleas de adultos — debe recurrirse a la ley. El principio bíblico indica que los hijos de Dios deben intentar solucionar sus diferencias antes de ir a los tribunales (Lucas 12:58). En ocasiones, cuando nosotros, los adultos, no podemos resolver nuestros problemas, recurrimos a la ley y los tribunales nos ayudan a llegar a un arreglo. Ese arreglo puede involucrar consecuencias. Para los niños, la "ley" es un padre. A veces los padres deben intervenir y resolver la disputa, pero sólo cuando todos los intentos que ha hecho el niño no han tenido éxito. Los niños deben aprender que tienen que respetar la propiedad de otras personas, pues si no, esto tendrá un costo. Pueden existir consecuencias. Pero recuerde que si usted resuelve todas sus disputas, no aprenderán las habilidades para resolver problemas que necesitarán cuando usted ya no esté.

Respetar los límites en general

Por lo general, la primera vez (o varias veces) un límite no es bien recibido. Como dice la Biblia: "Es verdad que ninguna disciplina al presente parece ser causa de gozo, sino de tristeza" (Hebreos 12:11). Como seres humanos, nos oponemos a los límites. Ellos limitan nuestro deseo de ser como Dios. Cuando uno le dice que no a los niños, ellos no sólo pierden algo que quieren, sino que también descubren que no controlan el universo. Este hallazgo les molesta más que no poder mirar televisión. No olvide que es normal que los niños se opongan a los límites.

El problema surge cuando usted se ve atrapado en la protesta. Uno se siente como si tuviera que defender el límite o castigar la objeción. Ninguna de las dos opciones es muy útil. Recuerde que *el límite se vuelve real si uno lo mantiene. Es* la frontera. Entonces los niños respetarán el límite porque es real y se mantiene. Luego de la protesta, la realidad sigue siendo realidad, y su exigencia dará paso a la tristeza y a la adaptación si usted no interviene. Para que esto suceda, los niños deben tener presentes dos ingredientes: el límite y el amor. Si cuentan con ambos, pueden interiorizar la realidad de los límites sin oponerse a ellos, y estos se tornan límites internos, estructura y dominio propio.

Pero si discute con el niño o lo censura, entonces la realidad ya no es el problema. Usted lo es. Además, ningún padre amante estará allí para ayudar a su hijo a tratar con la realidad, por lo cual el niño tendrá un doble problema si discute con él o tiene una actitud condenatoria. Rechazará internamente la realidad y lo odiará, puesto que se habrá convertido en su adversario.

Veamos cómo son los dos enfoques. El primero se refiere al padre que se ve atrapado en la protesta. El segundo es el que responde con amor y con límites.

Primera situación

— No, Kathy, hoy no puedes ir al cine.

— ¡Eso no es justo! Marcia va. Detesto tus estúpidas reglas.

— Kathy, esa es una mala actitud. Después de todas las cosas que te permito hacer, lo menos que podrías hacer es no discutir conmigo.

— ¡No es justo! Todos los demás niños pueden ir. A Michael le permiten ir más veces que a mí.

— Yo te permití hacer muchas cosas esta semana. No me digas que no te permito hacer nada. ¿No recuerdas que fuiste el otro día?

— Pero quiero ir hoy. ¡A ti ni siquiera te importa!

— Sí que me importa. ¿Cómo puedes decir eso? Lo único que hago es llevarte de un lado al otro. ¿Cómo puedes decir que no me importa? ¡Cambia de actitud o no irás a ningún lado durante una semana!

Segunda situación

— No, Kathy, hoy no puedes ir al cine. Primero tienes que terminar con tus quehaceres.

— ¡Eso no es justo! Marcia va. Odio tus estúpidas reglas.

— Lo sé. Es frustrante que no puedas ir al cine nuevamente.

— Pero quiero ir hoy. ¡A ti ni siquiera te importa!

— Sé que te sientes frustrada y enojada. Es duro tener que trabajar antes de poder ir a divertirte. Yo también me siento de ese modo.

— ¡No soporto vivir aquí! Nunca me dejan hacer nada.

— Lo sé. Es duro no poder ir al cine cuando en realidad deseas hacerlo.

— Bueno, si lo sabes tan bien, entonces déjame ir.

— Sé que quieres ir. Es duro. Pero, no irás.

— Pero si me pierdo esta película, no habrá otra del mismo tipo hasta el próximo verano.

— ¡Qué lástima! Falta mucho para el próximo verano. Ahora entiendo por qué detestas tanto perdértela.

Finalmente, el niño se aburre al ver que no llega a nada, ya sea eliminando el límite o frustrando al padre, y se da por vencido. Debe aceptar la realidad.

Advierta que en esta segunda situación, la madre no está explicando ni defendiéndose ni avergonzando a su hija por el "dolor del momento". Está manteniendo el límite en su lugar y empatizando con los sentimientos de su hija. Kathy no tiene nada sobre qué discutir, ni tampoco la madre recibe respuestas dolorosas ni castigos. Simplemente amor y límites. La empatía es la roca en la que debe pararse mamá al fijar un límite.

De todos modos, a Kathy no le interesan las explicaciones. No servirían de nada, porque se siente frustrada y enojada. Si mamá se da cuenta de que le debe a Kathy *únicamente* amor y empatía, y mantiene el límite, entonces el límite se torna realidad. Si no permite que se entrometa su propio enojo, vergüenza o justificación, el límite es lo que se convierte en el verdadero adversario y no la madre. Su empatía la mantiene alejada de una lucha de poderes con Kathy.

Los padres se ven en problemas cuando no establecen empatía con el dolor de sus hijos. O bien se identifican con el dolor del niño y ceden, o se enojan ante la pena del niño y van al enfrentamiento. La empatía y el mantener los límites, es la respuesta para ambos extremos. Tal vez desee armarse con estas frases relacionadas con la empatía:

- Comprendo cuán frustrante debe ser esto para ti.
- De seguro es un problema para ti, ya que a otros niños les permiten ir.
- Lo sé. A mí también me fastidia cuando debo trabajar en lugar de hacer las cosas que deseo.
- Es en realidad triste perderse algo que pensabas que ibas a hacer.
- Lo sé, lo sé, es duro.
- Lo sé. Preferiría estar jugando al tenis en lugar de lavar la ropa. ¿No es horrible?

Muy pronto, el niño entiende que su protesta no va a desplazar su límite ni lograr una reacción de su parte. En ese momento, esas son las metas del niño, porque desea dos cosas:

1. Quiere que cambie la realidad, y
2. Quiere que su padre sienta el dolor que él está sintiendo.

Entonces, su trabajo consiste en no cambiar el límite ni en sentirse frustrado. Manténgase firme y establezca empatía. No se enoje ni castigue a su hijo. La protesta dará paso a la realidad, y el niño comenzará a sentir lo más importante que puede aprender a sentir respecto de los límites de la realidad: tristeza.

Tristeza y pérdida ante la realidad

La tristeza es la señal de que la protesta ha dado paso a la realidad y que el niño ha comenzado a retirarse del campo de batalla. Todos debemos aprender a hacer esto con los límites que encontramos en el camino: aceptar la pérdida de lo que queremos y no podemos tener, y seguir adelante. La persona que aprende a pasar de la protesta a la aceptación ha aprendido una importante lección de carácter: "A veces, la vida es triste. Uno no siempre obtiene lo que desea. Lo lamento. Ahora debo seguir adelante".

Cuando piensa en los adultos que conoce y que están empacados en protestar por una situación de la vida que no pueden cambiar, puede ver cuán mal se sienten las personas que nunca han aprendido esta lección. No pueden desprenderse de las situaciones, tal vez porque no aprendieron cuando niños a perder cosas y sentirse tristes. La empatía, junto con la realidad, conducen a la aceptación y la posibilidad de seguir adelante.

Es probable que con algunos niños deba sentarse a hablar en otro momento en el que no se produzcan discusiones. "Advierto que a veces cuando te digo que no a algo, es realmente duro para ti. ¿Quieres hablar sobre eso? ¿Crees que no comprendo o no te permito hacer lo suficiente? ¿Te he herido de alguna manera?" Durante el fragor de la protesta no es momento para hacerlo. Simplemente utilice el límite y la empatía.

Respetar la separación de los demás

Nuestra libertad e individualidad es uno de los aspectos más importantes de las relaciones. Es necesario que respetemos el estar separados de las personas que amamos. Esta lección comienza en los primeros años de vida cuando los padres se separan gradualmente del niño y viceversa. Un niño llorará y protestará si se lo deja solo y no obtiene una respuesta inmediata. Los padres que ceden inadecuadamente a este abandono percibido y permiten que el niño los controle, le están enseñando muchas malas lecciones.

Si los niños han tenido los cuidados adecuados y reciben suficiente contacto y amor, deben aprender a tolerar la separación. Cuando gritan y lloran, se les debe demostrar empatía y se los debe dejar solos. Aprenderán a aceptar su individualidad y a disfrutarla al tiempo que se ven forzados a manejarla. Esto no significa que se deba abandonar a un niño con una necesidad verdadera, especialmente cuando se trata de niños muy pequeños. Siempre se debe responder a las necesidades genuinas.

Cuando se satisfacen las necesidades, los niños también tienen que aprender que en ocasiones van a estar separados de la persona que aman, y que eso forma parte de la vida. Si se empatiza con ellos y se los enfrenta a esta realidad, aprenderán que la separación es algo correcto.

Ellos también necesitan de la separación

Permita que los niños tengan su propia individualidad. Para poder enseñarles a respetar su individualidad como padre, usted tiene que respetar la de ellos. Otórgueles una libertad apropiada a su edad y no les exija que estén a su lado en todo momento. Ya se trate de la libertad de un bebé para explorar un área segura, de un niño en edad escolar para recorrer el vecindario o la de un adolescente para tener citas, es importante darles su propio espacio para vivir y realizar elecciones. A medida que crezcan, desearán y necesitarán más espacio, y siempre y cuando lo manejen adecuadamente, deben contar con él. No invada su privacidad y su espacio si no es necesario hacerlo.

Su espacio

La habitación de un niño es una buena forma de explicar esta separación. Recomendamos que les enseñe y exija a sus niños que aseen y mantengan razonablemente ordenado su propio cuarto. Pero cuanto mayores sean, más libertad requerirán para manejar su propio espacio. Désela, pero no avale su irresponsabilidad si no lo hacen. Por ejemplo, si no pueden encontrar algo en su cuarto, no vaya al rescate. Además, no permita que estén desaliñados en espacios comunes, ya que el hecho de respetar esos lugares de la casa proporciona la base para aprender a ser un buen vecino. Pueden tener su propio espacio y vivir de la manera que desean dentro de determinados límites. (Incluso el departamento de bomberos le enviará un citatorio si no respeta límites de peligrosidad como adulto. Entonces, aunque su cuarto sea su espacio propio, pueden perder la soberanía que tienen sobre él si exceden ciertos límites de seguridad.)

Su tiempo

El tiempo es otro ejemplo de la individualidad. Siempre y cuando no corran peligro, los niños deben tener la posibilidad de controlar su propio tiempo y opciones dentro de límites apropiados para su edad. Los niños pequeños que todavía no asisten a la escuela necesitan que se estructure mucho su tiempo, pero dentro de dicha estructura, pueden utilizarlo como deseen. Básicamente están aprendiendo que el tiempo de juego tiene un fin, por ejemplo, y que llega la hora de irse a dormir. Los niños en edad escolar aprenden que pueden jugar luego de haber realizado su tarea. Los adolescentes deben programar su propio tiempo, pero los límites los obligan a programarlo mejor. Tan pronto como tengan la edad suficiente para saber cómo hacerlo, haga que sus hijos sean responsables de no llegar tarde a la escuela, la iglesia, la cena y de completar a tiempo los quehaceres domésticos y la tarea escolar. Si no saben administrar su tiempo, déjelos que paguen las consecuencias.

Si dedica años regañando a sus hijos para que tengan las cosas preparadas a tiempo, nunca aprenderán límites respecto del tiempo. Los límites temporales sólo son reales si uno permite que sean reales para el niño. ¡No los reprenda! ¡No se los recuerde constantemente! ¡Usted no es un reloj! Asegúrese de que sepan cómo saber qué hora es, dígales a qué hora sucede cada una de las cosas que deben hacer y deje que ellos se encarguen de no atrasarse. Si no lo hacen, se hallarán en problemas. Ellos son los que posiblemente se pierdan algunas cenas, salidas o días en la escuela, pero pronto aprenderán qué significa en realidad el tiempo.

Si presentan un patrón de llegar tarde a cenar, no obtendrán comida una vez terminada la cena. Aclare sus límites: "Serviré la cena entre las 19 y las 19:30. Después de ese horario, se cierra la cocina para quienes no hayan comido". Permítales resolver su propio de problema de irse a dormir con hambre, de perderse el ómnibus o de no llegar a horario a un lugar al que deseaban ir. No serán necesarias muchas ocasiones en las que se pierdan cosas para que aprendan. Pero si los regaña e intenta controlar su individualidad no permitiéndoles manejar su propia libertad, nunca aprenderán que los límites temporales son reales.

La elección de sus amigos

Si sus hijos tienen compañías que usted no elegiría, simplemente hable con ellos acerca de la elección de sus amigos (salvo que corran peligro, como se explica más adelante). Aquí le presentamos algunas sugerencias:

- ¿Cómo te hace sentir Sammy?
- ¿Te agrada que te traten de ese modo? A mí no me gustaría estar con alguien que no respeta mis opiniones.
- ¿Qué es lo que te agrada de él? Por lo general, a mí no me gusta estar con personas que siempre quieren que las cosas se hagan a su modo.
- Espero que puedas influir en él para su bien.
- Yo también tengo amigos que tienen diferentes valores. ¿Te resulta difícil no verte influido por ellos? ¿Qué haces cuando ellos quieren hacer algo en lo que tú no crees?

A veces la elección de amigos que hacen sus hijos puede resultar peligrosa y usted debe actuar. Pero dichas elecciones significan que algo más está sucediendo. Si un niño escoge personas dañinas como amigos, busque patrones de depresión y desaliento, o problemas relacionados con la pasividad. Si observa un patrón de ese tipo, busque ayuda profesional.

Su dinero

Los niños necesitan contar con dinero que puedan gastar en sus propias cosas, y cuando se termina, se termina. No hay más. Los niños deben aprender que la vida adulta les exigirá saber que el dinero es limitado. La mejor forma de aprenderlo es experimentar los límites del dinero en carne propia. No obstante, habitualmente, suceden una de estas dos cosas: o bien a los niños no se les otorga control sobre su propio dinero y se les exige que vivan dentro de sus límites, o los padres les dan tanto que no tienen que experimentar dificultades económicas. Por lo general a los padres les resulta difícil observar que sus hijos salen con las manos vacías porque se han gastado todo su dinero.

Pero al igual que todo el aprendizaje sobre respetar la realidad, empatice con ellos, no los sermonee. "Lo sé. Me siento horrible cuando gasto todo mi dinero antes de que se termine el mes. Tengo que privarme de cosas que necesito. No lo soporto cuando me comporto de ese modo".

Vestimenta y aspecto

La vestimenta y el corte de pelo deben ser opciones del niño, salvo que sus elecciones lo coloquen en situaciones peligrosas. Por ejemplo, determinados adornos pueden significar que pertenece a una pandilla o pueden implicar promiscuidad. En esos casos usted deberá intervenir. Pero mientras no ocurra eso, permita que sus hijos elijan su propia ropa y peinado. Cuanto antes aprendan a manejarse ellos mismos y su individualidad, mejor. Por lo general, las consecuencias del mundo real les enseñarán. Si se visten en forma demasiado extraña, sus compañeros de la escuela se lo dirán. Si su círculo social no los aísla por la forma en que llevan el cabello, permítales que lo lleven como deseen. ¡A sus padres tampoco les agradaba cuando usted se vestía o llevaba el cabello como Elvis, los Beatles o Led Zeppellin!

Concéntrese en cosas más importantes, tales como valores, habilidades, amor, sinceridad y la forma en que tratan a los demás. Deje que sus hijos manejen su propia individualidad en cuanto a su aspecto. Un amigo mío dijo una vez: "Cuando descubrí que el hecho de que llevara un arete era una forma de diferenciarse de mí, le permití usarlo. No quería que escogiera algo destructivo para demostrar que era él mismo". Por lo general, la vestimenta y el aspecto nos dicen dos cosas: "Pertenezco a determinado grupo" y "Soy diferente de mis padres y puedo tomar mis propias decisiones". Siempre y cuando esto encaje con los lugares a los que deben asistir, permítales que se vistan y se peinen como ellos deseen. (¡Esto no significa que a usted tenga que gustarle! Simplemente no le agregue dolor al que ya tienen. Al fin y al cabo, el cabello es de ellos).

Su separación respecto de ellos

Además de la separación de sus hijos respecto de usted, usted debe separarse de ellos. Los padres que no cuentan con una vida propia, les enseñan a sus hijos que el universo gira alrededor de ellos. No le tenga miedo a salir de noche sin sus hijos, a viajar sin ellos a medida que van creciendo, a tener su propio tiempo y su propio espacio. Es importante que desde el principio el niño aprenda que mamá, en este momento desea leer y no jugar. Tengo una amiga que a veces le dice a su hijo cosas tales como: "Estoy leyendo y me estoy divirtiendo. Tú eres responsable de tu propia diversión. Ahora ve y diviértete". O: "Sé que no has terminado de hablar, pero yo sí he terminado de escuchar. Quiero armar mi rompecabezas. Ve a jugar".

Los padres que nunca dicen que no a los deseos de sus hijos de estar constantemente con ellos les están enseñando que no tienen existencia propia y que el mundo gira alrededor de sus vidas. Más adelante, este mismo niño se sentirá incómodo al permitirle a quien ama que tenga su propia individualidad, e intentará controlarlo. Satisfaga las necesidades del niño, luego exíjale que satisfaga sus propias necesidades mientras usted satisface las suyas. Demuéstrele empatía frente a la frustración, pero mantenga la individualidad.

¿Cómo le está yendo?

Los niños suelen ser espejos en los cuales uno puede observarse. Reflejan su comportamiento, sus hábitos, sus actitudes y sus formas de ver y negociar la vida. Entonces, antes de poner en marcha todas las cosas que explicamos en este capítulo para enseñarle a su hijo a respetar los límites, asegúrese de que usted esté respetando los de él y los de los demás. Recuerde los objetivos de la Ley del respeto:

• No lastimar a los demás
• Respetar la negativa de los otros sin castigarlos por eso
• Respetar los límites en general
• Entender que los demás son seres individuales
• Sentirse tristes y no enojados cuando los límites que imponen los demás impiden que obtengan lo que desean

Estas son algunas preguntas útiles que debe hacerse para determinar cuánto obedece usted la Ley del Respeto:

1. Cuando hiere a sus hijos, ¿se hace cargo de su conducta y les pide perdón? ¿Les dice que sólo pensaba en usted y que lo lamenta? ¿Les pide disculpas?
2. Cuando su cónyuge o sus hijos dicen que no a algo que usted quiere, ¿los castiga enojándose con ellos, manipulándolos o mezquinándoles amor? ¿Sus hijos pueden decirle que no respecto de temas sobre los cuales debieran tener libertad? ¿Les permite tomar decisiones sobre cómo manejar sus propias vidas? Si desea que jueguen baloncesto, y a ellos les gusta el fútbol, ¿se sienten libres de decirle que no? ¿Qué sucede si disienten con usted en cuanto a todas sus creencias respecto a Dios? ¿Son libres de tener opiniones diferentes sobre su fe?
3. ¿Cómo maneja los límites en general? ¿Siempre intenta "ajustarse" a las reglas y actúa como ejemplo para sus hijos? ¿Acepta límites apropiados o les

enseña a sus hijos que las reglas son buenas para todos salvo para usted?
4. ¿Entiende la individualidad de los demás? ¿Tienen permiso para llevar una vida separada de usted? ¿Les permite a sus hijos crecer independientes y separados de su vida? ¿Le gusta la libertad que tienen, o la odia?
5. Cuando no obtiene lo que desea de sus hijos o de los demás, ¿se pone triste o se enoja? ¿Objeta sus opciones con enojo, o las acepta con tristeza? Cuando las cosas no se hacen como usted quiere, ¿tiene un exabrupto o se siente triste y sigue adelante?

Quienes son respetados son los que mayores oportunidades tienen de aprender a respetar. No le puede pedir a sus hijos lo que usted no está dispuesto a darles. Ser un ejemplo de respeto por los demás y por los límites de la realidad tendrá mucho mayor efecto que cualquier otra técnica que pueda llegar a aprender.

El resultado

La Ley del Respeto les enseña a los niños que el mundo no les pertenece únicamente a ellos y que tienen que compartirlo con los demás. Aprenden a ser buenos vecinos y a tratar a su prójimo como les gustaría ser tratados a ellos. No siempre obtienen las cosas a su modo y no se sienten mal si eso sucede. Pueden tolerar el hecho de no poder cambiar un límite. Pueden escuchar una negativa sin pelearse. Y pueden soportar que otros tengan vidas separadas de las suyas.

Recuerde que la secuencia es la siguiente:

- Los niños protestan ante el límite.
- Intentan cambiarlo y castigar al que lo impone.
- Usted mantiene el límite, aplicando realidad y empatía.
- Los niños aceptan el límite y desarrollan una actitud de mayor aceptación.

Esto no sucederá de la noche a la mañana. Se trata de un proceso que atravesará diferentes situaciones. Pero si se mantiene firme, con amor y límites hasta el final, su disciplina aplicada con amor producirá "fruto apacible de justicia a los que en ella han sido ejercitados" (Hebreos 12:11). Y para su futuro y el de quienes los amen, sus hijos vivirán de acuerdo con la Regla de Oro de tratar a los demás como ellos quieren ser tratados. La vida será mucho mejor para ellos y para sus seres queridos.

Pero todos sabemos que hay buenas y malas razones para ser respetuoso con los demás. Algunas personas tienen un buen trato motivado por el egoísmo, la culpa o el temor, por ejemplo. Nosotros queremos que nuestros hijos aprendan una conducta amorosa y responsable derivada de motivaciones más positivas. El siguiente capítulo le enseñará cómo lograrlo.

8

La vida más allá del "Porque soy la madre"

La ley de la motivación

Recientemente, en una salida de padres e hijos, escuché (doctor Townsend) una conversación entre dos padres que resultó ser una experiencia aleccionadora para mí.

— Últimamente estoy teniendo problemas con la actitud de Randy — dijo el primer papá. — Saca la basura o hace su tarea si se lo digo, pero se enfada y refunfuña constantemente por eso. Sus motivaciones no son las que corresponden.

Se produjo un silencio. Luego el otro padre contestó:

— Ed, lo lamento, pero necesitas otro hombro sobre el cual llorar. Mi hijo Mack aún no sabe dónde está el bote de la basura.

Dos padres diferentes, dos temas diferentes. Un niño tenía motivaciones y actitudes horribles. El otro ni siquiera tenía ese problema todavía.

A primera vista, uno podría preguntarse qué tiene que ver la motivación con ayudar a su hijo a desarrollar límites. Esto se aplica particularmente al caso del segundo padre. Muchos de ustedes luchan con niños descontrolados, desafiantes, introvertidos y pasivos o discutidores y manipuladores. No es que estén buscando buenas motivaciones. Más bien intentan encontrar una manera de que sus hijos sean obedientes y se vuelvan más responsables. La motivación pareciera estar muy lejana. "Primero quiero controlar a mi hijo", razona, "luego me preocuparé por ayudarlo con sus motivaciones".

Las motivaciones impulsan nuestra conducta. Son el "porqué" interno que motiva las acciones externas que realizamos. Como enseña la Biblia, de nuestros corazones proceden todo tipo de hechos malvados (Marcos 7:20–23). Si el problema reside en el comportamiento, capta su atención. Si hay un incendio en la sala de su casa, usted está más preocupado por extinguirlo que por saber de dónde provino.

Pero, ¡espere! Hay dos asuntos importantes que giran en torno al tema de las motivaciones. En primer lugar, una vez que obtenga la atención de su hijo, las motivaciones se tornarán cruciales. El niño aseará su habitación, porque si no lo hace, no podrá ver la película que desea. Pero cuando el mismo niño tiene veinte años, necesitará otras razones para mantener aseado su cuarto.

Como veremos, las motivaciones se desarrollan en el carácter de un niño en etapas. Las motivaciones inmaduras, tales como temor al dolor y a las consecuencias, ayudan a los más pequeños. Pero la tarea de la crianza exige más que ayudar a que un niño se haga cargo de su comportamiento. Usted quiere que su hijo haga las cosas correctas por los motivos correctos, y no sólo para evitar un castigo. Debe aprender a ser una persona que siente amor (véase Timoteo 1:5).

Supongamos que usted quiere que su hijo realice su tarea escolar. Se levanta varias veces de la mesa, pierde el tiempo y encuentra la forma de evitar hacerla. Usted se queda a su lado, regañándolo, hasta que la termina.

Puede que gane la batalla, pero ha perdido la guerra. La motivación de su hijo para terminar la tarea es sacárselo a usted de encima y no obtener una buena calificación. ¿Qué piensa que ocurrirá mañana por la noche si usted no está a su lado?

Hay muchos padres atascados en este dilema. Pueden despotricar, enfurecerse y amenazar, y los niños se mantendrán en línea *siempre y cuando sus padres estén encima de ellos*. Pero no se le ocurra salir un fin de semana cuando sean adolescentes. No podrá confiar en ellos. Se cuentan miles de historias de buenos padres cristianos que se sienten desolados cuando se enteran de que sus hijos que asisten a la universidad realizan actividades que nunca fueron permitidas en el hogar. Unos amigos míos se sintieron muy acongojados al descubrir que su hija adolescente, que cursaba el primer año en una universidad cristiana a la que la habían enviado, había quedado embarazada. La muchacha se estaba comportando como una pequeñita a la que le acababan de otorgar una gran libertad. Al tratar el tema, mis amigos se dieron cuenta de que pretendían que la universidad la cuidara como lo habían hecho ellos: una tarea imposible. El freno externo de sus impulsos (sus padres) nunca llegó a formar parte de su carácter. El comportamiento dictado desde afuera sirve para disciplinar a un niño, pero no a un joven. La Biblia enseña que en nuestro viaje espiritual necesitamos un tutor denominado ley hasta que hayamos entablado una relación de fe con Dios y nos sintamos motivados por principios más elevados (Gálatas 3:24,25).

El segundo tema que gira alrededor de las motivaciones tiene que ver con las tácticas que utilizan los padres en la crianza. Una madre o un padre cansado y desesperado, por lo general recurrirá a estrategias ilógicas para intentar que un niño ingobernable cambie. Puede que transmitan mensajes de culpa o que amenacen con la pérdida de su amor. Y si bien posiblemente logren una tregua temporaria en esta Guerra Fría, a largo plazo, estas tácticas nunca dan resultado. Recurrir a motivaciones inadecuadas no sólo es inútil, sino que también hiere a su hijo.

¿Recuerda cómo se sentía cuando su mamá o su papá se alejaba en silencio si usted no estaba de acuerdo con ellos o desobedecía sus órdenes? Muchos padres de esta época se han pasado toda la vida sufriendo por las consecuencias de esas manipulaciones. Se casaron y pasaron a ser controlados por cónyuges que les generaban culpa. Se sienten impotentes y resentidos ante jefes y amigos que los avergüenzan. Los padres que aman a su hijo quieren evitarle la confusión interna que proviene de intentar constantemente que la otra persona se mantenga estable y feliz.

Por ende, las motivaciones son importantes para ayudar a su hijo a que aprenda sobre límites. ¿De qué manera puede un padre ayudar a su hijo a desarrollar la motivación correcta dirigida hacia el amor y las buenas obras?

El objetivo: amor y realidad

Recientemente, mi esposa y yo viajamos a Suecia, donde participé en una conferencia sobre temas espirituales. Durante una semana, fuimos huéspedes en la casa de un pastor y su esposa, los cuales organizaban el evento. En ese lapso no sólo pudimos conocerlos a ellos, sino también a sus tres hijas, de entre ocho y dieciséis años de edad.

También nos impactó mucho cómo funcionaba su hogar. Luego de cada comida, cada niña sabía cuál era su tarea. Sin que sus padres pronunciaran una sola palabra, se levantaban, limpiaban la mesa, lavaban los platos o aseaban la cocina. Eran tan calladas y eficientes que miré a mi alrededor y vi, sorprendido, que me encontraba en una habitación limpia, sin saber cómo llegó a estar en ese estado. Cabe aclarar que de ningún modo esas niñas eran robots. Conversaban, daban sus opiniones y tenían personalidad propia. Pero el hogar funcionaba como una máquina.

Le pregunté a una de ellas: "¿Por qué haces los quehaceres domésticos sin quejarte?". Luego de una pausa, dijo: "Bueno, me gusta ayudar; ¡y también quiero que mis hermanas hagan su tarea!"

Antes de desesperarse acerca de lo difícil que le resulta que sus hijos ayuden en las tareas de la casa, preste atención a la respuesta de mi amiga sueca. Ella hablaba de motivación. En primer lugar, se sentía impulsada por el amor que sentía por su familia. Le agradaba ayudar. En segundo lugar, estaba influida por las exigencias de la realidad: si hacía su parte, lo más probable es que sus hermanas también hicieran la suya, y por lo tanto no tendría que realizar tareas adicionales. Esta es una imagen perfecta de lo que usted quiere desarrollar en el alma de su hijo: el deseo de hacer las cosas correctas y de evitar las incorrectas, motivado por un interés empático por los demás, y por un respeto sano hacia las exigencias de la realidad de Dios. Estas son las características de un niño que llegará a la adultez eligiendo con libertad sus responsabilidades en la vida por los motivos correctos y con un corazón alegre: "Cada uno dé como propuso en su corazón: no con tristeza ni por necesidad; porque Dios ama al dador alegre" (2 Corintios 9:7).

Esto no significa que el objetivo sea que su hijo *disfrute* de las tareas, los trabajos, los deberes y las propias limitaciones. La madre que dice: "¡Comerás tus arvejas y te gustarán!" está destinada a la desilusión. Incluso Jesús sintió miedo de la tarea horrible que le tocaba realizar: morir por nuestros pecados. Le pidió a su Padre que pasara de sí esa copa (Mateo 26:39). No obstante, sin vacilar, cumplió la obligación más importante. Puede que los niños necesiten protestar o que quieran negociar lo que usted desea que hagan. Al mismo tiempo, el objetivo es que finalmente puedan aceptar sus cargas con buena disposición y por los motivos correctos.

Las etapas del desarrollo de la motivación

¿Cómo puede ayudar a sus hijos a desarrollar una buena motivación? Dios ha determinado varias etapas de influencia a través de las cuales deberá guiar a sus hijos. Este es un proceso necesario. Puede llegar a advertir, a medida que transcurran estas etapas, que su hijo se encuentra en un nivel inferior. Esto no es necesariamente malo, simplemente es un indicador de las tareas que se requieren para que pueda pasar a la etapa siguiente. Nadie puede saltear estos pasos. La siguiente tabla resume cada etapa y los errores comunes que deben evitarse.

Etapa	Errores que deben evitarse
1. Temor a las consecuencias	Castigo motivado por el enojo
2. Conciencia inmadura	Rigidez extrema o insuficiente
3. Valores y ética	Mensajes de culpa y vergüenza
4. Amor maduro, culpa madura	Pérdida de amor, crítica excesiva

Antes de pasar a explicar estas etapas, comprenda que los niños tienen la inmensa tarea de crecer y aprender límites. Mucho les será exigido por usted, por la realidad y por sus amigos. Necesitan estar arraigados y cimentados en el amor (Efesios 3:17). Nadie puede tolerar la frustración y el dolor que implica la responsabilidad fuera de un vínculo. Las personas sólo pueden interiorizar normas y leyes dentro de una atmósfera de gracia. De no ser así, experimentarán las normas como algo que aborrecen, algo que los condena, o como ambas cosas. La ley produce ira (Romanos 4:15).

Si la idea de los límites es nueva para usted y desea comenzar a desarrollarlos en su hijo, no le cante las cuarenta de entrada: "¡Ahora escúchame bien! A partir de ahora habrá cambios en la casa de los Pérez". Asegúrese de proporcionarle a su hijo contacto emocional, apoyo y amor. Establecer límites no se contrapone al hecho de amar a su hijo. Más bien es un medio de expresarle amor. Conéctese con él, hágale saber cuánto se interesa por él. Esté a su lado en momentos de tristeza y de alegría, incluso cuando esté enojado con usted y se sienta desilusionado. Este contacto es el que le permite crecer.

La indiferencia y el amor condicional son los enemigos de este cimiento. Los padres indiferentes que tienen dificultad para crear situaciones de intimidad pueden tener un profundo amor por sus hijos, pero generalmente no tienen la capacidad de sentirlo o de comunicárselo al niño. Aman desde la distancia. Si a usted le cuesta acercarse, entable relaciones de apoyo que le permitan aprender a ser vulnerable y accesible. Sólo podemos dar lo que hemos recibido.

El amor condicional no es constante. Cuando el amor de un padre es condicional, éste se conecta con su hijo únicamente cuando el niño se comporta bien. El mal comportamiento conlleva alejamiento. Un niño que está en esta situación nunca se siente seguro de que lo amen. Tiene grandes dificultades para interiorizar una confianza básica y, si comete un error, corre el riesgo de perder todo lo que es importante para él. Cuando el amor es condicional, no hay lugar para el aprendizaje.

Entonces, primero ame y luego establezca límites.

1. Temor a las consecuencias

Cuando comience a fijar límites y consecuencias respecto de su hijo, lo más probable es que él lo ponga a prueba, proteste y exprese odio. ¡A nadie le agrada que se termine la fiesta! No obstante, mantenga los límites, sea justo pero coherente y sienta empatía frente a las reacciones emocionales de su hijo. Comenzará a aceptar la realidad de que él no es Dios, de que mamá y papá son más grandes y poderosos que él, y que el comportamiento inaceptable es costoso y doloroso. Es un mundo nuevo. Usted cuenta con su atención.

Sin embargo, los niños tratarán de evitar la realidad a toda costa. Recientemente, en un partido de béisbol, observé a un niño de seis años que hablaba a viva voz e incesantemente sobre todo lo que pasaba por su mente, molestando a quienes estaban a su alrededor. Mamá y papá, temerosos de herir sus sentimientos, cada tanto le pedían que por favor bajara el tono de voz. Al parecer, esta no era una situación desconocida para el niño: sabía que si los ignoraba, sus padres pronto se darían por vencidos.

Finalmente, una persona que estaba ubicada dos filas más atrás se acercó y le dijo: "Hijo, debes mantenerte callado". Impactado por este adulto desconocido que le habló con firmeza, el niño se mantuvo mucho más tranquilo durante el resto del partido. Extrañamente, mamá y papá no se sintieron avergonzados, sino más facultados para controlar a su hijo. El primer paso siempre consiste en captar la atención del niño.

Si todo funciona razonablemente bien y ambos sobreviven a las dificultades iniciales, su hijo desarrollará un temor sano respecto de las consecuencias. Un pensamiento nuevo — *Tengo que pensar qué voy a hacer. ¿Qué costo tendría para mí?* — reemplaza al anterior: *Soy libre de hacer lo que quiera cuando quiera*. Este nuevo pensamiento viene acompañado de una ansiedad anticipatoria, una pequeña luz de advertencia en la mente del niño que le ayuda a pensar acerca de cuántos deseos tiene de hacer cualquier cosa que esté pensando. Es una bendición para su hijo.

Para muchos padres, esta ocasión representa el primer triunfo significativo en la crianza de un niño con fronteras de amor. Comenzarán a pensar: *¡Esto en realidad da resultado!* Han ingresado al sistema omnipotente y egocéntrico de su hijo para introducir la realidad de que si no es cuidadoso, no todo está permitido. Se requieren pruebas, errores y mucho esfuerzo para descubrir cuáles pérdidas y consecuencias tienen efecto sobre el niño y también mucha perseverancia para resistir.

Un padre me dijo:

— Uno debe mantenerse firme una vez más que el niño. Si éste quiebra las reglas diez mil veces, uno sólo debe aferrarse a ellas diez mil y una veces y finalmente ganará.

Muchos padres pueden recordar el día, ya sea que su hijo tuviera dos o dieciséis años, en que observaron un gesto de duda e incertidumbre en el rostro del niño al darse cuenta de que sus padres en realidad iban a ganar la batalla por mantenerse firmes en cuanto a los límites impuestos.

Amy, una niña que asistía a segundo grado, tenía una actitud muy violenta. Cuando estaba enojada, arrojaba juguetes a las personas. La madre estableció un sistema en el que, si su hija arrojaba los juguetes, los perdía para siempre. Las pérdidas comenzaron a acumularse, pero mamá no sabía si la mente de Amy registraba el hecho de despedirse para siempre de sus amados juguetes. Luego, un día, Amy nuevamente estuvo a punto de arrojarle un juguete. Rápidamente su madre dijo: "¿Te acuerdas de la última vez?" Por primera vez en su vida, la niña detuvo su brazo en el aire, dudó y luego dejó caer el juguete. Su madre nos contó que era como si su hija se estuviera diciendo: *Me parece recordar que algo malo pasó la última vez que hice esto.* Amy había comenzado a experimentar la asociación fundamental entre sus actos y su futuro, lo que algunos denominan "un momento de enseñanza". Estaba aprendiendo acerca de la Ley de la siembra y la cosecha (Gálatas 6:7).

Nuevamente, debemos destacar que este temor a las consecuencias no debiera ser miedo a perder amor. Su hijo debe saber que usted está constantemente conectado con él y emocionalmente presente, independientemente de cuál haya sido la infracción cometida. Sólo debe preocuparse por la pérdida de libertad y la posibilidad de sufrir. El mensaje es: "Te amo, pero has elegido algo difícil para ti".

Esta es una etapa temprana de la motivación. Algunos padres idealistas pueden sentirse desilusionados porque su hijo haya dejado a un lado el juguete debido a la frase: "¿Te acuerdas de la última vez?", y no porque: "Está mal" o "No quiero herirte". Pero recuerden que la ley refrena nuestras actitudes descontroladas lo suficiente para que nos calmemos y podamos escuchar el mensaje de amor.

Durante esta etapa, evite fijar límites cuando esté enojado o a modo de castigo. Su hijo necesita dominio propio para evitar las consecuencias. No podrá realizar esta asociación si está preocupado por evitar el enojo de usted o si teme algún castigo extremo. El punto focal respecto del aprendizaje de las consecuencias debe ser que el niño comprenda que su problema es él mismo y no un padre furioso.

Compare estos dos enfoques:

1. "Reggie, si vuelves a tomar ese paquete de patatas fritas del estante del supermercado, mamá se va a enojar mucho".
2. "Reggie, si vuelves a tomar ese paquete de patatas fritas del estante del supermercado, nos iremos de inmediato de aquí y cuando lleguemos a casa, limpiarás la cocina a cambio del tiempo que he tenido que perder contigo".

En el primer caso, el problema de Reggie es una mamá enojada. Sus opciones son aplacarla (y luego volver a la carga, o desarrollar un temor hacia el enojo de los demás y crecer como una persona sin límites que complace a los demás), o rebelarse contra ella porque le divierte provocarla o ignorarla, sabiendo que tiene un par de oportunidades más antes de que se enfurezca. ¿Y si se enfurece y no hay ninguna consecuencia, en realidad, a quién le importa? Muchos padres han observado que al usar el enfoque del enojo, con el transcurso del tiempo disminuye su influencia sobre la conducta de su hijo, puesto que el niño advierte que la forma de tratar con el enojo de sus padres reside en apaciguarlos.

En el segundo caso, Reggie debe pensar acerca de su calidad de vida en el futuro: interrumpir la salida, quehaceres en la cocina, o diversión y libertad. Esto le permite pensar que el asunto tiene que ver con su comportamiento y no con una mamá que está fuera de control.

Desde esta perspectiva, a su hijo le suceden varias cosas: (1) comienza a observarse él mismo en lugar de culpar a otros; (2) desarrolla un sentido de control y dominio (puede hacer algo para determinar la cantidad de dolor que puede padecer); (3) nunca se quedará sin amor durante este proceso de aprendizaje; y (4) advierte que alguien más grande y fuerte que él — sus padres, sus amigos, las maestras, los jefes, la policía, el ejército o Dios — siempre le pondrá un límite si se niega a limitarse él mismo.

Sin la incorporación de estas actitudes y rasgos de carácter, su hijo podría permanecer para siempre aferrado a la ilusión de que puede obtener cualquier cosa que desee. Ayudarlo a sentir un temor sano a las consecuencias lo pone en línea con la realidad de Dios y hace que esa realidad sea su amiga en lugar de su enemiga. Cuando su hijo le diga que sólo hará las tareas de la casa que le corresponden porque no quiere ser castigado, alábelo. Luego, comience a ayudarlo con la siguiente etapa.

2. Una conciencia inmadura

Los padres de Drew estaban preocupados. Habían intentado mantener un buen equilibrio de amor y límites en la relación con su hijo de tres años. Pero últimamente había demostrado un nuevo comportamiento que no lograban comprender.

Drew era un "corredor", es decir, corría por toda la casa, lo más rápido que podía, golpeándose contra los muebles, cayéndose e interrumpiendo la vida familiar. Sus padres se ocuparon con mucho empeño de tratar el tema con él. Hablaron con Drew sobre el problema. Establecieron un sistema correcto de consecuencias y recompensas para lograr que caminara y no corriera por la casa. Y comenzaron a ver avances. Drew empezó a ser más cuidadoso y resuelto cuando se encontraba en el hogar.

Un día Drew entró a la casa luego de haber jugado en el patio de afuera donde había corrido, al ingresar no disminuyó la velocidad. Comenzó a patinar en el piso de la sala. Cuando papá le recordó el límite que habían impuesto, Drew dijo: "¡Basta, Drew! ¡Drew malo!" Sus padres estaban preocupados porque comenzara a ser duro consigo mismo.

Los niños que han empezado a desarrollar un temor sano a las consecuencias, con frecuencia comienzan a hablar consigo usando términos duros o críticos, como lo haría un padre severo cuando se comportan mal. Esto se aplica principalmente a los niños que ya se han dado cuenta de la relación que existe entre sus actos y los resultados.

Drew estaba pasando por un proceso llamado *interiorización*, que dura toda la vida. Estaba interiorizando sus experiencias con relaciones significativas y haciéndolas propias. Estas experiencias existen dentro de su mente como recuerdos con carga emocional. Literalmente, lo externo pasa a ser interno. En un sentido, el niño "digiere" sus experiencias y pasar a formar parte de su manera de ver la vida y la realidad.

La interiorización es un proceso profundamente espiritual por el cual Dios nos infunde su vida, su amor y sus valores. A medida que experimentamos su gracia y su verdad al relacionarnos con él, con su palabra y con su pueblo, Cristo se forma dentro de nosotros (Gálatas 4:19). La interiorización es la base de nuestra capacidad de amar, de establecer el dominio propio y de contar con un sistema de moral y ética. Da forma a nuestra conciencia y nos ayuda a distinguir el bien del mal. Por ejemplo, uno puede advertir que cuando está atravesando una situación de tensión o tratando de resolver un problema, es posible que venga a la mente una persona que ha sido importante para uno en este tema. Uno puede ver su rostro o bien recordar palabras que han servido de guía. Esta es la etapa temprana de la interiorización, cuando las relaciones que influyen en uno todavía no se viven como "yo", sino como "otra persona que valoro".

Por ejemplo, Drew escuchó las palabras de sus padres respecto de los peligros y las consecuencias que traía aparejado correr por la casa. Y al prestarles atención, no sólo las recordó, sino que también tuvo una percepción del mismo tono de voz que emplearon al pronunciarlas. Interiorizó un "padre" que le enseñaba cómo debía comportarse.

En el caso de Drew, probablemente no interiorizó las palabras y los tonos exactos de sus padres. Le hablaron con firmeza pero con dulzura, sin la severidad del "Drew malo". Pero, como suelen hacer los niños, Drew agregó su "toque" condenatorio a sus recuerdos.

Los niños no interiorizan la realidad absoluta. Algunas personas piensan que nuestro cerebro es como una cámara de video, que graba eventos con precisión tal como suceden. Sin embargo, las investigaciones indican que la memoria no actúa de ese modo. Coloreamos nuestras experiencias con nuestras opiniones, deseos y temores. Por eso es que fuentes externas de la realidad, como por ejemplo la Biblia, son tan importantes. Necesitamos espacios donde podamos corregir nuestras percepciones: "Dame entendimiento, y guardaré tu ley" (Salmo 119:34). Uno de los objetivos de criar niños con fronteras consiste en que su hijo posea un sentimiento interno de amor y límites en lugar de necesitar a un padre que lo ronde, regañándolo o recordándole que se limpie los zapatos antes de entrar a la casa.

De modo que, mientras fija y mantiene con amor y coherencia los límites respecto de su hijo, él comienza a formar dentro de sí un "padre interno", que hace la tarea en lugar suyo. La primera forma que toma este "padre", o conciencia temprana, es la de sus propias palabras y actitudes, vividas por el niño como provenientes de otra persona y no de "mí". Por eso, un niño pequeño como Drew en ocasiones hablará consigo en tercera persona. Está respondiendo a todos esos recuerdos emocionales en la forma en que usted abordó estos temas asociados a la responsabilidad.

Algunas veces los padres pueden ser demasiado estrictos, autoritarios o hasta ofensivos. Esto puede generar una conciencia muy dura e inmadura en el niño. En diversas oportunidades ellos se tornan depresivos o sienten culpa; otras veces reaccionan en contra del padre cruel, poniendo de manifiesto esa actitud de dureza: siendo cruel o sádico con los demás. En este caso, la conciencia se ha descarriado y la misma estructura que Dios creó para ayudar a motivarnos nos aparta de él, del amor, de la responsabilidad y de los demás. Si está preocupado por esto, consulte a una persona sabia que tenga conocimientos sobre temas relacionados con la niñez en cuanto a si está siendo demasiado severo con su hijo.

A medida que forma y desarrolla la conciencia, su hijo está aprendiendo a sentirse motivado a amar y a ser bueno por medio de fuerzas internas, no por haber recibido una tunda. No quiere transgredir las normas impuestas por el padre interno, porque se parece mucho al padre real. Estas son buenas noticias. Usted no estará siempre a su lado para ayudarlo a tomar opciones responsables en el patio de juegos, en el momento de un examen o en el asiento trasero del automóvil. Manténgase coherente, demuéstrele su amor y esté atento a los cambios que se producen en su hijo. Si la relación con su hijo es suficientemente buena y él ha aceptado sus límites, dichos límites pasarán a ser de él.

En esta etapa evite los dos extremos de ser demasiado estricto o de ampliar los límites, como pensaban hacer los padres de Drew. Hemos mencionado los resultados de ser demasiado severo; el fruto de eliminar los límites a causa de la culpa o del temor a un conflicto, es igualmente destructivo. El niño, si bien se siente inicialmente aliviado porque mamá o papá no están encima de él, puede llegar a confundirse respecto de cuáles son sus límites y estructuras. Puede armar un escándalo con el objeto de provocar un límite externo que le ayude a sentirse seguro, o bien puede llegar a desarrollar un sentido de poder y pensar que está por encima de las leyes o que puede encontrarle la vuelta para salirse con la suya. Recuerde ser un padre que desea que el comportamiento de su hijo se corresponda con las leyes de la realidad y no con sus propias distorsiones de la misma. Manténgase en contacto con personas que sepan cómo actúan los niños y ayude a su hijo a pasar a la tercera etapa de motivación.

3. Valores y ética

Luego de haber trabajado durante un tiempo con las "voces en la cabeza", el niño comienza a tomar todas esas experiencias y darles una forma más conceptual. Cuando desobedece, no escucha tanto "Drew malo", sino "Esto es algo que no debe hacerse". Esta es una señal de que se está incrementando la estructura y la madurez de su hijo. Está comenzando a interiorizar sus límites más como propios que como una forma de imitar lo que usted piensa. A esto lo denominamos el inicio de los valores y la ética y esta importante etapa es la base de gran parte del sistema de creencias y de actitudes del niño respecto de las relaciones, la moral y el trabajo.

Es posible que a estas alturas su hijo empiece a hacer muchas preguntas cargadas de valor: "¿Es esta una mala palabra?" o "¿Está bien que mire este programa de televisión?" Está luchando entre comprender su ética y tratar de elaborar la suya propia. Estos pueden ser momentos ricos para explicar el porqué de lo que usted cree acerca de cómo la gente debe comportarse en el mundo, y para ayudar a su hijo a que arribe a sus propias conclusiones.

Si todavía está en el nivel del temor a las consecuencias, puede que esto le suene a quimera. Pero en realidad da resultado. Al mismo tiempo, no crea que ya ha terminado con la etapa de fijar límites y fronteras para su hijo. Sigue siendo un niño y, a su manera, está intentando crecer en diversas dimensiones. A un determinado nivel, se está preguntando sobre la ética de las situaciones en contraposición a la ética absoluta, y en otro nivel, está llegando a casa muy tarde, a hurtadillas, con aliento a alcohol. Sea un padre de tareas múltiples, es decir, encuéntrese con él donde él lo necesite en ambos niveles.

Evite cometer el error de darle a su hijo mensajes cargados de culpa y vergüenza. Puesto que ahora tiene una conciencia operativa, que le brinda retroalimentación sobre sus motivos respecto de lo que está bien y lo que está mal, tiene mucho trabajo que hacer a diario. Será especialmente vulnerable ante frases tales como: "Pensé que eras cristiano, y, sin embargo, hiciste eso" o "Me siento avergonzado cuando no te esfuerzas en la escuela". En esta etapa, los niños pasan con facilidad a ser "buenas personas" porque quieren evitar sentimientos de culpa o vergüenza respecto de sí. Siga acercando a su hijo a principios de la realidad, como por ejemplo "Eso va en contra de lo que tú y yo creemos".

4. Amor maduro, culpa madura

Mientras usted siga siendo una fuente de realidad para que su hijo la internalice, él avanzará y crecerá más allá de las cuestiones éticas del bien y del mal hacia la mayor de las motivaciones: el amor. A medida que se va relacionando más con otros, comienza a pensar en estos temas abstractos desde un marco de apego. En el fondo de su ser, su hijo fue creado para relacionarse con otras personas. Preocuparse por sus vínculos se convierte en su motivación principal en la vida. Jesús resumió todas las reglas de la Biblia en el principio de amar a Dios y a las personas con todo nuestro corazón (Mateo 22:37). Los temas asociados al bien y al mal continúan siendo importantes, pero el niño los comprende desde una perspectiva más vinculada a las relaciones.

Usted desea que su hijo defina el amor — el mayor de los motivadores — desde un punto de vista empático: tratar a los demás como él desea ser tratado (Mateo 7:12). La empatía es la forma más elevada del amor; la capacidad de sentir el compromiso de nuestra condición es lo que llevó a Dios a crearnos, apoyarnos y redimirnos. La empatía, orientada hacia fuera y basada en las relaciones, nos conduce a realizar actos de amor.

Los niños que están interiorizando límites deben dejar atrás los conceptos de: "Esto está bien o está mal", para adoptar el de: "Esto lastima a los demás o a Dios". Usted debe ayudarlos con esta motivación. Cuando desobedecen, hábleles acerca de las consecuencias en las relaciones. En otras palabras: "No es correcto burlarse de tu compañero porque es gordo", pasa a ser: "¿Cómo crees que se siente cuando los niños lo humillan?" En esta etapa, está ayudando a su hijo a ser un agente de sus propias fronteras internas, guiadas e impulsadas por la compasión hacia los demás.

Evite ser demasiado crítico así como también ser reticente en expresarle su amor. Ser demasiado crítico o alejarse de su hijo cuando él ha violado un límite hará que el niño cumpla con lo que se exige de él en lugar de estar motivado por el amor. Los niños que "cumplen" lo hacen basados en el temor y no en el amor. No son libres de escoger a quién amar y cómo hacerlo, puesto que están sumamente motivados por evitar perder el amor o el dolor generado por las críticas. Ayude a su hijo a elegir y a amar con libertad.

Una nota final

En esta etapa de motivación que forma parte del proceso de crear límites para su hijo, no subestime ninguna de las tres motivaciones para un buen comportamiento a las que nos hemos referido. Su hijo necesita preocuparse por el dolor de las consecuencias de ser irresponsable, lo bueno y lo malo de su comportamiento y qué penas pueden ocasionar sus actos a sus amigos y a Dios. Sea un padre que está sujeto a estas motivaciones y genere muchas experiencias para que su hijo internalice y las convierta en propias.

Todos los padres deben lidiar con la realidad de que los límites producen dolor en los niños. Ese es el tema del siguiente capítulo.

9

El dolor puede ser un don

La ley de la evaluación

Yo, (el doctor Cloud), estaba aconsejando a una madre respecto de establecer límites para su hija de doce años de edad. Cada vez que proponía un límite, me topaba con una pared. Cada límite o consecuencia fundamental que sugería no era factible por un motivo u otro: Sus horarios le impedían a la madre realizar un seguimiento; la familia se sentiría sobrecargada; los hermanos recibirían un impacto adverso, y demás. Esta madre era muy hábil para decirme por qué mis sugerencias no darían resultado.

— ¿Por qué no le prohíbe que vaya a la fiesta si no hace primero sus quehaceres? — pregunté.

— Bueno, si lo hiciera, tendríamos que buscar a alguien que la cuidara en caso de que tuviéramos otros planes.

— Entonces dígale que se haga cargo de conseguir y pagar a alguien que la cuide. Al fin y al cabo, ella fue la que causó el problema.

— Bueno, no creo que cuente con los recursos para conseguir a alguien que la cuide. De todos modos, probablemente no nos gustaría la persona que ella escogiera.

Al principio, pensé que está madre estaba siendo sincera conmigo. Pero a medida que todas mis sugerencias eran rechazadas, una tras otra, comencé a sentir que faltaba algo para tener el panorama completo de la situación. Lo que me decía no sonaba a verdad, de modo que interrumpí nuestra búsqueda del límite "correcto" para su hija. En cambio, le dije:

— Para ser franco, no creo que usted pueda hacerlo. No creo que pueda tomar la actitud que debiera con su hija. No creo que pueda quitarle los privilegios y el dinero. — Y luego simplemente la miré.

Inicialmente empezó con frases tales como "Ah, seguro que puedo" y "No, en realidad sé que ella lo necesita y yo estoy dispuesta a hacerlo". Pero me di cuenta de que todas estas eran respuestas defensivas a mis acusaciones. De modo que me limité a mirarla y a esperar.

Luego sucedió lo que suponía. Comenzó a sollozar amargamente, sin poder hablar. Y luego, una vez que logró controlarse, finalmente dijo la verdad:

— Es que no puedo soportar herirla. Es muy doloroso verla sufrir. Si le quito los privilegios que tiene, no tendrá nada y no puedo hacerle eso. Nunca podría lograr nada por sí sola.

A medida que continuamos conversando, resultó evidente que esta mujer sufría profundamente por el dolor de su hija. Sin embargo, el problema residía en que no podía comprender el dolor.

— ¿Por qué cree que lo que le sugiero sería doloroso para ella? — pregunté.

— Usted nunca la ha escuchado cuando le digo que no. Es horrible. Llora y se aleja de mí, a veces por mucho tiempo. Ella siente que la he abandonado y no la sigo amando.

— Le repito la pregunta. ¿Por qué cree que esto sería doloroso para ella?

— Se lo acabo de decir. Ya lo he hecho y la hiere profundamente.

— Ante todo, usted nunca "lo ha hecho" respondí. Lo empezó pero nunca se mantuvo firme hasta el final. Y el motivo por el que no se mantuvo firme es porque no sabe cómo evaluar el dolor de su hija. Usted cree que sólo porque grita, la está lastimando. No creo que de ninguna manera la esté lastimando. Creo que la está ayudando pero la sensación que le produce no es muy agradable.

El discernimiento resultó ser verdad. Esta madre no sabía cómo evaluar el dolor de su hija. En pocas palabras, no sabía la diferencia entre *herir* y *dañar*. Los límites que le estaba sugiriendo evidentemente herirían a su hija, pero no la dañarían. Herir significa que el niño, tal vez debido a la disciplina, sienta tristeza, su orgullo herido o la pérdida de algo que valora. Dañar significa lastimar realmente a la persona o, por medio de críticas, de ataques o abandono, dejar de brindarle algo que necesita. El padre eficaz, si es que pretende que su hijo desarrolle límites, debe aprender a reconocer esta diferencia.

Dolor y crecimiento

La lección número uno en la tarea de ser padres y en la vida en general es: "El crecimiento implica dolor". La lección número dos es: "No todo dolor produce crecimiento". Poder distinguir entre una y otra es la clave para lograr que alguien permanezca en el fondo o crezca más allá de la etapa en que se encuentra.

Cuando jugaba baloncesto en la escuela secundaria, nuestro entrenador colocaba un enorme cartel en los vestuarios que decía: **SIN DOLOR, NO HAY GANANCIA**. Este refrán pasó a ser el lema de nuestro equipo mientras nos preparábamos, entrenábamos y practicábamos, a veces más allá del punto que creíamos soportar.

Había experimentado la realidad de esta frase, pero nunca la había comprendido en ese sentido. Si no me empeño, no me superaré en lo que debo hacer. Esta lección me ha servido toda la vida. Si uno es independiente, está acostumbrado a hacer cosas que lo "hieren" para poder obtener algo que desea.

Por ejemplo, mientras estoy escribiendo este capítulo, me siento muy cansado. Estoy agotado del viaje y estoy cansado de escribir. Es un fin de semana y no me gusta trabajar los fines de semana. Además, últimamente no he administrado bien mi tiempo y estoy atrasado. Pero a medida que escribo, también sé que la única forma de obtener lo que deseo es continuar esforzándome. Quiero que este libro se publique. Quiero que usted, el padre, lo tenga en sus manos. Quiero cumplir esta parte de lo que creo que Dios me ha convocado a realizar. Y si el libro se vende, también podré comprar alimentos.

Al escribir a esta hora de la noche, también me quejo y refunfuño por ello. Afortunadamente, nadie me está escuchando. Pero, ¿qué pasaría si llamara a mi madre y me lamentara por lo difícil que es escribir, lo arduo que es lograr que funcionen las cosas hoy día en este mundo, lo cruel que es la vida? ¿Y si ella no tuviera límites propios, se sintiera "apesadumbrada" por mi dolor y me enviara un cheque? ¿Qué ocurriría si me escuchara "con compasión" y estuviera de acuerdo en que no debiera esforzarme tanto?" (No se preocupe, esto no me está matando. Pero como soy un quejoso, podría hacerlo sonar de esta manera para una madre codependiente.) Podría lograr el alivio necesario para mi sufrimiento como para simplemente dejar de hacer mi tarea y sentirme bien por no cumplir con mi trabajo.

Puedo recordar el día en que estaba en sexto grado e intenté este abordaje con mi madre. Había padecido mononucleosis y me había perdido un mes de clases. Al regresar, me sentía abrumado por la cantidad de trabajo que debía realizar para ponerme al día. Recuerdo que me dirigí a mi madre diciéndole: "Hoy no quiero ir a la escuela. Es demasiado. Ya no puedo más".

Nunca olvidaré lo que me dijo. Puedo verla y escuchar sus palabras como si estuviera hoy aquí frente a mí: "A veces yo tampoco deseo ir a trabajar. Pero debo ir". Luego me abrazó y me dijo que me preparara para ir a la escuela.

Me sentía herido, estaba cansado. Estaba sufriendo. Pero mi madre sabía que no me haría daño continuar asistiendo a la escuela. Evaluó mi dolor — el dolor de la disciplina temporal — y me alentó para que siguiera yendo. Hoy día, me siento agradecido por sus límites. Sin ellas, mi vida estaría plagada de proyectos a medio hacer y de metas no cumplidas. Años después, hablé con ella sobre esto y me contó partes de la historia que nunca antes había escuchado.

Cuando tenía cuatro años, una enfermedad ósea impidió que pudiera utilizar mi pierna izquierda por espacio de dos años. En ocasiones debí estar en silla de ruedas y en otras, usar aparatos ortopédicos y caminar con muletas. No podía moverme mucho ni jugar con otros niños.

Como podrá imaginarse, esto era algo difícil para mis padres. Sin embargo, cuando veo las películas de esa época, observo a un niño activo paseando en silla de ruedas por el zoológico, yendo a cumpleaños y andando a los saltos con aparatos ortopédicos y muletas. Para ser un niño inválido, hice muchas cosas.

Nunca supe por lo que habían atravesado mis padres para ayudarme a bastarme por mí mismo. La ortopedista les había dicho que iban a "perjudicarme" si hacían las cosas por mí. Les dijo que tenían que dejarme sufrir aprendiendo a caminar con muletas, manejando la silla de ruedas y explicarle a los demás qué me sucedía.

Para mis padres resultaba sumamente doloroso ver cómo debía esforzarme. Ya bastante lástima sentían por su hijo de cuatro años, que había perdido la capacidad de caminar como los demás niños. Deseaban venir a mi rescate cuando lloraba por tener que colocarme los aparatos ortopédicos o cuando estaba triste. En cambio, me daban nalgadas por intentar caminar con la pierna enferma (algo que me hubiera deformado para toda la vida). Me contó mi madre que luego de disciplinarme, llamaba a una amiga y lloraba.

Mi madre también me contó sobre un día, en el que me estaba esforzando por subir las escaleras de la iglesia. Escuchó que alguien decía: "Mira a esos padres. ¿Cómo pueden hacerle eso? ¡Qué crueles que son!" Pero pudo mantenerse en sus límites. Otro día, mi muleta se resbaló por los peldaños de mármol de la oficina de correos. Rodé, dolorido, con moretones y cortes. Pero mamá me hizo seguir subiendo las escaleras por mis propios medios.

Lloré, me quejé y probé todas las artimañas de un niño de cuatro años para manipular a mi madre y a mi padre con el objeto de que me no permitieran sufrir el dolor de aprender a bastarme yo solo. Pero ellos se mantuvieron en sus límites y finalmente lo logramos.

El resultado final es que pronto pude desplazarme y llevar una vida razonablemente activa y normal con los demás niños y, finalmente, mi pierna se curó. Actualmente estoy agradecido por que me hayan hecho pasar por un dolor que me hirió, pero no me dañó.

El padre que escucha cualquier llanto o queja como la máxima preocupación, nunca desarrollará límites y personalidad en el niño. Cuando sus hijos lloran respecto de la tarea escolar, los quehaceres domésticos o una oportunidad perdida resultante de no haber hecho lo que les correspondía, ¿qué hará usted? Su respuesta a esta pregunta tendrá un enorme efecto sobre el curso de la vida de su hijo.

Cuatro reglas para evaluar el dolor

Regla número 1: No permita que el dolor de su hijo controle sus actos

Los límites en los niños comienzan con padres que tienen buenos límites propios. Si ellos tienen un propósito determinado mantendrán su propio control. Si su hijo está controlando sus decisiones al objetar sus límites, ya no está criando a su hijo con propósito.

Terri tenía problemas con su hijo Josh de trece años, pues no hacía su tarea escolar. Llegamos a establecer un plan que le exigiría a Josh dedicar todas las noches un lapso de tiempo determinado para hacer sus tareas. Durante esa hora, Josh debía estar en su lugar de estudio sin otra cosa que su tarea, y no debía hacer otra cosa más que estudiar. Terri no tenía control sobre si Josh estudiaba o no durante ese tiempo. Lo que podía controlar era que no hiciera ninguna otra cosa durante ese tiempo que no fuera sentarse frente a su tarea. Ese fue nuestro acuerdo.

Cuando la volví a ver, parecía estar avergonzada. No había podido mantener el acuerdo hasta las últimas consecuencias. (La pista número uno de que un niño no desarrollará dominio propio es cuando el padre no tiene dominio propio para imponer las reglas.)

— ¿Qué sucedió? — pregunté.

— Bueno, estaba todo preparado, y luego un amigo lo invitó a un partido de béisbol. Le dije que no, que no había pasado la hora todavía. Pero se puso tan mal, que no pude convencerlo. Parecía estar muy enojado y triste.

— ¿Cuál es el problema? — le pregunté. — Eso es lo que se suponía que hiciera, ¿recuerda? Él detesta la disciplina. ¿Qué hizo usted después?

— Pues, me di cuenta de que esta exigencia lo hacía sentir demasiado triste y no pude tolerarlo. Así que le permití que fuera.

— ¿Qué pasó la noche siguiente? — pregunté, conociendo de antemano la respuesta.

— Volvió a molestarse. Se produjo una situación similar. Se le presentó una oportunidad que, de perderla, se hubiera puesto muy triste.

— Entonces, permítame ver si comprendo. La forma que usted decide lo que está bien y lo que no, se rige por cómo se siente su hijo cuando se le pide que haga algo. Si se siente molesto, entonces usted piensa que está haciendo lo incorrecto, ¿no es cierto?

— No lo había pensado de ese modo, pero supongo que tiene razón. Simplemente no puedo soportar que esté triste.

— Entonces usted necesita aceptar varias verdades importantes. En primer lugar, sus valores se están estableciendo según las reacciones emocionales de un niño inmaduro de trece años. El más alto principio que rige su sistema de valores se basa en si Josh está molesto. En segundo lugar, usted no valora uno de los aspectos más importantes de la crianza de los niños: la frustración es un ingrediente clave para el crecimiento. El niño que nunca se frustra no desarrolla tolerancia a la frustración. En tercer lugar, le está enseñando que tiene derecho a estar siempre alegre y que lo único que tiene que hacer para que los demás hagan lo que él desea es llorar por ello. ¿Son en realidad esos sus valores?

Permaneció en silencio y comenzó a darse cuenta de lo que estaba haciendo. Para cambiar, debía comprometerse a cumplir una importante regla para la crianza de niños: *La protesta del niño no define la realidad ni separa el bien del mal*. El simple hecho de que su hijo sufre no implica que está sucediendo algo malo. Es posible que ocurra algo bueno, como por ejemplo que acepte por primera vez la realidad. Y este encuentro con la realidad nunca es una experiencia feliz. Pero si puede empatizar con el dolor y mantener el límite, su hijo interiorizará el límite y finalmente abandonará su actitud de protesta.

Como citamos anteriormente: "Es verdad que ninguna disciplina al presente parece ser causa de gozo, sino de tristeza; pero después da fruto apacible de justicia a los que en ella han sido ejercitados" (Hebreos 12:11).

Esta es la ley del universo. La frustración y los momentos de dolor derivados de la disciplina, ayudan al niño a aprender a demorar la gratificación, uno de los rasgos de la personalidad más importantes que puede tener una persona. Si puede mantener el límite y empatizar con el dolor, entonces se desarrollará la personalidad ("cosecha de justicia"). Pero si no lo hace, mañana deberá enfrentar la misma batalla: "El de grande ira llevará la pena; y si usa de violencias, añadirá nuevos males" (Proverbios 19:19). Si rescata a su hijo de su enojo por el límite que usted impuso, seguro puede esperar mayor enojo respecto de límites aplicados con posterioridad. Recuerde que ni su objeción ni su dolor determinan lo que es correcto.

Regla número 2: Diferencie su dolor del de su hijo

Como finalmente descubrimos Terri y yo, ella estaba intentando que desapareciera su propio dolor. Cuando Josh se ponía triste, ella se ponía triste. Se estaba *identificando en forma exagerada* con el dolor de su hija. De niña, había sentido muchas veces el abandono. A lo largo de su vida, sintió mucha tristeza y sufrió pérdidas. Como resultado de ello, cuando Josh estaba triste, ella suponía que dicha tristeza era tan dolorosa como la suya propia. Se identificaba con su tristeza hasta un punto en que no era real. Un niño que se pierde un partido de béisbol no puede compararse a la tristeza que ella sintió de niña.

Terri pudo gradualmente mantener separadas sus propias experiencias de las de Josh y permitirle así que creciera. Pero le resultaba difícil y necesitaba de ayuda para lograrlo. Tenía algunos amigos que aceptaron brindarle apoyo en esas instancias, una estrategia que con frecuencia es muy útil para los padres que carecen de buenos límites. Recuerde cuando mi madre debía ir a otra habitación a llorar y llamar a una amiga mientras me exigía que me tambaleara en mis muletas hasta encontrar mi camino. Posiblemente usted deba hacer lo mismo. Mantenga separada su propia tristeza respecto del dolor de sus hijos. "El corazón conoce la amargura de su alma; y extraño no se entremeterá en su alegría" (Proverbios 14:10). Todos debemos soportar nuestro propio dolor.

Regla número 3: Ayude a que su hijo vea que la vida no consiste en evitar el dolor, sino en convertirlo en un aliado

Básicamente, cambiamos cuando el dolor de permanecer iguales es mayor que el dolor que implica cambiar. Hacemos nuestras prácticas de baloncesto cuando el dolor de perder se torna más grande que el dolor de practicar. Mejoramos nuestro desempeño laboral cuando el dolor de perder un empleo se vuelve más real que el dolor de realizar nuestro trabajo. Aprendemos a cumplir nuestros quehaceres domésticos cuando los padres hacen que el hecho de no hacerlos sea más doloroso que efectuarlos.

La vida no consiste en evitar el sufrimiento. La vida consiste en aprender a sufrir lo mejor posible. El niño al que se le enseña a evitar todo dolor, sufrirá mucho más dolor en la vida que el necesario. Es doloroso no poder mantener vínculos porque uno no sabe respetar a los demás. Es doloroso no poder cumplir con nuestros objetivos porque uno no es disciplinado. Es doloroso atravesar dificultades económicas porque uno no puede controlar sus gastos.

Todos estos problemas provienen de la tendencia a evitar el dolor de la lucha momentánea, el dolor de la disciplina propia y de demorar la gratificación. Si aprendemos a perder aquello que deseamos en un determinado momento, a sentirnos tristes porque las cosas no se hacen a nuestro modo y a adaptarnos a las exigencias de la realidad de las situaciones difíciles, luego experimentaremos alegría y éxito. Dejar que un niño sufra en el momento indicado enseña esta lección.

Compare qué sucede en la vida de una persona que evita el dolor con lo que le sucede al que abraza al dolor (véase la tabla de la página siguiente).

Los padres que intervienen y rescatan a sus hijos del sufrimiento serán luego reemplazados en la vida por otras personas codependientes, por la droga, el alcohol, trastornos de la alimentación, consumismo u otras adicciones. Les han enseñado a sus hijos que la frustración y la adversidad no son algo que se debe enfrentar y resolver, requiriendo un cambio de su parte, sino algo que se puede hacer desaparecer en el momento inmediato utilizando la "madre" o el "padre" de la gratificación inmediata.

Enséñele a sus hijos que el dolor puede ser bueno. Sea un ejemplo para ellos al enfrentar sus problemas. Conviértase en un modelo de lo que es estar triste y seguir adelante. Empatice con ellos acerca de lo difícil que resulta hacer lo correcto, pero siga exigiéndolo.

Tengo una amiga cuya respuesta habitual a las protestas de su hijo adolescente consisten siempre en las mismas pocas palabras:

— Lo sé, Tim, la vida es dura. Pero confío en que puedes hacerlo.

Cuando este adolescente se convierta en adulto y surjan dificultades, en lugar de pensar *¿Cómo saldré de esto?*, escuchará una voz interna que afirme y sostenga su lucha:

— Lo sé, Tim, la vida es dura. Pero confío en que puedes hacerlo.

Situación	Evita el dolor	Acepta el dolor
Dificultades matrimoniales	• Tiene aventura amorosa • Echa culpas • Se va a lo de mamá • Se retrae	• Aprende a amar mejor • Lamenta sus expectativas y perdona • Cede
Dificultades laborales	• Renuncia • Culpa a la gerencia • Se vuelca al alcohol o las drogas • Cambia de carrera sin motivo valedero y desarrolla un patrón de inicios frustrados	• Recibe aportes y críticas • Cambia de conducta • Aprende nuevas habilidades • Acepta la autoridad • Resuelve problemas
Frustración en el logro de los objetivos	• Pospone • Hace uso de alcohol, comida o sexo para aliviar la frustración • Se da por vencido • Se deprime	• Usa como oportunidad para aprender sobre sí • Obtiene nuevos conocimientos necesarios para lograr objetivos • Enfrenta sus debilidades de carácter • Obtiene aliento de los demás • Se desarrolla en lo espiritual
Tensión emocional, dolor y pérdida	• Niega las causas que ocasionan estos sentimientos • Emplea mecanismos de evasión como sustancias químicas u otras adicciones • Encuentra personas que mitigan el dolor sin exigir cambios	• Acepta la realidad y resuelve sus sentimientos • Aprende métodos positivos de sobrellevar las dificultades como fe, apoyo, duelo y cambios cognitivos • Profundiza su vida espiritual

Regla número 4: Asegúrese de que el dolor sea el resultante de madurar, y no el dolor causado por una necesidad o una herida

Mi amigo psicólogo me contó que en cierta oportunidad en que su esposa realizó un viaje de una semana de duración, tuvo que cumplir la función de mamá y papá respecto de sus tres hijas. Alrededor de la segunda o tercera mañana, le había dicho varias veces a su hija de cuatro años que se alistara para ir al jardín de infantes, pero lo único que hacía ella era perder el tiempo. Dentro de él crecía la frustración y el enojo. Finalmente, la amenazó con determinadas consecuencias y estaba a punto de manifestar su enojo cuando le vino a la mente una pregunta: *¿Qué haría si ella fuera uno de mis pacientes?*

Se detuvo por un momento y pensó. Lo que haría sería buscar la razón subyacente al comportamiento de la niña. Por lo general, su hija era obediente, de modo que supuso que debía haber un motivo inusual para su haraganería. Entonces se iluminó y le preguntó: "Extrañas a tu mamá, ¿no es cierto?" Se abrió el dique. Su hija comenzó a sollozar y corrió a sus brazos. La consoló, empatizó con ella y dijo que él también extrañaba a mamá.

Luego de abrazarla, una vez que se hubo calmado, ella lo miró y le dijo: "Papá, vamos, debemos irnos". Entonces, se vistió y todo anduvo bien.

Con frecuencia, el comportamiento de los niños envía un mensaje, y los padres deben evaluar el dolor para descubrir si este proviene de una frustración o de una necesidad o una herida. En el caso de mi amigo, el dolor de la necesidad era lo que impulsaba la conducta de su hija, y el enfoque "sólo límites" la hubiera desalentado. El padre perspicaz evaluó el dolor de su hija y decidió que tenía que ver más con extrañar y necesitar a mamá que con desafiar a papá.

Esta evaluación cobra especial importancia durante los primeros años de vida. Los lactantes protestan debido al dolor que les produce sentir hambre y estar solos más que por cualquier otro motivo. La frustración que conduce a la madurez debiera estar más encaminada durante el segundo año de vida, cuando la disciplina y los límites se vuelven más importantes. La madre sabia puede distinguir entre un bebé que necesita un cambio de pañales, un biberón o un abrazo, y el que está agotado o enojado por tener que irse a dormir. Asegúrese de haber satisfecho las necesidades de sus niños pequeños antes de pedirles que se ocupen de su frustración. *Con los niños pequeños, es preferible equivocarse orientándose hacia la gratificación.*

Un niño más grande se comporta mal no sólo a modo de desafío o para evitar la realidad, sino también por alguna de las siguientes razones valederas:

- Sentimientos heridos por los padres u otras personas
- Enojo por los sentimientos de impotencia en una relación y por no tener suficiente dominio propio
- Trauma, tales como la pérdida de un padre o el maltrato que un niño puede haber sufrido en otro sitio
- Motivos médicos y físicos
- Problemas psiquiátricos, tales como, trastorno por déficit de la atención, depresión o trastornos del pensamiento
- Un cambio reciente en la estructura, los horarios o el estilo de vida de la familia

Todos estos son motivos válidos para que un niño comience a portarse mal. Es fundamental que analice y deje de lado estas causas antes de suponer que su hijo necesita consecuencias de la realidad. Estos motivos no liberan al niño de la necesidad de enfrentar la realidad, como lo demostró el relato de mi pierna enferma. Pero los aspectos emocionales que subyacen a la conducta son tan importantes como el comportamiento en sí. Puede que deba llevar a su hijo a un buen pediatra a fin de asegurarse de que está sano, o a un especialista en niños si sospecha que está sucediendo algo más que una necesidad de límites.

Aquí nos guían dos versículos muy importantes del Nuevo Testamento. La primera persona que uno debe suprimir como fuente de dolor es uno mismo. Lea los siguientes versículos:

> Padres, no provoquéis a ira a vuestros hijos, sino criadlos en disciplina y amonestación del Señor.
>
> Efesios 6:4

> Padres, no exasperéis a vuestros hijos, para que no se desalienten.
>
> Colosenses 3:21

Los niños no responden bien a los límites si sus madres o padres los exasperan o provocan. Mire dentro de sí para ver si está haciendo alguna de estas cosas:

- Ejercer demasiado control sobre la vida de sus hijos para que no tengan poder sobre sus vidas u opción alguna.
- Disciplinar con enojo y culpa en lugar de hacerlo con empatía y consecuencias.
- No satisfacer sus necesidades de amor, atención y tiempo.
- No afirmar sus éxitos, sino sólo comentar sobre sus fracasos.
- Ser demasiado perfeccionista respecto de su desempeño en lugar de sentirse complacido por sus esfuerzos y la dirección que está tomando su vida.

Al evaluar el dolor de su hijo, asegúrese de que no ha sido causado por un daño real o un trauma, o alguna otra cosa que no sea la verdadera necesidad de disciplina, y que no haya sido causado por usted. Los padres normales provocan dolor de tanto en tanto, pero reconocen su falta y se disculpan. Uno puede cometer errores, pero debe aceptar su responsabilidad por dichos errores y no culpar al niño por el comportamiento producido por las equivocaciones de sus padres.

Tener por sumo gozo

El siguiente pasaje del libro de Santiago es uno de mis favoritos: "Hermanos míos, tened por sumo gozo cuando os halléis en diversas pruebas, sabiendo que la prueba de vuestra fe produce paciencia. Mas tenga la paciencia su obra completa, para que seáis perfectos y cabales, sin que os falte cosa alguna" (1:2–4).

Dios no nos rescata de nuestras luchas y del dolor de aprender disciplina y perseverancia. En realidad, Dios disciplina a los que ama, así como un padre disciplina a sus hijos (Hebreos 12:5–10). También dice que no disciplinar a un hijo es un acto de odio y no de amor (Proverbios 13:24).

Si se frotan piedras preciosas, se las torna suaves y brillantes. El calor refina el oro. El entrenamiento hace que un atleta adquiera fortaleza. La demora de la gratificación y el sufrimiento del estudio hacen de un estudiante un cirujano. Del mismo modo, la lucha refina el carácter del niño. Esperar la recompensa hace que un niño aprenda a desempeñarse. Las tribulaciones y el dolor nos enseñan las lecciones que edifican el carácter que necesitaremos para sortear los obstáculos de la vida.

Evalúe el dolor de sus hijos. Si están necesitados o heridos, corra a rescatarlos. Pero si están protestando ante las exigencias de la realidad necesarias para madurar hasta el siguiente nivel, empatice con su lucha, adminístrela bien, pero permita que continúen hasta el final. Más adelante, se lo agradecerán.

Cuando los niños aprenden a valorar el dolor de la vida en lugar de evitarlo, están preparados para solucionar sus problemas. Pero lo que usted quiere para su hijo es que sea proactivo en el proceso. En el siguiente capítulo, le demostraremos cómo lograrlo.

10

Los berrinches no tienen por qué durar para siempre

La ley de la proactividad

Yo (el doctor Townsend) vivo en una calle en la que hay una gran cantidad de familias con niños. Uno de mis pasatiempos favoritos después del trabajo y antes de la cena, consiste en reunir a un grupo de niños y jugar a la pelota en la calle, donde uno puede trazar bases con tiza en el asfalto y usar bates de plástico y pelotas de espuma de caucho. No se rompen ventanas y uno puede divertirse mucho.

Durante un partido, Derek, de seis años de edad, bateó afuera. El niño arrojó el bate, y gritó: "¡Son todos unos estúpidos y los odio!", luego salió corriendo para su casa, se sentó en los escalones y nos miró colérico.

Preocupado por los sentimientos heridos de Derek, abandoné el partido, me dirigí hacia él e intenté persuadirlo para que regresara con nosotros. No quería saber de nada y se retrajo aun más, dándonos la espalda. Finalmente, me di por vencido y volví al partido, triste porque Derek no estaba con nosotros y porque sus amigos no estaban con él. Pocos minutos más tarde, Derek se puso de pie, caminó hasta el campo de juego y reanudó el juego como si nada hubiera pasado.

Un par de noches más tarde, jugamos juntos otro partido y cuando Derek no logró atajar la pelota, ocurrió lo mismo. Tuvo un berrinche y se fue. Seguimos jugando, con un jugador menos, y Derek se reincorporó al poco tiempo.

Al principio pensé: *Está bien. Necesita tiempo para calmarse. Simplemente se está cuidando.* Luego advertí un par de cosas. En primer lugar, Derek evitaba cualquier problema que se le presentara en el partido. Nunca tenía que atravesar momentos de frustración, fracaso o aprendizaje de destrezas. Su berrinche reactivo ocupaba un lugar de prioridad frente al aprendizaje. En segundo lugar, sus amigos tenían que adaptarse a su inmadurez. Él era quien tenía un problema, pero ellos pagaban su costo. Por sus miradas y comentarios, me di cuenta de que tomaban a mal sus acciones. Sentí lástima por los problemas que tendría en el futuro con sus amistades.

La vez siguiente que vi a Derek, me detuve a conversar con él. "Derek, lamento que no te haya ido bien en los partidos. No es sencillo aprender un deporte nuevo. Pero cada vez que te retiras, te pierdes la diversión y los demás niños también pierden un jugador. De modo que estableceré una nueva regla: Está bien que uno se enoje en un partido, y te ayudaremos a aprender lo que te cuesta, pero no está bien retirarse. Si lo haces, no podrás regresar por el término del partido. Espero que esto te ayude a quedarte con nosotros, porque nos agradas y te extrañamos".

Derek actuó como si no me hubiera oído, pero yo me había expresado con suficiente claridad.

Al día siguiente, los niños y yo jugamos otro partido. Para mi sorpresa, cuando Derek no logró atajar la pelota, tuvo un berrinche y se fue, tal como lo había hecho tantas otras veces. Los demás continuamos jugando. Unos minutos más tarde, Derek caminó silenciosamente hasta su lugar en el campo de juego y permaneció allí, como de costumbre. Dejé de batear, me dirigí hacia él y le dije: "Lo lamento, Derek. Te vemos en el próximo partido". Estaba furioso y juró nunca volver a jugar con nosotros. Dio la vuelta y se fue a casa.

Preocupado por la reacción de los padres de Derek, los llamé. Ellos apoyaron la regla que había impuesto, ya que también pensaban que el comportamiento de Derek era un problema, aunque no sabían qué hacer al respecto.

Unos días más tarde, cuando Derek tuvo otro episodio, mantuve mi límite. Finalmente, por tercera vez, Derek cambió. Cuando fue sancionado en la segunda base, protestó, pero esta vez se calmó y continuó jugando. Podía verse la lucha en su rostro mientras lidiaba con sus emociones. Los niños y yo lo alentamos a que permaneciera con nosotros y seguimos jugando. Uno podía ver que Derek se sentía orgulloso. Tenía mayor control sobre su comportamiento y sus reacciones.

Derek ilustra un problema en la crianza de niños y los límites que existen, en determinados niveles, en todos nosotros: la lucha entre la *reactividad* y la *proactividad*, entre reaccionar violentamente o responder con madurez a los problemas. Los niños deben aprender la diferencia entre límites inmaduros y maduros. Su tarea consiste en ayudarlos a desarrollar la capacidad de fijar límites apropiados, pero sin explotar ni ser impulsivos.

Cuando los niños reaccionan

Los niños no tienen incorporadas naturalmente las acciones deliberadas y pensadas. No aceptan con facilidad las negativas y se dan por vencidos rápidamente, exasperándose y abandonando una tarea que requiere un esfuerzo sostenido. Reaccionan a la tensión en lugar de actuar sobre ella. Uno advierte con frecuencia un corto lapso entre la aparición de un problema y la acción del niño, y por lo general dicha acción no resuelve el problema. La reactividad de Derek involucraba sentimientos sinceros, pero esto no le ayudaba a aprender a jugar al béisbol ni a llevarse mejor con los demás niños. Si bien puede que el niño proteste por algo que es incorrecto o está mal, sus reacciones siguen siendo inmaduras.

Es posible que su hijo adopte los siguientes comportamientos reactivos:

- *Berrinches.* El niño feliz y sonriente se convierte en un
  maníaco gritón cuando usted, por ejemplo, le dice que
  no a su deseo de comprar un juguete en McDonald´s.
  Los demás clientes lo miran y para evitar que piensen
  que usted está maltratando a su hijo, rápidamente se
  lo compra.
- *Oposición.* El niño se opone a cualquier cosa que usted
  diga o le pida. Se muestra desafiante al requerírsele
  asear su cuarto, no dejar las cosas tiradas, hacer la
  tarea escolar o entrar a la casa.
- *Gimoteos.* Al toparse con su límite o con alguna otra
  limitación, el niño comienza inmediatamente a
  quejarse. No se puede razonar con él y puede llegar a
  gimotear durante horas.
- *Impulsividad.* Cuando se le niega algo, el niño se aleja
  corriendo, dice cosas hirientes o rápidamente arma
  algún escándalo. Por ejemplo, cuando está en el
  supermercado y le dice a su hijo que se acerque,
  rápidamente se aleja corriendo por el otro pasillo.
- *Peleas y violencia.* Las reacciones de enojo del niño
  cobran dimensiones físicas. Responde fácilmente a las
  provocaciones de peleas en la escuela, arroja objetos
  en el hogar, atormenta a un hermano menor cuando
  se siente frustrado.

Varios elementos comunes describen la reactividad en los
niños. En primer lugar, las respuestas de los niños son reacciones, no acciones, es decir: *su comportamiento está determinado
por alguna influencia externa y no por sus valores o pensamientos.*
Los niños que reaccionan están en un estado constante de
protesta frente a algo: la autoridad de un padre, tener que
postergar una gratificación o no desempeñarse tal como quisieran. No toman la iniciativa para resolver problemas, satisfacer sus necesidades ni ayudar a satisfacer las de los demás. En
cambio, dependen de otra fuerza motivadora que se encuentre a su alrededor.

En segundo lugar, las reacciones de los niños son por oposición, es decir, se oponen a algo. Actúan en *contra de aquello que no les gusta, pero no hacia aquello que desean o valoran*. Los límites reactivos de los niños están en actitud de protesta constante, como por ejemplo el niño que dirá que no a cualquier sugerencia de su padre respecto de qué comer en un restaurante. Los niños utilizan su libertad para disentir como un medio de frustrarlo a usted. La Biblia nos enseña que no nos mordamos ni nos comamos unos a los otros, consumiéndonos (Gálatas 5:15). La palabra *mordernos* es un término figurativo que significa "contrariar". La actitud de oposición ha sido diseñada para contrariar el deseo del padre de controlar a su hijo.

En tercer lugar, *los límites reactivos del niño no son impulsados por valores*. Un hito de la madurez espiritual y emocional es la capacidad de basar las propias decisiones en nuestros valores. Por ejemplo, nuestro valor más elevado es buscar el reino de Dios (Mateo 6:33). No obstante, por su propia naturaleza, las reacciones de los niños no provienen de la reflexión. De manera muy similar al reflejo automático que se produce cuando el médico golpea su rodilla con el martillo de caucho, las acciones del niño no pasan por elevados aspectos cognitivos ni basados en valores de la mente. Más de un padre se ha impresionado por cuán rápido puede correr un niño de tres años a una calle llena de automóviles en reacción a su llamado para que ingrese a la casa. Los niños actúan en forma espontánea e imprudente. Si los padres no les enseñan a tener dominio propio, los niños se vuelven como el hombre impetuoso de la Biblia: "El que fácilmente se enoja hará locuras" (Proverbios 14:17).

Límites reactivos: necesarios pero insuficientes

A estas alturas es posible que piense que los límites reactivos son nocivos para su hijo. Sin embargo, la realidad indica que ocupan un espacio en su desarrollo. Veamos cómo son.

Necesarios

A primera vista, lo que su hijo en realidad necesita resulta confuso. Los límites reactivos de los niños no son malos. A decir verdad, son necesarios para su supervivencia y crecimiento. Los niños deben tener la posibilidad de protestar frente a las cosas a las que se oponen, ante lo que no les agrada o les produce temor. Sin ellos, los niños corren el grave peligro de no poder valerse solos, y mucho menos de ser independientes y maduros.

Oponerse a lo malo constituye un límite fundamental para los niños. Necesitan la capacidad de "desechar lo malo y escoger lo bueno" (Isaías 7:15). Los niños no pueden retener y utilizar el amor que reciben a no ser que puedan evitar lo que es perjudicial para ellos. Poder protestar le ayuda al niño a definirse, a mantener dentro lo bueno y fuera lo malo, y a desarrollar la capacidad de asumir la responsabilidad de sus propios tesoros.

Los niños deben aprender a protestar cuando se encuentran en peligro. Un niño acosado por pendencieros en el patio de juegos debe gritar bien fuerte o correr en busca de ayuda. Un niño también debe protestar si sus necesidades no se ven satisfechas. El lactante de tres meses de edad grita llamando a su madre cuando necesita alimento o consuelo.

No obstante, no todas las cosas por las que los niños protestan son malas. La vida trae consigo muchos problemas y obstáculos que no son ni malos ni peligrosos. Por ejemplo, puede que su niño proteste porque usted se niega a comprarle un Nintendo 64, o porque no tiene la maestra que quería, o porque usted lo confina en su cuarto. Estos son problemas que básicamente el niño debe resolver. Puede que necesite hablar con alguien, defenderse, negociar, ceder, ser paciente o lamentarse. El niño necesita aprender este tipo de métodos para resolver problemas a fin de convertirse en un adulto maduro.

La protesta identifica el problema, pero no lo resuelve. Esta es la diferencia entre límites reactivos y proactivos. Si bien los límites reactivos señalan algo que debe tratarse, los límites proactivos arreglan algo que se ha roto. Por lo general, los límites reactivos son de naturaleza emocional e impulsivos y no requieren mucha reflexión. Los límites proactivos están basados en valores, en la reflexión y se centran en la solución del problema.

En un libro que trata acerca de cómo ayudar a los niños a controlar su comportamiento parecería absurdo apoyar que su hijo pueda protestar. Pero los niños que no cuentan con esta capacidad de protestar — los sumisos — por lo general suelen tener problemas en el transcurso de su vida. Algunos crecen dominados y manipulados por jefes, cónyuges y amigos más agresivos. Incapaces de decir que no a lo malo, se aprovechan de ellos. Otros desarrollan límites reactivos durante la adultez y atraviesan varios períodos turbulentos teniendo, a los treinta años, los berrinches de un niño de dos. Dios nos creó para que pasemos por varias etapas de crecimientos. A estos estadios no se los puede saltear (1 Juan 2:12–14). Y si los manejamos más o menos correctamente, nos conducen a la libertad y a la madurez.

Cuando mi hijo menor, Benny, tenía ocho o diez meses de edad, le daba de comer brócoli tamizado con una cuchara. Acababa de llegar de trabajar y todavía no me había quitado la chaqueta. Poco sabía yo que a Benny no le interesaba el brócoli. Pero a su manera, me lo hizo saber.

Benny no me informó en forma proactiva acerca de su aversión al brócoli. No levantó la voz y dijo: "Papá, no me gusta el brócoli. ¿Podemos negociar al respecto? ¿Podemos tratar de que yo obtenga mis nutrientes básicos en otro alimento que no sea el brócoli?" Hizo lo que muchos bebés hacen con el brócoli: lo escupió. Mi chaqueta fue el blanco de su límite reactivo. Esta experiencia — y muchas otras — ayudaron a Benny a hacerse cargo de sus sentimientos, experiencias y tesoros.

Los niños tienen límites reactivos por muchas razones. Se sienten impotentes y desvalidos, por lo tanto reaccionan. Tienen un carácter joven e inmaduro, de modo que no pueden posponer la gratificación y reflexionar sobre los conflictos. No tienen la capacidad de observarse ellos mismos y de observar

a los demás, por lo que rápidamente se encargan de la frustración, sin importarles las consecuencias.

Los límites reactivos conducen a actos maduros y fronteras
de amor, a través de una serie de habilidades y destrezas:

- El niño nace con temor y desolación. Teme ser herido,
  perder amor o morir. Tiene poca capacidad de
  ocuparse de sí y protegerse.
- El niño es sumiso por temor. Puesto que teme los
  efectos de su oposición, permite cosas que no desea,
  tales como que no se satisfagan sus deseos,
  frustraciones, la ausencia de sus padres y hasta malos
  tratos.
- Si es amado lo suficiente como para sentirse seguro de
  sus sentimientos, comienza a experimentar sanamente
  su ira respecto de lo que no le agrada o no desea.
- Establece sus límites reactivos y protesta con lágrimas,
  berrinches o armando un escándalo.
- Estos límites le permiten definirse e identificar los
  problemas que deben resolverse. Se siente libre de
  decir que no así como de decir que sí.
- Con el apoyo y la estructura de sus padres, el niño
  desarrolla límites proactivos, que se basan en niveles
  de motivación cada vez mayores (véase el capítulo 6),
  culminando en un altruismo divino: amar a Dios y a
  los demás (Mateo 22:37–40). No siente la necesidad de
  tener berrinches y no se siente desolado ni controlado.
  Él tiene el control de sí.

Insuficiente

Como observamos en la secuencia anterior, los límites
reactivos son insuficientes para una vida adulta exitosa. Protegen y ayudan a separar a su hijo de las cosas malas, pero la
reactividad es un estado, no una identidad.

Un motivo por el cual los límites reactivos son insuficientes es porque los niños que permanecen en dichos límites desarrollan la identidad de víctima. Como adultos, se sienten
controlados y maltratados por fuerzas externas, tales como

sus cónyuges, sus jefes, el gobierno o Dios. No consideran que pueden tener opción alguna, por lo tanto permanecen indefensos. Creen que la mayor parte de sus luchas en la vida provienen de afuera y no de su interior. Entonces, nunca podrán mejorar sus vidas porque *ningún problema que se origina fuera de nosotros puede ser en realidad resuelto.* La mayor parte de nuestro dolor proviene de nuestras propias actitudes confusas o de nuestra respuesta a las de los demás. Cuando comprendemos esto, somos libres de elegir.

El otro motivo por el cual los límites reactivos son insuficientes, es que los niños deben crecer para poder definirse por otros elementos aparte de las cosas que odian. Los límites reactivos únicamente sirven de ayuda a los niños para las cosas a las que se oponen. Aquellos que permanecen en la fase reactiva tienen dificultades para entablar y mantener amistades, para tener una buena relación con la autoridad, lograr objetivos y descubrir talentos, intereses y pasiones. Están tan preocupados por "estar en contra" que no pueden desarrollar el concepto de "estar a favor". Derek, por ejemplo, tenía problemas para entablar amistades porque se había ganado la reputación de estar en contra del trabajo en equipo, de las reglas y de la cooperación.

Si su hijo es sumiso y callado en todo, puede que tenga un problema. Al igual que mi hijo Benny, ¡no se deje vencer por un puré de brócoli! Es mejor que esto suceda ahora y no durante su matrimonio. Aliente a su hijo a que piense por sí, disienta y hable sobre sus sentimientos al tiempo que acepta su autoridad. La reactividad ayuda a que su hijo busque y encuentre sus propios límites. Pero una vez que los encontró, una vez que sabe qué cosas no le agradan, no es libre de dar rienda suelta a sus sentimientos buscando vengarse, evitando manejarlos o no haciéndose cargo de sus responsabilidades.

Límites proactivos

Durante las últimas temporadas de otoño he sido entrenador de fútbol de jóvenes. El primer día de práctica, conocimos a los niños y comenzamos a trabajar en habilidades y estrategias. Al cabo de pocos minutos puedo decir cuáles niños tienen límites reactivos y cuáles, proactivos. Por un lado, a los que tienen límites reactivos no les agrada recibir instrucciones, se pelean a golpes, se irritan con facilidad y se cansan de entrenar si no tienen un buen desempeño inmediatamente. Uno espera que mejoren durante la temporada. Por otra parte, los que tienen límites proactivos prestan atención, cometen errores y aprenden de ellos, y se expresan si no les agrada algo o si necesitan alguna ayuda. Un niño con límites reactivos, por ejemplo, se cansará y gritará que el entrenador es malo porque los hace trabajar demasiado. El que tiene límites proactivos le dirá al entrenador que necesita un descanso o le pedirá agua.

Los límites proactivos provienen de la maduración de los límites reactivos de un niño. A continuación describiremos cómo son los límites proactivos y la forma en que usted puede ayudar a su hijo a desarrollarlos.

Los límites proactivos van más allá de la identificación del problema hasta llegar a la resolución del mismo. Su hijo debe saber que al protestar, únicamente ha identificado el problema, pero no lo ha solucionado. Un berrinche no resuelve nada. Debe emplear sus sentimientos para que lo motiven a la acción, a fin de abordar el tema en cuestión. Debe pensar en sus respuestas y elegir la mejor que esté disponible.

Para ayudar a su hijo en esta tarea, use los límites reactivos que éste siente. Empatice con su enojo y su frustración, pero hágale saber que la única forma de terminar con el problema es que lo resuelva solo. Diga algo así como: "Sé que te enfureces cuando debes apagar el televisor para comenzar a hacer tu tarea. Trabajar no es tan divertido como jugar. Pero si te peleas conmigo por la televisión, estarás eligiendo no verla durante una semana, y no creo que eso es lo que desees. Entonces, ¿hay alguna manera de que me hagas saber que te sientes mal por dejar de ver televisión y, aun así, obedecerme?" Luego de varias pruebas, se convencerá por medio de la experiencia de que su posición en cuanto al límite es seria. Dígale que puede decirle de buen modo que detesta hacer la tarea. A estas alturas, por lo general el niño dirá, como norma: "Mamá, no soporto hacer la tarea", mientras se levanta del sillón y toma su lápiz.

Recuerde que su tarea no consiste en hacer que disfrute por dejar de ver televisión y hacer la tarea, sino en alentarlo a que asuma la responsabilidad de hacer lo correcto. Necesita sus propias opiniones y sentimientos para poder desarrollar su propia identidad. Algunos padres y maestros exigen: "¡Haz lo que yo quiero, y que te agrade!" Insisten en que el niño cumpla tanto con el comportamiento *como* con la actitud. Estas personas no toman en cuenta la experiencia del niño y se exasperan o lo desalientan (Efesios 6:4; Colosenses 3:21).

Los límites proactivos abarcan tanto lo que el niño detesta como lo que le agrada. Si bien los límites reactivos ayudan a que los niños identifiquen lo que "no soy" y lo que no les agrada, la madurez implica mucho más que esto. Los niños deben conocer tanto lo que son como lo que no son, lo que les encanta y lo que detestan. Cuando desarrollan sus amores, tales como estrechas amistades, pasatiempos, tareas y talentos, están impulsados y motivados por lo que es bueno y correcto. Dios mismo se define tanto por lo que aborrece (Proverbios 6:16–19) como por lo que ama (Miqueas 6:8).

Ayude a su hijo a desarrollar los aspectos "a favor" de los límites proactivos. Una situación en la que ha habido una cuestión respecto de los límites reactivos con frecuencia es un buen terreno para el aprendizaje. A medida que el niño se siente seguro protestando y expresando su desagrado, también puede estar más abierto a escuchar las enseñanzas de sus padres. Dígale a su hijo: "Comprendo que estés enojado por no poder salir con tus amigos esta noche. Pero creemos que es importante para ti que dediques determinada cantidad de tiempo a estar con tu familia y terminar tu tarea. No te estamos diciendo que no porque queremos ser malos contigo".

En una familia que conozco, Taylor, de siete años, estaba atravesando una lucha titánica de poder con su madre. Peleaba contra cada "haz" o "no hagas" que ella decía. Sus límites reactivos eran claros y coherentes. Finalmente, su madre fue a su habitación para hablar con él. Al abrir la puerta, una taza apoyada sobre el borde superior de la puerta se volcó, bañándola de la cabeza a los pies con leche.

Cualquier padre hubiera reaccionado furioso contra su hijo. En cambio, la mamá de Taylor dijo, con el rostro chorreando leche: "Hijo, esto es verdaderamente grave. Tendré que tomarme un tiempo para decidir qué va a suceder contigo. Ya te lo haré saber". Las siguientes horas fueron penosísimas para Taylor mientras esperaba en el limbo. Para entonces, la madre había llamado a su esposo y habían trazado un plan. Dicho plan incluía restricciones para el tiempo de Taylor — tales como nada de televisión, tiempos limitados de salidas y de amigos — y consecuencias tales como lavar la alfombra y aprender a usar una máquina de lavar ropa para poder limpiar la ropa de mamá.

Otro desarrollo permitió que los límites reactivos de Taylor avanzaran al nivel proactivo. Para evitar sentirse como el chico malo, bromeó con su padre acerca del incidente, diciendo:

— Papá, ¿no te pareció divertido?

Su padre le respondió, serio:

— No, realmente fue cruel, hijo. Fuiste muy lejos con tu enojo. No fue una buena actitud para con tu madre.

— Pero lo vi en un programa de televisión, y fue un buen truco.

— Taylor — dijo su padre con firmeza pero sin rigor. — En realidad no quiero hablar acerca de que tu comportamiento tuviera algo de gracioso. No lo fue.

Unas horas más tarde, su madre escuchó que Taylor le decía a su hermanita:

— No, Kelly, ¡no te rías! El truco de la leche no fue divertido. Lastima a las personas.

El límite de Taylor con Kelly era muy diferente del que había tenido con mamá. Estaba basado en el amor y era deliberado. Mediante algunas consecuencias duras de parte de mamá y algunos límites verbales de parte de papá, Taylor estaba metabolizando sus límites reactivos y sintiendo mayor empatía.

Estaba desarrollando una preocupación por los sentimientos de los demás.

Este cambio sucede con frecuencia luego de que uno empatice con un límite reactivo, sin ceder. Su hijo aceptará su frontera de amor y suavizará su dureza. A veces, los niños atraviesan por un período de "bueno como el pan" luego de un incidente como éste. Realizarán favores no solicitados u obedecerán sin resistirse demasiado. Si se ha apartado emocionalmente del niño o lo ha atacado, esta época puede ser un intento por volver a conectarse con usted. Pero si se mantiene la conexión con su hijo, puede que este comportamiento ocurra porque su hijo ha respetado el límite que le ha impuesto, se siente menos descontrolado y temeroso de sus propios impulsos, y más seguro. Esto lleva a un sentimiento de gratitud y calidez hacia su familia. Nuevamente, esa es la naturaleza de los límites proactivos.

Los límites proactivos significan que los demás no pueden controlar al niño. Los niños que tienen límites reactivos y que viven protestando siguen dependiendo de otras personas. Al igual que un "pinball", rebotan desde los padres hasta los hermanos y luego los amigos, quejándose del maltrato que reciben de otros. Sus sentimientos y acciones están motivados por lo que hacen o dejan de hacer los demás. Sin embargo, los niños con límites proactivos no están impulsados por el control de otras personas. Tienen lo que se denomina un centro de control interno, es decir, cómo ven la vida, sus decisiones y respuestas al entorno, están dictaminadas por sus propios valores y realidades internas.

Usted puede ayudar a que su hijo logre este importante aspecto de los límites maduros. Cuando se encuentre en su "modalidad de protesta" reactiva, recuerde validar sus sentimientos, pero manténgase firme en cuanto a sus límites o consecuencias. Luego diga: "¿Sabes?, cuanto más te pelees conmigo, menos tiempo tendrás para hacer las cosas que te agrada hacer. Entonces será hora de ir a dormir. Yo estoy dispuesto a dar por terminada la discusión si es que tú lo estás, y entonces puedes ir a jugar. ¿Qué te parece?" Si el niño no está preparado para detenerse, es porque piensa que usted no va a hacer lo que dice. No ceda y no continúe discutiendo. Plántese en sus opiniones. Finalmente, él se dará cuenta que *mientras él pasa todo ese tiempo reaccionando en su contra, usted está controlando su preciado tiempo.* Tener que irse a dormir sin suficiente tiempo para jugar lo ayudará a comprender el principio bíblico de la administración del tiempo. Aproveche al máximo cada oportunidad (Efesios 5:16).

Por lo general, el "niño sensible" lucha contra esta parte del crecimiento de los límites. Se siente fácilmente herido por la rudeza de los demás, ya sea real o percibida. Busca el consuelo de su madre, que se esmera por tranquilizarlo, luego sale y vuelve a sentirse herido. Cuando tiene edad suficiente como para ir a la escuela, los niños matones olfatean su presencia y arremeten contra él. Obtiene la reputación de ser un blanco fácil.

El niño sensible con frecuencia depende mucho de las reacciones de los demás y no de sus propios valores. Todo está bien en el mundo si todos son amables y están de acuerdo con él. Tiene el deseo infantil de lograr relaciones estrechas con todos, sin individualidad ni conflicto. Si su hijo presenta esta tendencia, debe ayudarlo a utilizar límites proactivos para obtener mayor control interno y liberarlo de su desdicha.

Mi amiga Jan tenía una hija con este problema. Brittany, de nueve años, llegaba siempre llorando a casa porque los demás habían sido crueles con ella. Jan lo verificó y, en ocasiones, los demás la trataban mal, pero a veces sólo hacían lo que en general hacen los niños. Luego de descubrir que darle mucha seguridad y aliento para resolver el problema con los amigos de Brittany no resolvía la cuestión, Jan y yo mantuvimos una conversación. Descubrimos que ella actuaba inconscientemente, no como la solución a las dificultades que atravesaba Brittany, sino como el problema.

Jan escuchaba con atención a Brittany mientras le hablaba durante horas y horas sobre cada pensamiento, sentimiento o acción que ella había vivido. Por más que Brittany hablara con ella durante todo el santo día, Jan la escuchaba con paciencia.

Si bien era agotador, ella pensaba que Brittany sólo necesitaba más tiempo de contacto. Pero su hija en realidad necesitaba mucho más tiempo para procesar sus sentimientos con mamá de lo que necesitaban sus hermanos.

La indulgencia de Jan hacía que Brittany fuera muy dependiente de la comprensión de su madre. Brittany no se sentía confiada y capaz de ocuparse de sí, puesto que Jan siempre estaba allí. Entonces, cuando sus amigos reñían con ella, Brittany no contaba con recursos internos en los que pudiera apoyarse. Se sentía no querida e indefensa. Se sentía controlada por sus amigos. Y, sin saberlo, estaba controlando a Jan, quien no mantenía límites respecto de su hija. Brittany no estaba controlando lo que era suyo (sus relaciones con sus amigos) y estaba controlando lo que no era suyo (el tiempo de Jan). Por lo tanto, Brittany permanecía reactiva.

Al darse cuenta de todo esto, Jan se sentó junto a su hija y le explicó: "Cariño, te amo, y me encantan los momentos que pasamos juntas. Pero no tengo tiempo suficiente para escuchar cada uno de tus pensamientos y sentimientos. Y quiero que también asumas la responsabilidad de tus propias emociones. Sé que puedes pensar por ti sola y manejarlas. De modo que de ahora en más, dispondré de veinte minutos por la noche para compartir contigo, y eso será todo, salvo que surja algún problema urgente que no pueda esperar. Así que asegúrate de contarme las cosas más importantes que deseas que yo sepa".

Obviamente, ese no era el único tiempo que Jan le dedicaba a Brittany, pero era el único tiempo verdaderamente estructurado. A Brittany no le agradó el cambio y puso a prueba el límite, pero Jan se mantuvo firme. Jan vio cómo gradualmente desarrollaba más confianza en sus amistades y derramaba menos lágrimas. Un par de veces, la pequeña llegó incluso a olvidarse de compartir ese tiempo con mamá porque estaba ocupada haciendo otra cosa. Brittany ya no estaba controlada por otras personas, al igual que su madre. Recuerde que "cada uno llevará su propia carga" (Gálatas

6:5). El antiguo dicho *"Si quieres corregir al niño, corrige al padre"* es muy sabio.

Los límites proactivos no se tratan de venganza y justicia, sino de responsabilidad. Los límites reactivos funcionan bajo la ley del "ojo por ojo". Si un niño empuja a otro, éste le devuelve el empujón. Este pago en especies está motivado por la justicia y la venganza. No obstante, los límites proactivos están más relacionados con motivaciones más elevadas, tales como la responsabilidad, la rectitud y el amor por los demás. Como enseña el Nuevo Testamento: "No paguéis a nadie mal por mal" (Romanos 12:17). Su hijo debe ocuparse de refrenar el mal en sí y en los demás, y no vengarse por ello. Esta tarea de pagar por el mal, que implica eliminar la necesidad de venganza, ya fue efectuada en la cruz (1 Pedro 2:24). Esto también incluye exigencias de equidad y justicia.

Apoyamos a los niños para que puedan ocuparse de sí. Por ejemplo, las clases de defensa personal pueden ayudar al niño a aprender a defenderse y a tener confianza en su capacidad de vincularse con otros niños. Empero, no apoyamos la idea de que cuando el niño está enojado, debiera entablar una pelea. Esto confunde los límites reactivos con los proactivos.

Los límites reactivos exigen una retribución. Muchos adultos belicosos, que hoy día no pueden mantener un trabajo o un matrimonio sin grandes peleas por el poder, no lograron elaborar sus posiciones reactivas en la niñez. No pueden dejar de estar apegados al agravio o a la ofensa y simplemente seguir adelante. Los límites proactivos funcionan de manera muy diferente. El niño que tiene límites proactivos no permite que se aprovechen de él ni que lo dañen, pero tampoco es un miembro de las Cruzadas que se enfrenta a cualquier pendenciero en el patio de juegos. Una buena manera de observar la diferencia sería: *Con límites reactivos, te peleas con el amigo que te molesta constantemente. Con límites proactivos, decides que no necesitas ese tipo de amigos.*

Las exigencias de justicia constituyen un problema para los padres. Cuando, por ejemplo, su hijo reacciona ante algún problema diciendo: "¡No es justo!", se sentirá culpable por no haber sido totalmente justo o bien se aliará con el niño en contra de un mal amigo o maestro. Esto mantiene a su hijo en una fase reactiva. Lo alienta a sentirse víctima y de alguna manera a esperar que el mundo sea justo. En cambio, dígale a su hijo: "Tienes razón, hay muchas cosas que no son justas. Y tampoco es justo que no actúe cuando a veces mereces un castigo. Tus necesidades son muy importantes para mí, pero la justicia perfecta no lo es. En esta familia, siempre y cuando estés bien, eso es suficientemente justo para ti". Esto ayuda al niño a concentrarse en tratar de satisfacer sus necesidades y no en juzgar al mundo por no ser justo con él.

Las destrezas que provienen de los límites proactivos

Los límites proactivos se aprenden con el transcurso del tiempo, se desarrollan como el oro fino del metal de los límites reactivos. Debe enseñarle a su hijo diversas destrezas que, junto con su actitud de protesta, le permitirán ser una persona con dominio propio y basada en valores. A continuación se enumeran algunas de ellas. Abórdelas hasta donde usted cuente con dichas destrezas. Si no las tiene, hágaselo saber al niño y trabajen juntos sobre ellas.

Aquí es importante tomar en cuenta los tiempos. No comunique estas habilidades mientras sigue librando una guerra. Espere hasta que su hijo pueda aceptar sus enseñanzas, cosa que por lo general sucede luego de varios ataques fallidos sobre los límites que usted ha establecido.

- **Esperar en lugar de reaccionar**. Cuando su hijo reaccione en forma instantánea con una protesta, hágale repetir la acción varias veces, hablándole cada vez, hasta que se dé cuenta de que no tiene que reaccionar. El niño que da un portazo cuando está enojado debe ver que es capaz de cerrar suavemente la puerta veinte o treinta veces, incluso cuando está furioso.
- **Observación**. Ayude a su hijo a convertirse en un estudioso de sí. Vuelva sobre el incidente, ayudándolo a ver otras realidades además de su frustración.

- **Perspectiva.** Su hijo necesita el aporte de ustedfrente a su enojo e ira. Piensa que sus sentimientos son la verdad máxima. Ayúdelo a ver sus sentimientos como sentimientos: desaparecerán. Ellos no siempre nos demuestran la realidad absoluta. Los sentimientos de los demás también son importantes.
- **Resolución de problemas.** Ayude a su hijo a buscar otras alternativas para solucionar su problema o satisfacer su necesidad. "Si Bobby no quiere jugar contigo, ¿por qué no intentas jugar con Billy?"
- **Realidad.** Ayude a su hijo a ceder y a negociar resultados que no son ni blancos ni negros. Debe comprender que no podrá satisfacer completamente sus necesidades, pero lo suficiente es suficiente. Tal vez no le toque representar el personaje principal en la obra teatral de la escuela, por ejemplo, pero la parte que le toca es buena.
- **Iniciativa.** Su hijo debe comprender que hasta que no sea proactivo respecto de un problema, siempre reaccionará frente al mismo inconveniente, sin llegar a ninguna solución. Escuche lo que dicen los programas de radio: ¿Por qué la gente se queja siempre de lo mismo? No refuerce la queja, impúlselo a que tenga la actitud de resolver los problemas.
- **Otras personas.** Si usted ha puesto lo mejor de sí y no sabe qué hacer, pregúntele a alguien en quien usted confíe. No sea un Llanero Solitario.

Conclusión

Los padres deben preocuparse por todo tipo de cuestiones. Debe preocuparse si su hijo nunca tuvo un berrinche. Pero también debe preocuparse si ha tenido demasiados y ha quedado fijado en una etapa reactiva. Desde una posición de amor y firmeza, puede ayudar a su hijo para que sus límites reactivos maduren hasta llegar a ser límites proactivos basados en el amor y la realidad, ayudándolo a asumir el control de su vida, de su carácter y de su moral: "Bienaventurado el varón que no anduvo en consejo de malos, ni estuvo en camino de pecadores, ni en silla de escarnecedores se ha sentado" (Salmo 1:1).

Si hay algo que destruye la sinceridad y el dominio propio en su hijo son los chismes, o lo que los psicólogos denominan triangulación. En el siguiente capítulo aprenderá a ayudarlo a exponer sus límites a la luz de un vínculo.

11

Me siento más feliz cuando soy agradecido

La ley de la envidia

Si alguno de los siguientes argumentos le suena conocido, usted ha tratado con situaciones de envidia:

"¡Pero Susie tiene uno!"

"Estoy aburrido."

"Estoy cansado de este juguete. Quiero este otro."

"No es justo. ¡Joey puede y yo no!"

Si tiene un hijo, ha tratado con situaciones de envidia. La envidia es la emoción humana más primaria, y hasta cierto grado, todos los seres humanos la sienten. Pero como ya habrá advertido, no todos los seres humanos poseen el *mismo* grado de envidia, ni tampoco este sentimiento rige la vida de todas las personas. Observe a los adultos que lo rodean y vea si puede reconocer cómo la envidia juega un papel importante en algunas de las personas más infelices que conoce. Las personas envidiosas:

- Anhelan tener cada vez más posesiones materiales
- Están cansadas de su cónyuge y quieren a alguien más excitante

- Son incapaces de sentir alegría y felicidad por las cosas que poseen
- Tienen la necesidad de hacer lo que hace su vecino
- Valoran excesivamente la posición social y económica, el poder y el dinero
- Se sienten constantemente insatisfechos con su trabajo o su carrera
- Tienen una actitud crítica hacia las personas que tienen poder, posición social, talentos, o cosas materiales
- Envidian a las personas que pertenecen a una clase superior a la de ellos
- Se sienten continuamente con derecho a recibir un trato especial y quieren que el mundo los considere "especiales"
- Sienten que están más allá de las críticas o de los cuestionamientos

No obstante, el aspecto más triste de la envidia, es el vacío que sienten constantemente las personas envidiosas. Nada es suficientemente bueno, nada los satisface. No importa lo que logren o reciban, es insuficiente o malo, y la plena satisfacción nunca está presente en su vida.

Si trasladamos esto a los niños, la envidia es el perpetuo "querer más". Si bien esto es normal hasta cierto grado, este problema debiera desaparecer a medida que el niño crece aceptando límites. El objetivo de este capítulo es el de enseñarle a transformar la envidia normal de la niñez en aceptación, gratitud y satisfacción.

Sentirse con derecho en contraposición a sentir gratitud

Sería muy difícil encontrar un solo rasgo del carácter que cause mayor desdicha en la vida de las personas. ¡Pero no sería complicado armar una lista de finalistas! Por cierto, una de las principales características destructivas de las personas sería la de "sentirse con derecho". Sentirse con derecho describe a la persona que siente que los demás le deben cosas o tratos especiales por el mero hecho de existir.

Quienes tienen este rasgo de personalidad creen tener derecho a algunos privilegios, a un trato diferencial, a cosas que poseen otras personas, a respeto, amor o lo que sea que deseen. Y cuando no obtienen lo que quieren, sienten que el que no se los otorga está "equivocado". Protestan como si fueran víctimas de malos tratos por parte de la otra persona, de la organización, de Dios o de quien sea que posee el objeto deseado. Llevan consigo un sentimiento de "usted debe" y siempre exigen algo de alguien.

En la adultez, estas personas con frecuencia se sienten con derecho a obtener ascensos en el trabajo, un aumento de salario o privilegios especiales que no se han ganado. En el matrimonio, critican a su cónyuge por no hacer lo suficiente por ellos o por no darles las cosas que creen necesitar. Luego de un tiempo, los empleadores y los cónyuges se cansan de las quejas y las culpas y, finalmente, de la persona.

Los niños sienten, en primer lugar, que tienen derecho a ejercer control. Quieren lo que quieren cuando lo quieren y protestan cuando no lo obtienen. Durante los primeros meses de vida, los bebés sí necesitan atención y cuidado inmediatos. Pero cuando lo reciben y crecen un poco más, el sentirse con derecho a todo y no adaptarse a las necesidades de la realidad y de los demás miembros de la familia, o de la sala de juegos de la escuela, se torna en un rasgo malsano.

Luego, los niños se sienten con derecho a no sufrir, a no trabajar ni a adaptarse a las reglas y a los límites.

Más adelante, los niños se sienten con derecho a tener lo que poseen los demás. De ahí las famosas palabras: "Pero a Susie le permiten ir, yo también debiera hacerlo" o "Pero Susie tiene uno, ¿por qué yo no?". "Si alguien más lo tiene, yo también debo tenerlo" es el sentimiento que llevan dentro de sí y que intentan imponer. No es inusual ver a un niño jugar feliz con un juguete, supuestamente divirtiéndose con él, hasta que ve algo que tiene otro niño. De repente, ese juguete se vuelve más deseable. Los niños envidian lo que poseen los demás, y lo que tienen ya no sirve más. Luego protestan cuando no logran tenerlo. Se sienten con derecho a eso.

El rasgo opuesto de la envidia y a sentirse con derecho a todo, es la gratitud. La gratitud proviene del sentimiento de recibir libremente las cosas, no porque las merezcamos, sino porque alguien nos ha favorecido con ellas. Sentimos gratitud basada en amor y apreciamos lo que recibimos. Pero lo más importante es que sentimos que "somos tan afortunados por tener lo que tenemos". Esto muestra un fuerte contraste con el sentimiento de envidia y de tener derecho a sentir "que nos están engañando por tener sólo lo que tenemos". La persona agradecida es feliz y plena de gozo; la persona envidiosa se siente desgraciada y llena de resentimiento. No hay cosa peor que estar cerca de una persona envidiosa y que se siente con derecho a todo. Pero hay pocas cosas mejores que estar cerca de una persona agradecida.

Los dos estados — la envidia y la gratitud — tienen muy poco que ver con lo que realmente recibe una persona. Están más relacionados con su carácter. Si usted da algo a personas envidiosas que se sienten merecedoras de todo, no representará ningún beneficio para ellos ni para usted. Simplemente ellas sentirán que finalmente les ha pagado lo que les adeudaba. Si da algo a una persona agradecida, esa persona se sentirá abrumada por lo afortunada que es y por lo bueno es usted. Los padres deben ayudar a que sus hijos trabajen sobre sus sentimientos de envidia, y que avancen a una posición de gratitud.

El problema de las dos mamás y los dos papás

Cuando los niños llegan a este mundo, sienten confusión sobre la naturaleza de sus vínculos. No piensan que están tratando con una persona. En su mente, hay dos mamás, no una sola. O dos papás, y no uno solo. Está la mamá buena o el papá bueno y también la mamá mala o el papá malo. El bueno es el que los gratifica. Cuando tienen hambre o sienten alguna necesidad, protestan, y la mamá buena viene y alivia su situación. Cuando se sienten gratificados, ven a esta mamá como "buena". Pero si no logran algo que desean, y mamá frustra su deseo, la ven como la mamá "mala". Es posible que recuerde esto en forma literal. No es raro que un niño escuche una negativa y diga: "Mamá mala". Esta división es algo universal.

Algunos adultos no han podido resolver este problema. Si hace lo que desean, son cariñosos y lo consideran una buena persona. Pero si les dice que no, lo consideran malo por el hecho de no darles lo que querían. ¡Por cierto es un gran pecado! Luego, si los gratifica, lo vuelven a considerar una persona buena.

El otro lado de la moneda es lo que sucede en el interior de los niños. Cuando ellos obtienen lo que desean, se sienten *con derecho* a lo que están recibiendo. Si se frustran, se consideran *víctimas* de la "mamá mala". Entonces, no sólo ven a dos mamás, sino que también experimentan dos "yo": el yo que tiene derechos y el yo despojado. Probablemente recuerde haber visto esto en niños muy pequeños. Cuando están contentos, están muy contentos, y cuando están enojados o tristes, están muy enojados o muy tristes.

Pero a medida que experimentan tanto la satisfacción de sus necesidades como la frustración que les producen los límites, lentamente fusionan ambas imágenes de ellos mismos y de los demás. Paulatinamente advierten algunas cosas sumamente importantes:

1. Siempre responden a mis necesidades
2. No todas mis necesidades y deseos son satisfechos
3. La misma persona a veces me da y a veces me priva: la persona que amo es la misma que odio
4. En ocasiones soy afortunado y, en otras, me siento frustrado

A medida que esta combinación de gratificación y frustración se produce millones de veces, los niños obtienen un sentido seguro de que el mundo "no es perfecto" en cuanto a siempre obtener gratificaciones, pero lo "suficientemente bueno" como para darles todo lo que necesitan. Lentamente dejan de lado su deseo por el "otro que siempre es bueno", que satisfará por completo todas sus necesidades, y finalmente aprenden a amar al que los ama y a la vez los frustra. Entonces deciden que las personas no son perfectas, pero suficientemente buenas. Los niños soportan tantas frustraciones como para sentirse agradecidos por lo que reciben, cuando descubren que no tienen derecho a todo lo que desean.

Para cumplir con este objetivo, los niños necesitan dos cosas importantes de usted: *gratificación* y *frustración*. Los que nunca reciben gratificaciones se hallan en un estado de necesidad constante y no sentirán gratitud jamás porque literalmente no han recibido lo suficiente. Este es el peligro de los sistemas de crianza que ponen un énfasis exagerado en privar al niño en sus primeros años de vida por temor a que el niño controle el hogar. *Los niños deben ver satisfechas sus necesidades a fin de desarrollar confianza y gratitud.* Como dice la Biblia sobre nosotros y nuestro Padre celestial: "Nosotros le amamos a él, porque él nos amó primero" (1 Juan 4:19). Primero necesitamos que nos den.

Pero los niños que nunca se frustran no logran comprender que no son el centro del universo, que no se les debe todo lo que desean y que los otros no existen sólo para satisfacer sus deseos. El equilibrio entre la gratificación y la frustración modera los extremos de la necesidad y el sentimiento de tener derecho a todo. Como dicen los Rolling Stones en su álbum *Let It Bleed:* "No siempre puedes obtener lo que deseas. Pero si en ocasiones lo intentas, es posible que descubras que obtienes lo que necesitas". El niño que experimenta frustración abandona la posición de que tiene derecho a todo lo que desea y que los demás deben actuar para él. Además, no se considera una víctima cuando se lo priva de algo, ni ve a los demás como malas personas cuando no hacen lo que él desea. Desarrolla una visión equilibrada de sí y de los demás.

Dar, limitar y contener

Para dar a su hijo un sentido equilibrado de sí y de los demás, usted debe gratificar necesidades y algunos deseos, y frustrar otros. Las tres habilidades necesarias para hacerlo son: dar, limitar y contener.

Dar

Dar consiste en la gratificación de necesidades y deseos. La gratificación más importante es la del amor, el contacto y el cuidado. Es el llanto del lactante que tiene hambre y se siente solo. Se lo debe atender, nutrir y también estar en contacto con él. Al recibir alimento y cuidados, calidez y seguridad, se conforman los elementos que construyen la gratitud. Gran parte de la envidia que sienten los adultos es un profundo anhelo por satisfacer necesidades, para que se ocupen de él a un nivel profundo.

Cuando son un poco más grandes, los niños deben ser consolados. Sus temores deben ser aplacados. Sus sentimientos necesitan comprensión. Su ansiedad por avanzar un paso más necesita aliento. La vida toma otra dimensión y deben saber que no están atravesándola en soledad. Sus gritos de temor necesitan ser gratificados con afirmaciones.

Cuando son más grandes todavía, se debe gratificar la necesidad de los niños de libertad, espacio, y algún control y opciones. Esta es la piedra fundamental de la independencia. Los niños desean tener algunas alternativas, y deben tenerlas. Quieren cierto espacio, y deben tenerlo. Desean cierto control, y también deben tenerlo. Aprender a desear lo que quieren y pedir lo que desean son habilidades importantes que necesitan para la vida. Deben sentir satisfecha esa necesidad (de libertad, espacio, cierto control y alternativas) para saber que es buena, que funciona y que el mundo quiere ayudarlo (es decir, que el mundo lo ayudará a satisfacer su necesidad).

Luego los niños querrán poseer cosas, tener actividades y recursos, tales como dinero y oportunidades, y desearán aprender y explorar sus habilidades y talentos. Esas necesidades requieren gratificación. A medida que crecen, por cierto deben asumir su parte para ganarse y proveer alguno de estos recursos, pero no deben frustrar sus habilidades ni sus talentos.

Más adelante, se produce una maduración de su independencia y libertad, que también deben gratificarse. Al ejercer responsabilidad y tomar buenas decisiones, deben aprender que serán recompensados, como lo enseña la Biblia: "Sobre poco has sido fiel, sobre mucho te pondré" (Mateo 25:21-23).

Los niños deben experimentar gratificaciones en todos estos rubros. A medida que van creciendo se incrementa su responsabilidad de obtener y usar estos dones de dinero, oportunidades y talentos. Pero deben saber que el mundo es un lugar donde pueden recibir cosas y realizar sus talentos y sueños. Al mismo tiempo, están aprendiendo que deben ser responsables y sabios. Como dijo Salomón a los jóvenes: "Anda en los caminos de tu corazón y en la vista de tus ojos; pero sabe que sobre todas estas cosas te juzgará Dios" (Eclesiastés 11:9). Del mismo modo, la traducción de la palabra hebrea "independizar" significa literalmente "haber recibido abundantemente". Los niños deben recibir "abundantemente" antes de ser "independizados" de por vida. Bríndeles amor, satisfaga sus necesidades de afecto, y proporcióneles oportunidades para crecer y las herramientas necesarias para llevar adelante las tareas de su vida.

Limitar

Limitar significa asegurarse de que los niños no obtengan demasiado ni reciban cosas inadecuadas. Limitar significa asegurarse, como hemos dicho anteriormente, de que su deseo de controlarlo todo no se vea gratificado. Además, limitar significa disciplinar y manejar sus opciones y consecuencias. Está relacionado con la forma en que usted pronuncia la palabra no y la convierte en realidad.

En los primeros años de vida, la fijación de límites juega un papel muy pequeño. Los lactantes ya se encuentran limitados por su existencia física. Necesitan mucho y no lo pueden pedir porque no saben hablar; no lo pueden obtener por sí solos porque no saben caminar. Los límites juegan un papel en esta etapa de la infancia cuando los niños pequeños ya han obtenido todo lo que necesitan y lo único que resta es que se duerman. La madre inteligente distingue el llanto de fastidio del llanto por necesidad. El fastidio conduce al sueño. Si se frustra una necesidad, dando lugar al sueño, se generarán problemas, que son el motivo por el cual recomendamos que durante esta etapa es preferible equivocarse en más que en menos.

Sin embargo, cuando el niño ya deambula, los límites están a la orden del día. Los deambuladores se mueven cada vez más y quieren cada vez un control mayor. Aprenden por primera vez qué son los límites cuando la palabra no en realidad comienza a tener significado. Descubren que no tienen derecho a todo lo que desean. Extienden la mano y escuchan "no" por primera vez. Están aprendiendo que no tienen control. Desean que usted permanezca con ellos, pero durante la noche, usted sale. Están aprendiendo que no tienen derecho a todo lo que desean sus corazones. Están aprendiendo los límites para controlar sus anhelos. Quieren dulces, pero no pueden obtenerlos. En ocasiones pueden tener una necesidad legítima, pero no logran satisfacerla por el solo hecho de desearlo. Puede que deban hacer algo para lograrlo, como por ejemplo pedir y emplear palabras en lugar de lloriquear o manipular.

Más adelante, quieren juguetes que no pueden tener. Quieren el más nuevo y el mejor, cuando el que ya tienen bastaría. (¡Piense en cómo se traduce esto en los gastos de las tarjetas de crédito durante la adultez!). Cuando escuchan un "no" y usted se mantiene firme en la negativa, están aprendiendo que el mundo no les va a dar todo lo que desean.

A veces los niños aprenden que objetivo y deseo puede ser una buena combinación, pero, aun así, usted no les da lo que desean. Se lo tienen que ganar. Los padres que les dan a sus hijos todo lo que desean y no les enseñan a ganarse las cosas que quieren obtener, están reforzando la idea de que tienen derecho a todo.

Además, sólo porque su hermano, su hermana o un amigo tenga algo, esto no significa que él lo obtendrá. Con frecuencia, los padres escuchan la protesta: "¡Eso no es justo! ", cuando los niños no obtienen lo que tienen otros. Nosotros decimos: "¿Y qué?". Así será el resto de su vida. Es preferible que lo aprendan ahora.

Durante la adolescencia, los límites se reducen, pero no en importancia. Los adolescentes necesitan cada vez más libertad, opciones y oportunidades para ser responsables, pero también necesitan límites claros y firmes para obedecer. Los años de la adolescencia son su última oportunidad para demostrarle a sus hijos que no tienen el control del universo. Si no aprenden esta idea de usted, la aprenderán por medio de la ley. Es mejor que la aprendan de mamá y papá. Toques de queda, límites financieros y obediencia a los límites respecto de qué se permite y qué no, son todas oportunidades para ponerle un límite al deseo del adolescente de controlar el universo y pasar por encima de todas las leyes.

Durante esta etapa, es necesario hacer grandes ajustes a las actitudes. Gradualmente, los adolescentes van ocupando la función de tutor y guardián de ellos mismos (véase el capítulo 1), y cuando comienzan a sentirle el gusto a la libertad, a veces la situación dista de ser agradable. Pueden llegar a ser presuntuosos, condescendientes y crueles. Unos buenos límites que establezcan cómo permite usted que lo traten les demuestra que no tienen el derecho de tratar a las personas de cualquier modo que se les ocurra.

En todo el espectro evolutivo, es importante ponerles límites a sus hijos para superar la envidia y el sentimiento de tener derecho a todo. No debe reforzar la idea de que tienen derecho a obtener cualquier cosa que desean, hacer lo que quieran o a tratar a las personas como se les ocurra. Si logran equilibrar buenos límites con gratificación, descubrirán que no son dueños del mundo.

A continuación se presentan algunos conceptos respecto de la función de los límites:

- Los límites empiezan en los primeros meses de vida cuando, al tener todas sus necesidades satisfechas, los lactantes, en ocasiones, experimentan la individualidad.
- Los límites se imponen formalmente en la etapa deambulatoria, cuando los niños aprenden que no son

los jefes de la casa, y dichos límites continúan hasta la adolescencia.

- Los límites enseñan a los niños que no tienen derecho a todo lo que desean, incluso si esos deseos son buenos. Tienen que poner empeño para lograr lo que quieren. Con el deseo no basta.
- Los límites enseñan a los niños que la vida no es justa, si es que para ellos "justo" equivale a "igual". Nunca tendrán lo mismo que todos los demás. Algunos tendrán más y otros menos que ellos.
- Los límites ayudan a que los niños aprendan que sus sentimientos no son la realidad absoluta.
- Los límites son importantes para poner de manifiesto la protesta del niño, de modo que los padres puedan empatizar con sus hijos y contener sus sentimientos mientras mantienen el límite.
- Los límites y la disciplina hacen que los niños vean su maldad, para que no piensen que son víctimas inocentes del universo.
- Los límites infunden confianza porque los niños descubren que pueden sobrevivir a la privación de algunos de sus deseos y aprenden a satisfacer algunas de sus propias necesidades.
- Los límites les proporcionan una estructura para saber cómo deben tratar a los demás. Los niños que han tenido fronteras de amor pueden fijarlos.
- Los límites los ayudan a experimentar duelo por lo que no pueden controlar, para luego reponerse y resolverlo.

No robe de límites a sus hijos. Caso contrario, cargarán de por vida con la pesada carga de creer que son Dios. Esa es una función en la que seguramente fracasarán.

Contener

Contener significa ayudar a un niño a trabajar sobre sus sentimientos respecto de un límite, para luego interiorizarlo como parte de su carácter. *Los límites en sí son demasiado crueles para que los empleen los seres humanos.* Como dice la Biblia, existen en hostilidad hacia nosotros cuando están presentes sin gracia (Efesios 2:14,15). Los límites parecen ser crueles, contrarios a uno, fríos. Ninguno de nosotros puede aplicarlos adecuadamente sin amor.

De modo que la contención agrega amor, comprensión y estructura a los límites con el objeto de que el niño pueda interiorizarlos. Cuando un niño se enfrenta a un límite, reacciona con enojo. Todos reaccionamos con rebeldía y furia cuando nos enfrentamos a un "no". Percibimos los límites como nuestro enemigo. Por lo tanto, protestamos de alguna manera.

Si se elimina el límite a causa de nuestra protesta, aprendemos que somos más poderosos que el límite. Hubiera sido preferible que no se hubiera impuesto ningún límite, porque intentamos jugar nuestro papel de Dios y triunfamos. Nuestro pensamiento de que tenemos el control fue reforzado. (Es preferible no tener ningún límite que tener un límite que no se hace cumplir.)

Si el límite se mantiene, el niño debe pasar a ser su aliado. El poder de permanencia del límite quiebra la presuntuosidad del niño, lo cual produce una herida profunda. Alguien debe convertir esa ira en tristeza, pesadumbre y resolución. Uno lo logra por medio del consuelo, del cuidado, de la empatía y de la conexión. Usted mantiene el límite al tiempo que empatiza con el niño:

- "Lo sé, cariño, es duro".
- "Estoy de acuerdo contigo, no es justo".
- "A mí tampoco me agrada no obtener lo que deseo".
- "Comprendo. De todos modos no puedes ir".
- "La vida es dura, ¿no?"

Estas frases empáticas le demuestran al niño que alguien está de su lado aunque el límite pareciera estar en su contra. Entonces, por medio de un proceso, puede utilizar el límite para aprender lo que tenga que aprender; el amor le ayuda a interiorizar el límite.

A estas alturas, a muchos padres les cuesta permitir que sus hijos se sientan heridos y enojados, y emplean la empatía como único antídoto. Evite las frases destinadas a hacer que usted se sienta mejor:

- "Esto me dolerá más a mí que a ti" (Ahora el niño no sólo tiene un padre que no le permite hacer algo que desea, sino que tampoco lo comprende).
- "Hago esto porque te amo y me lo agradecerás más adelante". (Al niño lo único que le importa es el presente).
- "No es tan terrible. Piensa en las cosas buenas que has podido hacer últimamente."
- "Sólo durará poco tiempo."
- "Deja de llorar o te daré motivo para que llores."

Lo que el niño más necesita en este momento es empatía y la comprensión de que la vida le juega una mala pasada. Esta combinación de amor y límites se convertirá en límites y estructura interna y dará por tierra con su sentimiento de que tiene derecho a todo. Recuerde que sus hijos están perdiendo más que aquello que deseaban. Están perdiendo su visión total de la vida. Están aprendiendo que no tienen el control. Tenga por seguro que por un tiempo detestarán esto.

Valor para ser odiado

El padre que no puede tolerar que lo odien no podrá proporcionar la realidad que el niño necesita para superar su sentimiento de tener derecho a todo. El amor y los límites son las virtudes más importantes que debe tener un padre. La capacidad de tolerar que lo odien y que lo consideren "malo" es la segunda virtud más importante de un padre. Dios, como el sumo padre, puede hacer lo correcto y adoptar una postura, sin importar lo que los demás piensen de él. Él ama, pero tiene sus normas y las mantiene, aunque no nos guste. Si no las tuviera, el universo se vería en problemas. Una de las grandes lecciones del libro de Job es que, independientemente de lo que Job pensara de Dios, Dios no lo atacó ni dejó de ser Dios. Lo mismo se aplica a los padres. Debe tener la capacidad de contener la protesta, mantenerse conectado, no contraatacar y seguir siendo el padre.

Cuando no se pronuncia la palabra "gracias"

La palabra "gracias" debe enseñarse en las primeras etapas de la vida. "¿Qué se dice, cariño?" es una pregunta que con frecuencia formulan los padres cuando el niño recibe algo. Los niños que son amados y disciplinados por lo general desarrollan la gratitud en forma natural, debido a los siguientes factores:

- Su sentimiento de tener derecho a todo se ve limitado por la disciplina.
- La disciplina en cuanto a sus rebeliones y transgresiones consiste en enseñarles que no son víctimas inocentes.
- Tienen que decir: "Perdón".
- Se los vuelve sumisos.
- Los padres actúan como ejemplo al decirle "gracias" al niño y al decírselo uno al otro.

Expresar gratitud es un aspecto muy importante del desarrollo. Si no surge naturalmente, se lo debe abordar. A un niño que no expresa gratitud se le debe hablar y poner límites. Está dando las cosas por sentado. Hágale saber que los demás no aprecian su conducta. No lo haga para que sienta culpa, sino utilizando la misma fórmula para compartir sus sentimientos y sus límites sobre el hecho de dar:

- "Si me das órdenes, obtendrás menos".
- "Si dices 'gracias', obtendrás más"
- "Haré algo más por ti cuando sienta que aprecias lo que ya se ha hecho".
- "No hago nada por nadie que no aprecie mi esfuerzo. Si a ti te da igual, me ahorraré el esfuerzo".
- "Parece que piensas que tenemos que hacer todo esto por ti. En realidad no es así, y si no te importa lo suficiente para demostrarlo, dejaremos de hacerlo".

Usted está expresando sus propios límites al no permitir que den por sentado las cosas que hace o da. Si realmente se siente un mártir, o una persona que ha sufrido mucho y merece lástima, asegúrese de tratar con ese sentimiento en primer lugar de modo que pueda hablar con su hijo sobre su comportamiento sin sentir culpa.

Distinguir entre la envidia y el deseo

Una de las cosas bellas de ser padre consiste en ayudar a su hijo a cumplir un deseo. ¡Qué maravilloso es poder ayudar a que un niño alcance una meta o logre algo que desea! El hijo de diecinueve años de un amigo mío recientemente se compró un automóvil, para lo cual trabajó y ahorró durante tres años. Todos los veranos trabajaba y ahorraba el dinero. Después de clases, trabajaba y guardaba su dinero. Durante todo ese tiempo, él y sus padres habían hecho planes y orado juntos, y finalmente llegó el día en que logró juntar el dinero suficiente.

El automóvil que adquirió era una camioneta deportiva que se adecuaba a todas sus actividades. Él tiene un ministerio para niños en la playa y también le gustan mucho los deportes. El vehículo se adecuaba a *su verdadera persona*. Este fue parte del motivo por el cual él y sus padres estaban tan empeñados en lograr el objetivo. Cuando lo hizo, fue un día glorioso de gratitud y celebración.

A otra adolescente que conozco le dieron un automóvil sin habérselo ganado y por motivos equivocados. No tenía nada que ver con la verdadera persona que era. Sus padres compraron el automóvil para satisfacer su propio ego y para que su hija estuviera a tono con los demás jóvenes de la escuela. En poco tiempo el auto había perdido valor para la muchacha y quería otro.

Un automóvil se compró en respuesta a un deseo que provenía de la profundidad de una verdadera persona, y el otro fue adquirido básicamente por envidia. Los padres harían lo correcto si establecieran qué deseos provienen de la envidia y cuáles son profundamente anhelados. Deje que los deseos envidiosos desaparezcan y ayude al niño a lograr aquellos que provienen de su corazón. Estos perduran más tiempo en el deseo y duran más luego de recibidos. Los que provienen de la envidia son lascivos, de naturaleza comparativa y de corta duración en cuanto a su capacidad de satisfacer al niño. Como dice Proverbios: "El deseo cumplido regocija el alma" (Proverbios 13:19). La lujuria siempre pide más y más.

Es su campo de juego

Cuando un niño observa el mundo que lo rodea y ve cosas que desea, esto puede ser positivo. Su deseo lo impulsa a trabajar. "El alma del que trabaja, trabaja para sí; porque su boca le estimula" (Proverbios 16:26). Cuando un niño observa sus capacidades, sus posesiones o sus habilidades y se siente triste por lo que le falta, esto también puede ser positivo. Su carencia lo motiva a actividades impulsadas por objetivos. De ese modo, aprende la diferencia entre la envidia y el deseo. El deseo lo impulsa a trabajar. La envidia se pudre dentro de uno.

Si usted tiene buenos límites y fronteras, sentirá empatía por los anhelos de su hijo, lo ayudará a planificar cómo alcanzar la meta y lo alentará. Si usted no cede ante la envidia de su hijo, le habrá enseñado una lección crucial para su vida: La falta de lo que desea es problema de él. Si no le agrada esta vida, debe persistir en orar a Dios y en trabajar con la mayor intensidad que pueda para mejorarla. Debe darse cuenta de que si invierte en sus talentos y los hace crecer, Dios participará y le dará más (véase la parábola de los talentos, Mateo 25:14–30).

El proceso de pensamiento en la persona que no está dominada por la envidia es el siguiente: "Veo algo allí afuera que quisiera tener; no me gusta mi situación actual. Este es mi problema. ¿Qué haré para llegar desde el punto *a* hasta el punto *b*? Es mejor que ore, que escuche a Dios, que evalúe qué me está impidiendo llegar allí y descubrir qué debo hacer para alcanzar esa meta".

El cambio clave que se ha producido en el niño es que sus deseos son problema suyo. Puede pedir ayuda, orar, aprender, trabajar o cualquier cosa que necesite hacer. Pero su carencia y la solución son su problema ante Dios. Nadie debe resolver los problemas por él. Si esto sucede, usted está criando a un niño que encontrará sus verdaderos deseos, recurrirá a Dios en busca de recursos, habilidades y talentos para alcanzarlos, y se extenderá hacia su comunidad para el aprendizaje y el apoyo que le hará falta durante el proceso.

La paradoja

La envidia es una enorme paradoja de la vida. Las personas envidiosas piensan que lo merecen todo, pero finalmente no obtienen nada. No son capaces de poseer, apreciar ni agradecer las cosas que tienen. Lo que ellos no poseen los posee a ellos.

La envidia es básicamente orgullo, sentirse que uno es Dios y que el universo le pertenece. Pero, como nos dice Santiago, finalmente el orgullo pierde: "Dios resiste a los soberbios, y da gracia a los humildes" (Santiago 4:6). Las personas humildes son aquellas cuyo sentido de derecho a todo ha sido quebrantado. Han sido humilladas, han recibido y se sienten agradecidos por lo que poseen. Con este tipo de actitud, lo más probable es que Dios y los demás les otorguen más. Esta es la paradoja. Los envidiosos quieren más y obtienen menos. Los agradecidos valoran lo que ya tienen, y reciben más.

Ayude a que su hijo se convierta en una persona humilde y agradecida. Pero recuerde que el emparedado de orgullo es un bocado difícil de tragar y sólo se puede lograr con la ayuda de una buena medida de amor. Luego, su hijo puede ocuparse activamente de resolver sus problemas, pero ese es el tema del siguiente capítulo.

12

Pongo en marcha mi motor

La ley de la actividad

Cuando yo (el doctor Townsend) me gradué de la universidad, trabajé un par de años en un hogar para niños en Texas. Niños de entre seis y ocho años que vivían en cabañas con padres sustitutos. Nosotros, los padres sustitutos cubríamos los turnos de los demás para que todos tuviéramos descansos durante la semana que habitualmente era muy agitada. Puesto que vivíamos muy cerca unos de otros, llegamos a conocernos bastante.

Como nuevo integrante del hogar, observé que había diferencias entre nosotros. Básicamente, había dos extremos. El tipo "mejor amigo" que deseaba más que nada que los niños lo quisieran. Dedicaba mucho tiempo a hablar con ellos y los llevaba a lugares divertidos en su automóvil. Le costaba mucho ser estricto, puesto que no quería poner en peligro la relación positiva que tenía con los niños. Cuando llegaba el momento de las inspecciones, su cabaña era siempre un desorden. Él mismo se ocupaba de quehaceres tales como lavar los platos, hacer la comida y limpiar la cabaña. Los niños eran agradables, amistosos y haraganes. Pasaban mucho tiempo en el sillón mirando la televisión.

El tipo "fanático por el control" ingresó como si fuera un instructor del ejército. Desde el primer día, ladró órdenes, estableció consecuencias aun antes de que se produjeran problemas y por lo general se relacionaba con los niños. Su cabaña siempre estaba limpia y prolija. Los niños protestaban mucho, pero hacían las tareas que él les indicaba. Una vez cada tanto, un adolescente se rebelaba y se escapaba. El resto era bastante activo y estaba muy ocupado.

Los mejores padres sustitutos eran los que no pertenecían a ninguno de los dos extremos. Se relacionaban bien con los niños y a la vez les otorgaban una estructura. La regla práctica del éxito era la siguiente: *Si el respeto se anteponía a la amistad, el resultado era la actividad. Si la amistad se anteponía al respeto, el resultado era la pasividad.* La amistad producía sentimientos positivos, pero también holgazanería. Cuando llegaba el momento de trabajar, los niños sentían gran resentimiento por sus padres sustitutos. Los padres sustitutos que imponían el respeto desde el principio obtenían más actividad por parte de sus niños. Luego, cuando se distendían un poco y hacían cosas divertidas, los niños los adoraban.

La Biblia enseña lo mismo acerca de nuestro propio crecimiento y del crecimiento de nuestros hijos. En primer lugar, somos egocéntricos y pasivos respecto de asumir responsabilidades. Necesitamos que la ley (los límites y las consecuencias) obtengan nuestra atención. La ley es para los transgresores (1 Timoteo 1:9). Entonces, cuando nos damos cuenta de que no somos Dios y que la pasividad nos traerá aflicción, nos dedicamos a trabajar sobre nuestra vida, y Dios nos otorga gracia para ayudarnos y brindarnos apoyo.

El don de la actividad

Uno de los más preciados regalos que puede darle a su hijo es ayudarlo a crear una tendencia hacia la actividad. Ser activo significa tomar la iniciativa, dar el primer paso. Un niño debe comprender que la solución a sus problemas y la respuesta a sus necesidades siempre comienzan en él y no en otra persona.

La vida requiere actividad para que podamos sobrevivir y tener éxito. El primer llanto de su hijo al nacer es algo que nadie puede hacer por él. Cuando escucha este llanto, recién entonces usted pasa a formar parte de este proceso y responde a su necesidad. A lo largo de toda la vida, la carga de la responsabilidad está puesta en el niño para que tome la iniciativa en la resolución de dilemas, si bien, especialmente en los primeros años de edad, es sumamente dependiente de quienes lo cuidan en cuanto a los recursos que necesita para vivir.

No confunda dependencia con pasividad. Hemos sido diseñados para ser activamente dependientes de Dios y de otras personas durante toda nuestra vida. *Por el mismo motivo, no confundimos actividad con autosuficiencia.* Las personas activas no intentan hacer todo por sus propios medios. La actividad significa hacer todo lo que uno puede hacer y luego buscar intensamente aquello que no está dentro de uno, para completarse. La Biblia enseña esto como una colaboración entre nosotros y Dios. Tenemos nuestras tareas y él tiene la suya: "Ocupáos en vuestra salvación . . . porque Dios es el que en vosotros produce así el querer como el hacer" (Filipenses 2:12–13). Su hijo debe manifestar activamente sus necesidades, protestar ante lo que no está bien, ser fiel en sus amistades, cumplir con sus quehaceres y tareas escolares y a medida que madura, gradualmente hacerse cargo cada vez más de la responsabilidad de su vida.

Los niños que son activos tienen una oportunidad ideal de aprender a responder correctamente a los límites. Al igual que un potro salvaje, utilizan su voluntad para corcovear rebelándose contra sus límites y consecuencias hasta que aprenden a prestar atención a otras realidades además de las suyas propias. En la vida, les tocará lastimarse algunas veces. Pero finalmente doblan sus rodillas ante la realidad de Dios y comienzan a aprender a dominar su agresión, manteniéndola dentro de límites aceptables y utilizándola para fines constructivos.

El don de la actividad que nos da Dios tiene muchos beneficios para su hijo. Lo ayuda a:

- Aprender, a partir del fracaso y de las consecuencias, a comportarse adecuadamente.
- Experimentar que a él le corresponde resolver sus problemas y necesidades.
- Desarrollar un sentido de control y dominio sobre su vida.
- Depender de sí para ocuparse de su persona.
- Evitar situaciones y relaciones peligrosas.
- Entablar relaciones para obtener consuelo y ayuda.
- Estructurar su amor y sus emociones de una manera que lo mantenga en contacto con Dios y con los demás en forma significativa y productiva.

La Biblia confirma esta Ley de la actividad una y otra vez. Debemos tomar nuestra cruz a diario (Lucas 9:23). Debemos ser diligentes (Proverbios 12:24). Debemos buscar su reino y justicia (Mateo 6:33). Debemos tocar a la puerta de Dios como lo hizo la viuda que necesitaba ayuda (Lucas 18:1–5). Debemos pedir lo que necesitamos (Santiago 4:2). Así como Dios mismo es activo, resuelve problemas y toma la iniciativa, nosotros, hechos a su imagen, también debemos serlo.

Las ventajas de los niños activos a veces resultan difíciles de comprender para los padres. Con frecuencia, cuando hablamos del tema de los niños y las fronteras de amor, una mamá pide que la ayudemos con su problema: "Fijé los límites de comportamiento respecto de mi hija. Pero ella continúa transgrediéndolos. ¿Qué hago?" La respuesta es: "Eso es lo que debe esperarse que suceda. Usted es la madre, y tiene una tarea que consiste en fijar los límites y aplicar las consecuencias con amor. Ella es la niña, y también tiene una tarea que consiste en poner muchas veces a prueba los límites con una actitud de agresión activa y de ese modo aprender acerca de la realidad, los vínculos y la responsabilidad. Es el sistema de capacitación divinamente ordenado".

El problema de la pasividad

La pasividad, o el hecho de ser estático o de no actuar a modo de respuesta, es lo opuesto a la actividad y la iniciativa. La pasividad en los niños constituye un importante obstáculo para el desarrollo de límites. Los niños pasivos se mantienen en una posición de suspenso en la vida, a la espera de algo o de alguien. *Cuando los niños son pasivos, ya no están aprendiendo a ser administradores de ellos mismos.* Están aprendiendo a otorgar el control a otra persona, alguien que actuará en lugar de ellos.

Los niños pasivos no son capaces de hacer uso del proceso intento-fracaso-aprendizaje que les enseña límites. Nunca están a la altura de las circunstancias. No fracasan, pero tampoco crecen. Por lo general son niños muy agradables, pero cuando uno está con ellos, es difícil comprender quiénes son en realidad. Con frecuencia, tienen dificultad para entablar amistades y encontrar aficiones y pasiones. Además, pueden ser fácilmente influidos o controlados por amigos más agresivos que ellos. Aceptan todo con tal de llevarse bien con las personas. No tienen "vida propia".

Siempre me entristezco cuando pienso en todos los niños que se deslizan por las grietas de la vida debido a su pasividad. Crecen, envejecen y mueren sin haber sido tocados ni haber tocado profundamente a alguien. Su pasividad los confina a vivir en una "dimensión desconocida". ¡Qué trágica manera de desperdiciar la vida!

La actitud pasiva no es una virtud, sino un defecto. La maldad crece ante la ausencia de límites activos. La persona pasiva es una aliada inconsciente del mal, por el hecho de no resistirse a él. El diablo está a la espera de oportunidades, que le son proporcionadas por las personas pasivas a causa de su pasividad (Efesios 4:27). A Dios no le agrada la persona que retrocede (Hebreos 10:38). En la parábola de los talentos, el amo se enojó con el siervo que sintió temor y no invirtió su talento (Mateo 25:24–28). Sin embargo, no hay que confundir pasividad con paciencia, que es un rasgo positivo, concretamente, se trata de refrenar nuestro impulso de hacer el trabajo de Dios por él (Santiago 5:8).

El mensaje de la Biblia sobre la actividad y la pasividad es, al decir de la Infantería de Marina de los Estados Unidos: "Una mala decisión es mejor que ninguna decisión". Por eso es que, en igualdad de circunstancias, los niños activos aprenden y maduran con mayor rapidez que los pasivos. Significa que el padre cuenta con mayor materia prima con la que trabajar.

¿Qué se puede hacer con un niño pasivo?

Los padres de un niño pasivo tienen un doble problema. Estos niños presentan los mismos problemas de límites de irresponsabilidad o resistencia a hacerse cargo, pero resulta más difícil que participen del proceso de aprendizaje. Estas son algunas de las formas en que los niños manifiestan pasividad:

- *Posponer.* El niño le responde en el último momento posible. Termina tarde sus tareas escolares y lo "hace" esperar en el automóvil hasta que está preparado para ir a la escuela o a otras reuniones. Cuando le pide que baje el volumen de la música o que ponga la mesa, un niño que normalmente tiene gran energía y se mueve con rapidez reduce su ritmo enormemente. Se toma muchísimo tiempo para hacer lo que no desea hacer y poco para hacer lo que sí quiere.
- *Ignorar.* Su hijo no presta atención a la orden que le da, ya sea simulando no escucharlo o simplemente haciendo caso omiso a lo que dice. Sigue prestando atención a su juguete, su libro o su ensoñación.
- *Falta de iniciativa y temor a correr riesgos.* Su hijo evita nuevas experiencias, tales como hacer amigos nuevos, probar algún deporte nuevo o alguna expresión artística, y se mantiene dentro de actividades y patrones conocidos.
- *Vivir en un mundo de fantasía.* Su hijo tiende a ser más introvertido que a participar del mundo real. Parece estar más feliz y vivaz cuando se pierde en sus

pensamientos y allí es donde se refugia ante la primera señal de problemas o de desagrado.

- *Desafío pasivo.* Mediante una mirada perdida o una expresión malhumorada, el niño se resiste a lo que usted le pide, y luego simplemente no hace nada. Es evidentemente que su autoridad la produce enojo o desdén, pero se lo demuestra sin palabras.
- *Aislamiento.* Su hijo evita el contacto con los demás, prefiriendo permanecer en su cuarto. En lugar de enfrentarlo, discutir o pelearse con usted, reacciona yéndose cuando usted le presenta algún problema.

Los niños pasivos no son malos ni malvados. Sencillamente tienen una forma particular de abordar la vida que les impide lograr autonomía, domino propio o destreza. Tampoco son de naturaleza similar todos los problemas de pasividad. Los niños tienen dificultades en este aspecto por diversas razones. A continuación presentamos algunas de las causas fundamentales junto con formas de poder ayudar a sus hijos pasivos a desarrollar la actividad necesaria para crear sus propios límites.

Temor

Puede que sus hijos no respondan debido a temores o ansiedades subyacentes que los paralizan y les impiden tomar la iniciativa. Un temor abrumador obliga al niño a tomar una posición de protección y defensa frente a los desafíos de la vida:

- *Cercanía.* Algunos niños sienten temor a estar cerca de otras personas y a ser vulnerables. Se muestran tímidos, reservados y torpes estando con otros niños. Evitarán las situaciones sociales donde se sientan expuestos. No adopte la postura de que esto se trata de un "estilo de aprendizaje" o un "tipo de personalidad". Si bien algunos niños son, por naturaleza, más tímidos que otros, aun deben aprender a vincularse con otras personas. Haga que la escuela, la iglesia, los deportes, el arte y otras actividades sociales sean una parte normal y esperada de la vida familiar. No se entrometa entre su hijo y sus conocidos, pero esté presente antes y después, para que pueda hablar acerca de su experiencia.

• *Conflicto.* Algunos niños participan activamente cuando todo anda bien, pero se vuelven temerosos y pasivos ante el enojo o un conflicto. Es posible que sientan temor a la furia de alguien o a sufrir un daño físico. No les prometa que nunca sentirán dolor. Pero asegúreles que, hasta donde usted pueda ayudar, no permitirá que los lastimen.

Normalice el conflicto y el dolor. Un amigo mío llevaba todas las semanas a su hija a clases de karate. Las primeras semanas se sentía avergonzado porque ella lloraba y se aferraba a su pierna al comenzar cada sesión. Pero le dijo: "Tienes que asistir durante tres meses. No tienes otra alternativa. Te traeré aquí ya sea que llores o estés alegre. Luego de tres meses, podrás decidir si quieres seguir viniendo o no". Al cabo de los tres meses su hija había obtenido un cinturón de mayor nivel y decidió quedarse. Enséñele a su hijo que el conflicto es algo normal y que puede superarlo.

• *Fracaso.* En esta época, muchos niños sufren por conflictos relacionados con el perfeccionismo. Temerosos de cometer un error, evitan tomar la iniciativa y, por lo tanto, reducen las posibilidades de fracaso. También pierden la oportunidad de aprender de sus fracasos. Nuevamente, normalice el fracaso y hágale saber que no está poniendo en riesgo el amor que siente por él. Usted mismo puede fracasar ante sus ojos, y reírse de usted.

Una familia que es muy amiga de la mía es una buena familia "que tiene fracasos". Cuando cenamos juntos, no escuchamos historias fabulosas de los logros de cada uno de sus miembros. En cambio, hablan de las veces que se arriesgaron y fracasaron en el trabajo o entorpecieron alguna amistad. Y los niños forman parte de la situación. El fracaso es su amigo.

Incapacidad para estructurar metas

El deseo y las metas ayudan a que los niños superen su inercia: "Pero árbol de vida es el deseo cumplido" (Proverbios 13:12). Cuando se enfrentan a un conflicto, los niños por lo general se hunden en actitudes pasivas. Estos niños no son haraganes. Más bien les cuesta razonar cuáles pasos dar para alcanzar lo que desean. Por lo general, su tolerancia a la frustración es baja. Es posible que se sientan abrumados por la tarea de realizar una investigación para preparar su primer trabajo escrito del semestre, por lo tanto, se dan por vencidos. O posiblemente den por terminada una amistad cuando surge un conflicto, prefiriendo permanecer en casa.

No rescate a su hijo de la tarea de aprender estructuras permitiéndole evitarlas. El hogar no debe ser un lugar donde el niño pueda ocultarse de la vida. Exíjale que aprenda destrezas y tareas en el hogar. Dígale que lo va a ayudar. Los quehaceres que presentan cierta complejidad, tales como cocinar, limpiar, hacer las compras, mantener el jardín, incluso reparaciones hogareñas le ayudarán a desarrollar confianza en su capacidad de desempeñarse. Luego, puede comenzar a trabajar sobre metas que le interesan al niño. ¡No hay nada que se compare a tener que escoger entre limpiar un horno y diseñar un proyecto de ciencias!

Expectativas de clarividencia

Un niño puede sentir que no debe pedir lo que necesita, debido a que supone que usted debiera saberlo antes de que él se lo pida. Se siente molesto cuando usted no le hace las preguntas adecuadas, se olvida de algo que él desea o no comprende por qué está triste. Esta es una señal que manifiestan los niños muy pequeños y los niños más grandes a quienes les cuesta separar su sentido del yo del de sus padres. Los lactantes necesitan una madre que pueda anticiparse a sus necesidades, pues de no ser así, su existencia peligraría. Pero a medida que los niños crecen, deben manifestar claramente sus necesidades.

Hágale saber a su hijo que realmente quiere ayudarlo a satisfacer sus necesidades y a solucionar sus problemas. Pero también dígale: "Si bien te amo mucho, no puedo leer tu mente. Si no empleas palabras y me dices lo que quieres, no obtendrás respuesta. Eso sería muy triste. Pero si haces el esfuerzo, haré lo que pueda por ayudarte".

Agresión en situaciones de conflicto

Algunos niños no son pasivos por naturaleza. Son agresivos en determinadas áreas y no responden en otras. Por ejemplo, un niño puede ser funcionalmente activo. Obtiene buenas calificaciones y es responsable en el hogar. Pero, sin embargo, puede ser pasivo en cuanto a sus relaciones y aislarse de los vínculos que lo sostienen. O incluso dentro del terreno funcional, puede que un alumno con excelentes calificaciones no levante un dedo para ayudar en su casa.

Estos niños cuentan con los ingredientes necesarios de actividad y afirmación, pero tienen dificultades para utilizarlos en determinados rubros. Necesitan de su ayuda para usar su propia iniciativa en los aspectos de la vida que les resultan conflictivos. No acepte la excusa de que: "Así soy yo". Madurar a imagen de Dios significa que debemos esforzarnos en todos los aspectos importantes de crecimiento y de la vida, y no únicamente en los rubros para los cuales hemos sido dotados de talento.

Aquí, la regla práctica es: "No obtendrás ningún privilegio hasta que no realices verdaderos esfuerzos en tus rubros problemáticos". Para ganarse el dinero de su pensión, permanecer despierto hasta tarde o mirar su programa favorito de televisión, el niño aislado de diez años debe invitar a una determinada cantidad de niños por semana a cenar o a patinar. La vida dictamina que, para obtener el postre, todos debemos aprender a comer nuestras verduras.

Pereza

A veces los niños son pasivos debido a una posición indolente frente a la vida. Puede que muestren interés — los niños que son agradables — pero tienen poca "ansiedad anticipatoria", la ansiedad que nos estimula a ir a trabajar, a ocuparnos de nuestros vínculos y a mantener nuestro automóvil. Para ellos, el futuro no presenta ningún temor. Saben que otra persona se hará cargo de cualquier problema que surja. Carecen del temor a las consecuencias.

En términos generales, en la raíz de la mayor parte de los niños haraganes hay un padre que lo ha permitido. En determinado nivel, usted está pagando por su haraganería. Tal vez no tenga conciencia de ello, pero es posible que no les esté exigiendo lo suficiente de acuerdo con su nivel de madurez y sus recursos. Proporcionarles una vida cómoda no les hace ningún favor en cuanto a prepararlos para el mundo real. Por ejemplo, ¿llevar adelante su hogar es un esfuerzo de equipo o un esfuerzo simbólico por parte de sus hijos? Los ingresos de ellos ¿están relacionados con el desempeño en la escuela y el hogar? No espere que su hijo se ofrezca voluntariamente para realizar estas tareas. Establezca el sistema y aplique las consecuencias correspondientes.

Una amiga mía proveniente de una familia adinerada me contó que ahora que tiene tres hijos, es una lucha lograr que ellos mantengan la casa limpia. Ella dijo: "Nunca pensé en estas cosas. Me quitaba la ropa en mi cuarto y la dejaba en el piso. Cuando regresaba a mi habitación, mi mucama ya las había ordenado. Pero ahora que tengo hijos, las prendas de todos permanecen en el suelo. Ojalá no hubiera tenido que aprender esto a esta altura de mi vida".

Es difícil ser un niño holgazán y a la vez un buen alumno, activo y responsable. Hable con otros padres y pregúnteles si piensan que usted está haciendo demasiado y su hijo, demasiado poco. Se sorprenderá al ver de cuánto son capaces los niños.

Recuerde que los niños serán tan pasivos como usted les enseñe a ser. Este dicho referido al crecimiento personal se aplica especialmente a los niños haraganes: *Nada sucede hasta que el dolor por permanecer igual es superior al dolor que ocasiona el cambio.* O, como dice la Biblia: "El deseo del perezoso le mata, porque sus manos no quieren trabajar" (Proverbios 21:25). Establezca hoy día límites y consecuencias respecto de la haraganería y evítele esta angustia a su hijo.

Tener derecho a todo

Una de las causas principales de la pasividad de los niños es su actitud de tener derecho a todo, una exigencia de que se lo trate en forma especial. Dichos niños sienten que merecen ser atendidos en virtud de su existencia. Esperan que los demás satisfagan sus necesidades y deseos y pocas veces agradecen lo que reciben, puesto que en su mente es algo esperado, dado el hecho de quiénes son.

Todos los niños tienen, en cierto grado, esta actitud. (Véase el capítulo 11 donde se trata este tema en mayor profundidad). Desde la Caída, los seres humanos han resentido la realidad de que no somos Dios y mucho hemos hecho para intentar cambiar esta realidad. Pero cuando usted cede a esta actitud de sus hijos, está criando niños que no están preparados para el mundo real. Pueden sentirse bastante desilusionados y tener dificultades para manejarse en el mundo o casarse con alguien que acariciará su ego y le servirá de escudo ante la verdad.

Cynthia, madre de Sean, de dieciséis años, ambos amigos míos, observó señales de pasividad en su hijo. Era bien parecido, su coeficiente intelectual era de aproximadamente 140 y tenía muchos amigos. Pero debió abandonar sus estudios no sólo en la escuela secundaria, sino también en la escuela profesional, a causa de sus inasistencias y su mal desempeño. Cynthia pensó que la pasividad de Sean se debía a que la escuela no le representaba un desafío y tal vez a su haraganería.

Para su gran sorpresa, la actitud de sentirse con derecho a todo floreció plenamente un día cuando menos se lo esperaba. Había perdido el autobús y necesitaba que lo llevaran a su nueva escuela. Para ello, Cynthia debió restarle tiempo a su trabajo. En el automóvil le comentó su preocupación sobre su pasividad crónica y cuánto le estaba costando a él y a toda la familia. Le dijo cuántas molestias le ocasionaba tener que llevarlo a la escuela. Sean repentinamente giró hacia ella y dijo:

— Oye, ¡tú debes llevarme! Yo soy el niño. Es tu tarea. ¡Me lo merezco!

Cynthia detuvo el automóvil y abrió la puerta del pasajero.

— Tú eres el niño — dijo — pero eso no significa que merezcas lo que se te da. Hablaremos cuando llegues a casa.

Pasmado, Sean bajó del automóvil y caminó el último kilómetro y medio hasta llegar a la escuela. Estaba furioso. Pero para cuando regresó a casa por la tarde, estaba dispuesto a hablar.

Cynthia lamentó haber cedido a su impulsivo enojo. Pero aunque su proceder puede no haber sido el adecuado, le ayudó a Sean a darse cuenta de que su actitud de creerse con derecho a todo había sido expuesto y que no le estaba dando muy buen resultado: un primer paso pequeño hacia la solución.

La solución de Dios para este tipo de actitud es la humildad: "antes bien con humildad, estimando cada uno a los demás como superiores a él mismo" (Filipenses 2:3). Su hijo debe saber que, si bien tiene necesidades legítimas, no tiene derecho a nada. A decir verdad, el peor de los destinos para cualquiera de nosotros es obtener lo que en realidad merecemos, puesto que todos hemos pecado (Romanos 3:23). Su hijo necesita cosas, al igual que todos los niños. Pero él mismo es responsable de proveerse de dichas cosas. Si la pasividad de su hijo se debe a que se siente con derecho a todo, deberá ayudarlo frustrando sus sentimientos de fatuidad al tiempo que satisface sus verdaderas necesidades. No se puede amar a personas "especiales", puesto que el amor requiere que se conozcan tanto nuestros defectos como nuestras virtudes. Sólo pueden ser admirados por sus virtudes. El niño debe ceder sus exigencias de admiración para poder ser amado.

No se exceda en elogios por una conducta requerida: "Lo que debíamos hacer, hicimos" (Lucas 17:10). En cambio, hágalo cuando su hijo confiesa la verdad, se arrepiente con sinceridad, se arriesga y ama abiertamente. Alabe el carácter que se

está desarrollando en su hijo al surgir como un comportamiento activo y responsable movido por el amor.

Aspectos clínicos

A veces la pasividad en la niñez puede ser un síntoma de
un trastorno emocional subyacente. Algunos tipos de depresión, por ejemplo, pueden hacer que los niños se refugien en
la pasividad para poder tolerar el dolor interno. Los problemas de drogas y alcohol también pueden conducir a funciones pasivas. Si sospecha de alguno de estos asuntoss, consulte
a un terapeuta con experiencia en niños de la edad de su hijo
y obtenga una opinión clínica.

Principios para desarrollar un hijo activo

Independientemente del hecho de que su hijo sea naturalmente pasivo, usted deberá cumplir una función en cuanto
a ayudarlo a ser alguien que va en busca de algo y que crece.
Usted es la solución principal para aplicar la Ley de la actividad. El niño no puede hacerlo solo, y aunque no valore sus esfuerzos, verá los beneficios en el desarrollo de su
personalidad. Esto es lo que puede hacer:

Conviértase en una persona activa, no sea sólo un padre

Un niño necesita interiorizar un modelo de alguien que
tiene vida propia. El padre cuya vida se centra alrededor de
sus hijos los está llevando a pensar que la vida se trata de convertirse en padre o en que siempre haya un padre que lo
atienda. Haga saber a su hijo que usted tiene intereses y
vínculos que no lo involucran a él. Viaje sin él. Demuéstrele
que asume una responsabilidad activa para satisfacer sus propias necesidades y resolver sus propios problemas.

Resuelva cualquier actitud que habilite la pasividad de su hijo

No confunda su amor con rescatar a su hijo de sí. Pregúntese y pregunte a las personas en quienes confía, si está exigiéndole a su hijo lo suficiente como para que crezca. ¿Está evitando establecer límites en los rubros académica, laboral, social, espiritual y de conducta de la vida de su hijo? ¿Teme tratar estos problemas debido a un posible conflicto? ¿Es su hogar un refugio en cuanto a la responsabilidad o un lugar de progreso y crecimiento?

Un profesional de cuarenta años amigo mío, que es padre y esposo, se vuelve un niño pasivo cuando va a visitar a su madre. Se sienta en el sillón y mira la televisión mientras su madre le sirve bebidas y emparedados. Cuando su esposa observó esta situación, comprendió por qué le costaba motivarlo en el hogar. Su nueva madre — su esposa — no estaba a la altura de la otra. Recuerde 2 Tesalonicenses 3:10: "Si alguno no quiere trabajar, tampoco coma". El amor y la gracia son gratuitos. Pero casi todo lo demás debe ser ganado.

Exija iniciativa y resolución de problemas

La tendencia de su hijo es dejar que usted haga todo el trabajo. Si lo hace, es su culpa. Comience a decir cosas tales como: "Lo lamento, pero esa es tu responsabilidad. Espero que resuelvas tu problema. Parece difícil, pero confío en ti". Muchos, pero muchos problemas pueden abordarse de este modo, en niños de cuatro a dieciocho años:

- "Mamá, ¿has visto mis zapatos?"
- "Oh, no, ¡perdí el transporte escolar!"
- "Me queda poco dinero de mi asignación semanal. ¿Puedes darme un préstamo hasta el viernes para poder ir al cine?"
- "¡Estoy tan furioso contigo por haberme castigado!"
- "Lamento llegar tarde, ¿qué hay de cenar?"
- "Mañana debo entregar mi trabajo en la escuela y no sé tipear."

Como podrá ver, usted puede evitarse muchas horas y mucha energía con la respuesta: "Es tu responsabilidad". Tal vez su exceso de actividad haya incrementado enormemente la excesiva pasividad del niño. Ayudarlo a tomar la iniciativa para que lleve el peso de su propia carga refuerza su carácter y lo hace madurar. Además, lo ayuda a no hacerse cargo de más cosas que las que Dios pretendió para usted.

Enséñele a su hijo a relacionarse

Uno de los frutos de la pasividad es que no sólo evita que su hijo resuelva problemas, sino que no puede recibir los buenos recursos que Dios diseñó para ayudarlo a vivir su vida. Por lo general, los niños pasivos evitan los vínculos, puesto que están a la espera de que otra persona realice lo que ellos deben hacer, o no desean pedir ayuda.

Ayude a su hijo a entender que los vínculos son la fuente de muchas cosas:

- Consuelo ante el dolor emocional
- Sentirse amado interiormente en lugar de sentirse solo o mal
- El combustible para tener una actitud de seguridad y tener apoyo a lo largo de la vida
- Información para solucionar problemas
- Estructura para el crecimiento

Enséñele que la relación se presenta sólo para quienes piden activamente. No lo persiga con el juego: "¿Qué te sucede?", "Nada". En cambio, diga: "Parece que tienes un problema, pero esperaré que me pidas que te ayude". Conozco a un padre que se dio cuenta que formaba parte de este juego. Advirtió que persiguiendo a su hija de diez años no la estaba ayudando. Entonces, la siguiente vez que la notó triste, dijo las palabras que mencionamos anteriormente. Ella pasó de largo mientras el padre leía el periódico y gimoteó en voz baja. Él siguió leyendo. ¡La niña caminó literalmente doce veces alrededor de la silla! Finalmente, se dio cuenta de que no se iba a entablar la relación hasta que ella diera el primer paso.

Dijo: "Papá, estoy triste por algo que me ocurrió en la escuela". Y sólo entonces su padre pudo ayudarla con amor.

Haga que la pasividad resulte más dolorosa que la actividad

Con frecuencia, los padres apoyan la pasividad de los niños, ya que parecería que les ocasionan menos problemas que los niños activos y, además, le da más tiempo al padre para ocuparse de sus otros hijos. Pero no permita que su hijo se sienta cómodo en ese papel. Corre el riesgo de perderse en el desorden. Hágale saber que usted prefiere los errores activos a la pasividad. Dígale: "Si haces un intento y te sale mal, te ayudaré lo más que pueda. Si no lo intentas, te seguiré amando, pero estarás solo". Elogie y recompense al niño cuando intenta poner la mesa y derrama todo. Pero si evita hacer la tarea, esa noche se pierde el postre.

Deje transcurrir el tiempo necesario para que se desarrolle el proceso

Los niños que luchan contra su pasividad suelen necesitar más paciencia mientras avanzan hacia una vida activa. Han dedicado gran parte de su vida temiendo y evitando riesgos, fracasos y sinsabores. Sus aspectos relacionados con la seguridad propia le resultan sospechosos y no los perciben como útiles para su vida.

No espere que su hijo se convierta en una máquina de resolución de problemas de la noche a la mañana. Recompense los pequeños avances, aunque luego se repliegue. Por lo general, llega un momento en el que, si el proceso está funcionando correctamente, los aspectos seguros del niño pasarán a estar más integrados. Al igual que un motor en marcha, su nivel de actividad se incrementará. Recuerde cuánta paciencia debió tener Dios con todos los pasos que usted dio, y sea bondadoso: "Que alentéis a los de poco ánimo, que sostengáis a los débiles, que seáis pacientes para con todos" (1 Tesalonicenses 5:14).

Conclusión

Su hijo necesita que usted sea el agente que, con amor y límites, provoque que salgan a la luz sus aspectos activos. Se opondrá y se enojará con usted. Pero al igual que el ave hembra que sabe cuando empujar al pichón fuera del nido, utilice su experiencia, su criterio y la ayuda de Dios y de otras personas para ayudar a su hijo a tomar la iniciativa para hacerse cargo de su propia vida.

En el siguiente capítulo, al tratar sobre la Ley de la exposición, aprenderá cómo ayudar a su hijo a ser directo y claro respecto de sus propios límites en lugar de ser presa de los chismes y de padres que compiten entre sí.

13

Lo mejor es ser sincero

La ley de la exposición

Yo (el doctor Cloud) puedo aún recordar lo que sucedió ese día, cuando tenía ocho años. Cometí un gran error, pero en ese momento no lo sabía. Pensé que me estaba vengando de mi hermana, que en esa época tenía dieciséis años. Las oportunidades de venganza eran pocas y distantes unas de otras, y no iba a permitir que esta se me escapara.

Sharon y su amiga estaban haraganeando en la sala, cuando una de ellas arrojó un almohadón y rompió una lámpara. Rápidamente pensaron en cómo arreglarla de modo que no se notara que la habían roto. Pensaron que se habían salvado. Poco sabía mi hermana que tenía un hermano sociópata con un plan.

Cuando mi padre regresó a casa, no pude esperar para contarle lo que habían hecho. Le dije que habían roto la lámpara y él me pidió que le mostrara. Lo conduje a la sala, sin saber que Sharon y su amiga aún estaban allí. Me habían atrapado. Allí estaba mi padre, preguntándome acerca de la lámpara rota, y también estaban ellas, mirando cómo sellaba mi destino de correveidile. No recuerdo cómo actuó mi padre con ellas, pero todavía puedo recordar lo que me hicieron ellas a mí, y no fue algo bonito.

Tuvieron que transcurrir años hasta que llegara a entender el principio implícito en este incidente. Pero ese día, comprendí la realidad: *Cuando se hace algo a espaldas de otro, es de esperar que se produzcan problemas en la relación.*

Uno de los principios más importantes al relacionarse con otros es la comunicación directa y la franqueza total respecto de cualquier cosa que esté sucediendo en la relación. Nunca le había dicho a mi hermana lo que yo pensaba respecto de lo que ella había hecho, no le di la oportunidad de confesar su acción ni me preocupé demasiado por averiguar si planeaba contárselo a papá cuando ella lo decidiera. Mis acciones estaban impulsadas por dos motivaciones primordiales: quería vengarme de mi hermana y temía ser directo con ella. Era lo suficientemente tonto como para pensar que podía hacerlo sin que ella lo supiera y sin tener que lidiar con su enojo.

Desde que me gradué como psicólogo, he aprendido mucho sobre lo destructiva que es la comunicación indirecta. Sucede de la siguiente manera: tengo un problema con la persona *a* y se lo cuento a la persona *b*. Ahora tengo tres problemas: el primero es el problema que le conté a la persona *b*, el segundo es que la persona *b* ahora tiene sentimientos respecto de la persona *a* que *a* desconoce y el problema final es que la persona *a* descubra que le conté a *b* y se sienta traicionada por mí.

El pariente de esta dinámica ocurre cuando la persona *a* me cuenta algo sobre la persona *b* y luego se lo cuento a *b*. B está enojada con *a*, y *a* no sabe por qué. Luego, *a* está furiosa conmigo por haberle contado a *b*, o bien niega haberme dicho tal cosa.

La Biblia habla mucho sobre este tipo de comunicaciones indirectas de la verdad y también sobre el valor restaurador de la comunicación directa. Esta es una muestra de qué siente Dios acerca de nuestra falta de sinceridad al comunicarnos:

> El que encubre el odio es de labios mentirosos; y el que propaga calumnia es necio.

> Proverbios 10:18

Razonarás con tu prójimo, para que no participes de su pecado.

Levítico 19:17

Cuando yo dijere al impío: De cierto morirás; y tú no le amonestares ni le hablares, para que el impío sea apercibido de su mal camino a fin de que viva, el impío morirá por su maldad, pero su sangra demandaré de tu mano.

Ezequiel 3:18

Por lo cual, desechando la mentira, hablad verdad cada uno con su prójimo, porque somos miembros los unos de los otros . . . Ni deis lugar al diablo.

Efesios 4:25–27

Ser indirectos en nuestra comunicación puede hacer que parezcamos tontos, que formemos parte del problema, puede hacernos responsables de la existencia de dicho problema y llevarnos a caer en la trampa del diablo al enterrar enojo y contiendas.

Además de estar en contra de la comunicación indirecta, Dios también tiene mucho que decir respecto de la importancia de la comunicación directa en las relaciones y en cuanto a resolver cosas con otra persona.

Por tanto, si tu hermano peca contra ti, ve y repréndele estando tú y él solos; si te oyere has ganado a tu hermano.

Mateo 18:15

Por tanto, si traes tu ofrenda al altar, y allí te acuerdas de que tu hermano tiene algo contra ti, deja allí tu ofrenda delante del altar, y anda, reconcíliate primero con tu hermano, y entonces ven y presenta tu ofrenda.

Mateo 5:23,24

Mejor es represión manifiesta que amor oculto

Proverbios 27:5

La comunicación directa es la mejor manera de andar por la vida. Pero muchas personas no tratan de esa manera a los demás. En cambio practican el esquive (ignoran a la persona o al problema), la triangulación (incorporar a un tercero), o los pasan por alto.

La Ley de la exposición dice que es mejor vivir la vida a la luz, es decir, que las cosas son mejores al descubierto, aun cuando se trate de cosas negativas. Sean buenas o malas noticias, debemos conocerlas. Los conflictos o rencores quiebran la conexión entre dos personas, y la relación sólo puede restaurarse mediante una comunicación sincera.

Esto no significa que debamos manifestar cada cosa insignificante que nos moleste. De todos modos, la mitad de las veces, es posible que la irritación sea problema nuestro. Pocas cosas fastidian más que la persona que siempre dice: "Debemos hablar". Como nos dice Proverbios: "La cordura del hombre detiene su furor, y su honra es pasar por alto la ofensa" (Proverbios 19:11).

Pero cuando se violan los valores o alguien se siente lastimado o se comporta de manera inaceptable, el hecho de ignorar, evitar o triangular, ocasiona más problemas en el vínculo.

Además, las personas deben comunicar activamente sus necesidades, deseos, anhelos y sentimientos. Los niños que son tímidos o pasivos para pedir lo que necesitan, deben recibir ayuda para aprender a tomar la iniciativa y pedir lo que desean (véase el capítulo 12). El niño retraído que quiere que lo noten o desea ser consolado, necesita aprender cómo comunicar esos sentimientos de manera activa al relacionarse con otros.

Ahora observemos algunos principios que ayudarán a sus hijos a ser abiertos y sinceros al relacionarse con otros.

Regla número 1: Viva usted mismo la Ley de la exposición

Hace poco estaba visitando a un colega en su casa y su hijo de doce años parecía estar sumamente ocupado con la aspiradora levantando las cosas que había dejado por toda la casa y llevando la ropa al cuarto de lavado. Nunca lo había visto tan trabajador, de modo que le pregunté qué estaba pasando.

— Creo que estoy en problemas dijo. Por eso estoy aseando. Tal vez de eso se trate.

— ¿A qué te refieres con "Tal vez de eso se trate"?

— Cuando mamá estaba hablando por teléfono, me di cuenta de que estaba en uno de esos días. De modo que debo ser cauteloso.

— ¿Qué hiciste? — pregunté.

— No lo sé. Pero sé que algo hice.

— ¿Y cómo lo sabes?

— Pues, se nota. No es la misma de siempre.

Resultó que su madre estaba molesta, pero no con él sino con su esposo. Pero, lo triste de todo esto era que el niño vivía la situación con gran ansiedad pensando que había hecho algo, sin saber de qué se trataba. Pensé que esto era muy triste, de modo que le pregunté a su padre al respecto.

Me contó que su esposa no le pedía a la gente en forma directa lo que deseaba y no les decía qué cosas habían hecho mal. Como resultado de eso, cambiaba toda la atmósfera del hogar. Todo lo que podían saber era que estaba "en uno de esos días". Era cuestión de ellos descubrir quién había hecho qué.

Este comportamiento le estaba enseñando a su hijo modelos muy perjudiciales. En primer lugar, se sentía inseguro respecto de su propia conducta. No sabía cuándo estaba haciendo las cosas bien o mal. En segundo lugar, no era libre para amar. Estaba demasiado ocupado preocupándose por los sentimientos de su madre y teniendo que hacerse cargo de sus estados de ánimo y de la comunicación indirecta. En tercer lugar, estaba observando e imitando patrones de comunicación que finalmente serían perjudiciales para su capacidad de entablar buenas relaciones.

La forma en que se comunican los padres, tanto entre sí como con sus hijos, es el punto de partida para la Ley de la exposición. Sea un modelo de lo que desea que aprendan sus hijos. Cuando esté molesto o tenga un conflicto con ellos, hágalo saber, con amor, pero sincera y directamente.

Regla número 2: Manifieste el límite en forma clara

Un niño no puede desarrollar una personalidad estructurada en un hogar donde las reglas y expectativas no están claramente definidas. Cuando tenga expectativas y reglas para sus hijos, asegúrese de que ellos lo sepan. Esto le brindará oportunidades para "momentos de enseñanza".

Estos se producen cuando tanto los padres como los niños cumplen con su tarea. La tarea del padre consiste en fijar la regla. La tarea del niño, en quebrantarla. Entonces, el padre corrige y disciplina. El niño vuelve a quebrantar la regla y el padre se ocupa de aplicar las consecuencias y de ofrecer la empatía que luego convierta a la regla en realidad y en estructura interna para el niño.

Pero la capacitación no se logra si no es clara. El proceso se derrumba. Asegúrese de que sus hijos sepan qué significa obrar mal, para que usted pueda enseñarles cómo hacer lo correcto. Como dice la Biblia, la ley es un tutor que nos demuestra que somos transgresores (véase Gálatas 3:24). Lo mismo se aplica a los niños.

Regla número 3: Alivie sus temores y convierta la comunicación en algo seguro

El motivo principal por el que no nos comunicamos en forma directa es el temor. En general, hay dos temores que nos impiden ser sinceros: el miedo a perder el amor y el miedo a las represalias. Tememos que si somos sinceros respecto de nuestro enojo o nuestras heridas, la otra persona se apartará de nosotros o se enojará. Además, los niños piensan que su enojo es mucho más poderoso de lo que en realidad es, que tiene el poder de destruirlo a usted. Deben aprender que usted es más fuerte que sus sentimientos, por tanto, ellos también podrán aprender a ser más fuertes que sus propios sentimientos.

Estos dos temores son universales. Pero se ven reforzados en aquellas familias donde los temores se concretan. Trabajé con muchos adultos que, cuando estaban al borde de ser sinceros respecto de algo que sentían, se replegaban a causa del pánico y del temor que se apoderaba de ellos. En efecto, esta dinámica se encuentra en las raíces de muchos de los problemas de depresión y ansiedad en los adultos.

Como padre, puede curar en su hijo esta enfermedad universal, o bien reforzarla. Observe el cuadro de las siguientes páginas donde se muestran ejemplos de cómo puede reforzar o curar el temor.

Los principios básicos de esta regla son:

- Todos los sentimientos son aceptables, y expresar lo que uno siente es bueno.
- Sin embargo, la expresión de estos sentimientos tiene ciertos límites. Por ejemplo está bien decir: "Estoy enojado contigo", "Te odio", pero "Eres un idiota" no está bien. Tampoco es aceptable golpear y arrojar objetos.
- Primero empatice para establecer una conexión. Contenga, acepte y ame los sentimientos del niño, y luego trate de comprenderlo.
- El dominio propio es el elemento más importante. Los niños en esta etapa están fuera de control y necesitan su estructura.
- Cuídese de separar el amor de los límites. Sea amable y cariñoso, pero manténgase lo suficientemente firme para hacerles saber que sus sentimientos no lo han destruido ni lo han alejado de él.
- Deposite su orgullo, su ego y su narcisismo en otra parte. Las reacciones provenientes de estos factores reforzarán los temores más primarios de sus hijos.
- Luego del conflicto, produzca un momento de acercamiento, aunque sólo se trate de comunicar su afecto. Esto les permite saber que el vínculo es seguro aun en situaciones de conflicto.
- Exprese los sentimientos con palabras. Los niños son responsables de sus propios sentimientos. Ponerles palabras les agrega estructura y los hace más pequeños que la realidad fundamental. Si nombrar y

explicar nuestros sentimientos, sólo serán eso: sentimientos. Dejan de ser realidades globales. Sentirse triste no es lo mismo que sentir que se acaba el mundo.

Incidente	Cómo reforzar el temor	Cómo curar el temor
El niño se enoja ante un límite.	• Enojarse con él. • Atacar su expresión de enojo. • Hacerlo sentir culpable por su furia. • Ignorarlo. • Actuar devastado por cómo le afectaron sus sentimientos. • Compararlo con niños buenos.	• Empatizar con el enojo. • Empatizar con la frustración de enfrentarse a un límite y perder su deseo. • Ayudarlo a expresar en palabras su enojo. • Ser dulce y cariñoso, pero firme. • Mantener el límite. • Limitar la expresión que ataque o sea inapropiada (más tarde cuando haya pasado el enojo).
El niño está molesto por algo que usted le hizo.	• Demostrar que está herido por la situación. • Decirle algo como: "¿Cómo te atreves a cuestionarme?" • Hacerlo sentir culpable. • No demostrarle amor. • Enojarse y abrumarlo.	• Empatizar con el dolor que está sintiendo su hijo. • Escuchar con atención y abrirse a la retroalimentación del niño respecto de cómo se comportó usted. • Ayudarlo a poner en palabras aquello que no le agradó respecto de lo que usted hizo. • Si en realidad actuó mal, hágase cargo y discúlpese. • Pídale que le haga saber si lo vuelve a hacer. (Esto le hace saber que su queja fue tomada en serio.) • Si usted no hizo nada malo, diga que lo entiende, pero que en realidad no sabe en qué se equivocó, pero agradézcale por decírselo.

Incidente	Cómo reforzar el temor	Cómo curar el temor
El niño se siente herido por la vida.	• Dígale que deje de gimotear y llámelo "llorón". • Dígale que deje de llorar o le dará un motivo para que llore. • Búrlese de él. • Compárelo con su hermana o con un amigo. • Dígale "afeminado".	• Empatice con la forma en que se siente. • Bríndele comprensión y consuelo. • Ayúdelo a expresar en palabras el dolor y el incidente. • No se apresure demasiado a corregir o a explicar la realidad. Eso puede ocurrir con frecuencia luego de que se hayan aplacado las emociones. • Exíjale que trabaje sobre su problema con su amigo. No se convierta en un amortiguador entre el mundo y él, consolándolo y permitiéndole evitar los conflictos con los demás. • Empatice y comprenda, pero no gratifique el deseo de su hijo de utilizar la herida como excusa para no retomar su vida ni cumplir con sus requisitos. • La expresión es algo bueno; replegarse de la vida no lo es. En algún momento, la antigua advertencia de "vuelve a montar el caballo" es un buen consejo.

- Mantenga los consejos fuera de la interacción hasta que sepa que sus hijos han tenido oportunidad de lidiar con sus sentimientos. De otra forma, no lo escucharán.

- El principio guía fundamental es el siguiente: *Nuestro vínculo es más fuerte que este conflicto, este sentimiento o esta experiencia.* Nuestra conexión y afecto permanecerán una vez que este conflicto sea cosa del pasado.

Regla número 4: No refuerce la falta de expresión

Estaba tratando a Susie, una niña de cuatro años, por su depresión infantil y sus traumas. A los padres de Susie les preocupaba su retraimiento gradual hacia un mundo de fantasía. En ocasiones, sus sentimientos eran heridos por algo que yo decía en nuestro juego, o ella sentía algo y no lo expresaba. En esos momentos, se apartaba de mí y jugaba únicamente con los juguetes. Pero al mismo tiempo, yo veía que estaba observando qué iba a hacer yo. También podía sentir su impulso de cambiar de estado de ánimo.

Cuando esto sucedía en su casa, su madre le preguntaba a Susie qué sucedía. Ella no lo decía y su madre hacía alguna suposición acerca de qué cosa mala había ocurrido y luego le daba algo a Susie. "Pareces estar triste. Vayamos a buscar una galleta".

Un día decidí abordar directamente los sentimientos de Susie, y me sorprendió la pelea que tenía entre manos.

— Susie, pareces callada. ¿Qué te sucede? — pregunté.

— Nada — dijo.

— No te creo.

Se encogió de hombros.

— Creo que me quedaré sentado aquí hasta que me lo digas — dije.

— Bien. ¿Puedo irme ahora?

— No

Lo que sucedió después fue un intenso intercambio. Yo no le permitía irse, y ella estaba cada vez más enojada. Luego advertía lo que estaba haciendo, se daba cuenta de que estaba revelando sus sentimientos e intentaba volver a su posición estoica. Pero yo no le permitía que se fuera. Estaba decidido a mantener el límite hasta que uno de nosotros envejeciera y se muriera.

— Me quedaré aquí sentado hasta que me hables, — le dije y simplemente permanecí mirándola.

Finalmente, comenzó a lagrimear, sin llorar realmente.

— Pareces estar triste — dije.

Comenzó a llorar más. Mientras lo hacía, la consolé y surgieron las palabras. Me contó las cosas horribles que le habían ocurrido.

Ese día, se construyó un puente entre su mundo interno bloqueado y yo. Pero lo más importante es que experimentó la exigencia de que fuera sincera y directa sobre sus experiencias en lugar de actuar en forma pasiva y desear que alguien viniera a rescatarla. Sus padres pronto aprendieron la forma de solicitarle que fuera directa y sincera, y sus patrones cambiaron.

Por lo general, los niños retraídos y desafiantes tienen miedo. Si uno mantiene una actitud de dulzura y amor, pero al mismo tiempo sin ceder a su falta de expresión, les hará saber que usted está del lado de su temor y dolor, pero no del lado de su manera de lidiar con ellos. "Usa tus palabras" es una frase útil para muchos padres de niños pequeños que tienen dificultades de expresión. El comportamiento de un niño no cambiará de un día para el otro. Recuerde los dos ingredientes: demostrar afecto y solicitar comunicación.

En mi ejemplo, esperé todo el tiempo que fuera necesario y el límite de no permitirle que se fuera finalmente rompió el silencio. Sin embargo, a veces tendrá que ser más activo para conseguir que brote el sentimiento. Es de ayuda interpretar el silencio o hacer preguntas. "Parece que ahora estás furioso". "Parece que ahora te sientes triste". "Creo que estás molesto conmigo". También es útil simplemente continuar pidiéndoles que le hagan saber qué los está perturbando y solicitarles que expresen sus sentimientos.

Otros niños se comunican mediante acciones, tales como berrinches, gritos, insultos y huidas. El truco consiste en no permitir esta forma de expresión y en alentar la comunicación oral. "Quiero saber qué sientes, pero quiero escucharlo de tu boca en lugar de que me lo demuestres de otro modo".

Regla número 5: No se interponga

Como dijimos antes, la triangulación consiste en poner a otra persona en medio en lugar de tratar directamente con la persona con la que tenemos un problema. No permita que sus hijos lo coloquen en esa posición. Una gran oportunidad para eso es cuando un hermano cuenta chismes sobre el otro. Otra oportunidad es cuando un niño está teniendo un conflicto con uno de sus padres, pero se lo cuenta al otro, o le pide algo a la madre y ella le dice que no y luego le pide lo mismo al padre.

En general, salvo en casos en los que resulte peligroso, los niños deben tratar de solucionar sus propios conflictos. Permítales que lo hagan. "No sé por qué me lo cuentas a mí. Debes resolverlo con tu hermano. Es con él con quien estás furioso". O: "Ve a solucionarlo primero con tu hermana. Si entre los dos no pueden llegar a un arreglo, entonces tal vez yo hable con ustedes". Haga todo lo que pueda para que el conflicto quede entre *ellos* de esta manera aprenderán las habilidades necesarias para resolver problemas.

El mismo principio se aplica al padre o a la madre. Si lo considera seguro, haga que los niños hablen con él o con ella. Si tienen conflicto con amigos, deje que lo resuelvan ellos. Esto es lo que deberán hacer a lo largo de la vida. Es correcto hablar con ellos acerca de cómo se resuelve un conflicto, pero exigirles que lo hagan es muy importante. Lo mismo se aplica a los problemas en la escuela y con otras autoridades. Por cierto, también hay momentos para reunirse y hablar sobre el tema. Pero tome todas las medidas necesarias para que sus hijos resuelvan los problemas que tengan con la escuela u organización. Si mamá y papá siempre están presentes para hablar con las autoridades y "arreglar" el problema, el niño se sentirá perdido cuando su primer empleador no esté conforme con su desempeño.

Regla número 6: Enséñeles a utilizar palabras relacionadas con los límites

Nos resulta difícil saber qué decir cuando tenemos conflictos con otras personas. Con el tiempo, aprendemos cómo expresarnos, pero es una buena idea enseñarles a sus hijos qué decir e incluso hacer una dramatización de cómo dirán las cosas a los demás cuando deban establecer límites. Están tratan-

do con presión de sus pares, niños dañinos y personalidades
fuertes en el patio de juegos. Si están preparados, les irá mejor. Los siguientes son algunos ejemplos de herramientas con
las que debemos equiparlos:

- "No." Y basta. Enséñeles cómo decirlo.
- "No, eso me hace sentir incómodo."
- "No, no quiero."
- "No, no lo haré."
- "No, mis padres no me lo permiten."
- "No, Dios no quiere que haga eso."
- "No, he aprendido que no se tocan las partes privadas
  de otras personas."
- "No, no me gustan las drogas. Matan a las personas."

Estas palabras suenas simples y hasta trilladas. Pero algunos niños deben conocer las palabras con antelación y practicar cómo emplearlas. Haga la dramatización con ellos, o
encuentre algún lugar o grupo que conduzca este tipo de re-
fuerzo de límites.

Condúzcalo a entablar relaciones con los demás

El límite máximo es el amor. La conexión entre nosotros y
Dios es la red que sostiene la vida. La verdad que vivimos y comunicamos proporciona esta conexión, y el amor su estructura.

En última instancia, todo tiene que ver con nuestras relaciones con otros. Como dijo Jesús: todos los "límites" del
mundo pueden resumirse en estas dos leyes: "Ama a Dios"
y "Ama a tu prójimo como a ti mismo". Por este motivo, su
hijo debe aprender a volcar sus sentimientos, temores, pensamientos, deseos y sus demás experiencias en sus relaciones con otros. Y si estos conflictos están asociados con una
persona en particular, deberá resolverlos con dicha persona
siempre que sea posible.

Las relaciones sanan, brindan consuelo y estructuran
nuestra experiencia. Debemos aprender que el amor que necesitamos es mayor que lo que sentimos y que la única manera
de descubrirlo es volcar lo que sentimos en la relación que

establecemos. Sea el tipo de persona con quien sus hijos puedan aplicar esta situación. Dígales que lo hagan con los demás. Y se sentirán mucho menos temerosos tanto respecto de sus experiencias como del amor en sí.

Parte 3

¿Cómo implementar los límites con nuestros hijos?

14

Arremánguese

Seis pasos para implementar
los límites con sus hijos

Ya sea usted un padre, un pariente, un maestro o un amigo de un niño, esperamos que haya podido comprender algo respecto de la importancia de ayudar a los niños a desarrollar sus propios límites y respetar los de los demás. Sin embargo, no basta con la preocupación y el discernimiento, si bien son necesarios. Si coloca este libro sobre una mesa o bajo la almohada de su hijo, no le sacará demasiado provecho. Llegó el momento de poner manos a la obra.

En este capítulo aprenderá seis etapas para implementar los límites con sus hijos. Sin embargo, debe comprenderlos dentro de un contexto. Este capítulo no tiene ningún valor si usted mismo no está fijando límites. Como hemos mencionado repetidas veces, los niños necesitan algo más que un padre que hable sobre límites. Necesitan un padre que *sea* dichos límites. Esto significa que, ante cualquier situación que surja, usted responderá a su hijo con empatía, firmeza, libertad y consecuencias. Así es como Dios maneja a sus hijos, y él es nuestro modelo.

Gran parte de la tarea de los padres consiste en responder a las solicitudes o problemas de los niños:

- Decir que no a sus exigencias para obtener cosas que no debieran tener
- Abordar los problemas escolares que ellos le comunican
- Resolver conflictos de poder con usted o sus hermanos
- Solucionar temas de tardanza y desprolijidad
- Ayudarlo en los problemas que tiene con sus pares
- Tratar con temas peligrosos, como alcoholismo, drogas, sexo o pandillas

Sin embargo, con frecuencia resulta útil contar con una estructura en mente para abordar en forma proactiva los problemas de límites con sus hijos. Los pasos que describiremos más adelante le ayudarán a evitar derrochar tiempo y energía en distracciones mientras intenta descubrir qué hacer a continuación.

Recuerde que no está estableciendo una sociedad con un par. Se está preparando para luchar contra alguien que no está para nada interesado en cooperar con usted. ¡Pero nadie dijo que el hecho de ser padre fuera una forma de volverse popular!

Entonces, por un lado, no comience este proceso pidiéndole permiso al niño o asegurándose de que él apruebe el plan. Por otra parte, no lo inicie en forma reactiva ni autoritaria. Algunos padres se han permitido atrapar por la falta de estructura de sus hijos. Luego, cuando advierten que tienen permiso para estar a cargo, les cuesta mucho reponer el tiempo perdido. Hacen sentar al niño y le hacen una seria advertencia, cometiendo el error fatal de decir: "A partir de ahora, esto es lo que harás y esto es lo que no harás".

El aplicar límites con los niños no es cuestión de "obligarlos" a hacer algo. Las personas que se ven forzadas a hacer algo no tienen la libertad para tomar decisiones maduras ni morales. Se trata más de estructurar la existencia de su hijo de modo que experimente las consecuencias de su comportamiento, llevándolo así a ser más responsable y compasivo.

Etapa 1: Ver las tres realidades

Es necesario que usted acepte tres realidades. En primer lugar, *realmente hay un problema: su hijo no es perfecto.* Puede que esta realidad se manifieste levemente, requiriendo que haga una sintonía fina de conductas o actitudes; o puede manifestarse a lo grande, con la participación de la policía. Pero todos los niños son pecadores por naturaleza. Esa es nuestra condición humana. A algunos padres les cuesta esta primera etapa. Niegan el comportamiento de sus hijos. Racionalizan problemas genuinos. La respuesta insolente pasa a ser un simpático comentario humorístico. La haraganería se convierte en fatiga. La tendencia a la intrusión pasa a ser fogosidad. Si otra persona le ha dado este libro y usted no sabe por qué, pregúntele a sus cinco amigos más sinceros y vea qué respuestas obtiene. Como se dice habitualmente: "Si alguien le dice que usted es un caballo, dígale que está loco. Pero si se lo dicen cinco personas, ¡cómprese una montura!"

Los padres racionalizan los problemas del niño por muchas razones. Algunos lo hacen para evitar sentimientos de culpa. Otros no quieren ver desafiado su propio perfeccionismo. Algunos creen que hacen sentir víctimas a sus hijos. Otros no quieren sentirse avergonzados. Y algunos no quieren pasar por el esfuerzo que significa disciplinar. Los padres deben considerar la posibilidad de que pudieran estar sacrificando el bienestar del niño a fin de proteger su propia comodidad y bienestar. Dios nunca negó nuestro comportamiento alocado, y pasó por la máxima incomodidad para dar una solución al problema. Sea un padre.

Una vez admitidos los conflictos, la segunda realidad es que *el problema no es en realidad el problema.* El comportamiento o la actitud que lo enloquece a usted no es el dilema. Es el síntoma de otro asunto, que en muchos casos es un problema de límites. El comportamiento de su hijo puede estar impulsado por algo quebrado o que falta desarrollar en su carácter. El síntoma es un alerta del problema interno. No reaccione simplemente ante el síntoma, pues si lo hace sólo garantizará mayores dificultades más adelante. Con frecuencia, en situaciones de crisis, los padres tienen una reacción de reflejo condicionado, y una vez resuelta la crisis, abandonan su tarea. Un niño sin límites presentará síntomas hasta que desarrolle dichos límites.

Estos son algunos ejemplos de conflictos que no son en realidad el problema:

Problema externo	Problema de límites
Malas calificaciones	Falta de preocupación ante las consecuencias
Control sobre otros niños	Falta de respeto por los límites de los demás
No escucha las órdenes	Falta de temor a las consecuencias
Actitud desafiante	Falta de límites respecto de sentir que tiene derecho a todo

La tercera realidad que deberá aceptar es que *el tiempo no lo cura todo*. Muchos padres evitan abordar los problemas de límites porque alguien les dijo: "Espere que se les pase. Ya crecerán". Por cierto crecerán. Pero ¿cuántas personas de cuarenta y dos años conoce usted que son cada vez mayores y siguen sin tener límites? El tiempo sólo es el contexto para la curación y no el proceso de sanidad en sí. Las infecciones requieren algo más que tiempo para curarse; necesitan antibióticos.

En efecto, al evitar tratar los problemas que tiene su hijo usted le otorga al diablo mayores oportunidades para impedir su desarrollo (Efesios 4:27). El tiempo es un factor necesario pero no suficiente para el desarrollo y la reparación de límites. También necesita grandes cantidades de amor, gracia y verdad para su hijo. Involúcrese en el proceso de reparación. Con la acción del tiempo solamente, las cosas no mejoran sino que se estropean aun más.

Etapa 2: Conéctese

Asegúrese de conectarse con relaciones buenas y de apoyo, además de su cónyuge. El hecho de ayudar a su hijo con límites finalmente le permite crecer emocional y espiritualmente, pero el crecimiento nunca se produce en el vacío. Esta tarea es agotadora y frustrante, hasta puede enloquecerlo. La información no basta. Necesitará mucho amor y ayuda de los demás.

Muchos padres pierden la batalla de los límites simplemente porque fueron desgastados por un niño que se resiste activamente y que comprende que está a punto de perder, por lo cual presenta todo tipo de obstáculos. Usará su ingenio para lograr que usted se sienta injusto o hiriente. Pondrá a prueba, hasta las últimas consecuencias, sus realidades y la determinación que usted tenga. Si se sienten solos, con responsabilidades laborales y matrimoniales, los padres bajan los brazos y dicen: "Tú ganas". Pero si usted cuenta con personas que no lo acusen, que lo acompañen en los momentos difíciles y lo hagan sentirse responsable por hacer lo correcto, podrá mantenerse firme. Si lo pudiera hacer solo o con su cónyuge, probablemente a estas alturas ya lo hubiera logrado.

Encuentre o forme un grupo de apoyo para padres, un estudio bíblico que trate temas relacionados con límites, o un grupo de vecinos. Utilícelo para intercambiar sugerencias, secretos, técnicas, victorias y fracasos. Puede que desee utilizar el libro de trabajos prácticos *Boundaries with Kids Workbook* para que sirva de estructura en la experiencia del aprendizaje. Nuestra iglesia cuenta con un grupo para padres cuyos hijos tienen la edad de los nuestros. El pastor de este ministerio es muy vulnerable en lo que respecta a sus propias luchas como padre. Él ayuda a destacar que el hecho de *no* tener problemas es algo políticamente incorrecto. Los padres negadores salen frustrados y eso es lo que necesitan. Los padres normales salen aliviados al saber que no están locos y que hay esperanza.

"En la multitud de consejeros hay seguridad" (Proverbios 11:14).

Etapa 3: Desarrolle sus límites personales

Antes de comenzar a predicar límites a su hijo, póngalos en práctica en su vida. Los niños son increíblemente capaces de percibir el engaño. No han estado en este mundo lo suficiente como para mentirse acerca de lo que ven. Saben cuándo usted está actuando de manera hipócrita u ordenándoles quehagan algo que usted no haría. Pero lo más importante es que todos nosotros debemos desarrollar y aclarar nuestros propios límites de por vida.

Hemos conocido a muchos padres que han aprovechado los conflictos de límites y los sinsabores con sus hijos como una oportunidad para crecer espiritual y emocionalmente. Pocas cosas nos llevan a postrarnos de rodillas tan rápidamente como un niño descontrolado. Esta realidad humillante, dolorosa y abrumadora nos obliga a mirar dentro de nosotros y extendernos a Dios y a sus recursos.

Esta etapa lo invita a dedicarse no sólo a sus propios límites, sino también a su vida. Tiene que poner su empeño en la ardua tarea de relacionarse con Dios y crecer espiritual y emocionalmente y en buen carácter. Necesita todo lo que él tiene para ayudarlo a vivir. Necesita amigos que lo consuelen, lo apoyen y lo enfrenten a sus propias debilidades y a su egoísmo. Para los niños es difícil crecer cuando sus padres no lo hacen. No sea como los padres que consideran que la iglesia y la escuela deben ayudar a sus hijos a madurar. Su hijo está esperando que usted sea su modelo de persona en búsqueda, sincera, involucrada activamente en conocer a Dios y a los demás: "Bienaventurados los que guardan sus testimonios y con todo el corazón le buscan" (Salmo 119:2). Si quiere que su granja produzca, es importante preguntarle al que la construyó cómo administrarla.

Algunos padres comienzan a trabajar sobre sus propios límites y descubren que les resulta muy difícil decirle no a su cónyuge, su jefe y sus amigos. Se dan cuenta por qué sus hijos les pasan por encima. Estos padres ingresan a un grupo de apoyo o a una buena iglesia y comienzan a fortalecer sus músculos. Empiezan a tomar más control sobre sus vidas y dejan de temerle al conflicto y a la culpa. De repente, comienza a mejorar la situación con sus hijos. Tal vez desee leer nuestro libro *Boundaries*, que se concentra en los límites personales en lugar de los temas relacionados específicamente con la crianza de los hijos.

O quizás descubra que tiene dificultades respecto de los límites de los demás. Puede que usted sea una persona activa y agresiva, que no escucha el no que pronuncian otras personas. Acepte su debilidad, trabaje sobre la influencia y no sobre el control, y comprenda la Regla de Oro empática de Jesús: Tratar a los demás como uno desea ser tratado (Mateo 7:12).

Una vez, yo (el doctor Townsend) trabajé con un padre y su hijo adolescente. El muchacho escogía amistades inapropiadas, abandonó la escuela y se drogaba. El padre, que había sido militar, no podía comprender por qué sus tácticas de control no daban resultado.

Un día vinieron a mi consultorio, y el cabello rubio del muchacho, que antes le llegaba a los hombros, había sido cortado por encima de sus orejas. El padre había llevado impulsivamente a su hijo a la peluquería, para que se lo cortaran.

— Estoy cansado de todos estos psicologismos. Decidí resolver el problema por mi cuenta — me dijo. — Ahora ya no se parece a esos bandidos.

El niño estaba furioso y se sentía humillado.

— Esto sólo ha logrado empeorar sus verdaderos problemas — le dije al padre.

Llevó mucho tiempo, durante el cual el muchacho se metía cada vez en más problemas, antes de que el padre pudiera ver que debía dejar de controlarlo y comenzar a dar lugar para que funcionaran la libertad y las consecuencias. Este padre debió trabajar intensamente sobre sus propios límites. Mientras tanto, permitió que su hijo fuera expulsado de una escuela que él valoraba e incluso que fuera llevado ante los tribunales juveniles debido al uso de drogas. Apoyaba los sentimientos de su hijo, pero también apoyó los límites impuestos por las autoridades. Sin regañar a su hijo, el padre estableció reglas en el hogar con consecuencias razonables que mantuvo con firmeza. A su tiempo, su hijo se volvió más responsable, menos impulsivo, y más productivo en la escuela y el trabajo.

Etapa 4: Evalúe y planifique

Evalúe la situación de su hijo y sus propios recursos, y desarrolle un plan para tratar el problema.

El niño

Llegue a conocer el problema de límites que tiene su hijo bajo la perspectiva de él. Confeccione una lista que contenga varios factores importantes:

La edad. Los niños pequeños observan la vida de modo diferente que los adolescentes, si bien la mayor parte de los problemas de límites son universales. Esté atento a los problemas normales de los niños de la edad del suyo, en particular, qué es capaz de hacer. La clave consiste en exigirle a su hijo más allá de su nivel de comodidad, pero no de su capacidad. Los niños de menos de un año de edad, por ejemplo, deben recibir muchos cuidados y pocos límites. Al año de edad, debe comenzar la capacitación con la palabra *no* ante comportamientos como gatear sobre los muebles y meter los dedos en los enchufes. La regla práctica es que cuanto más grande sea el niño, más frustración puede tolerar.

El nivel de madurez. El nivel de madurez varía según el niño. Algunos niños de seis años son más maduros que otros de diecisiete. Preste atención a temas como confianza básica, capacidad de entablar y mantener buenas amistades, nivel de respuesta a las órdenes, capacidad para disentir y protestar, capacidad para tolerar la privación, capacidad para aceptar la pérdida y el fracaso en ellos mismos y en los demás, y la actitud frente a la autoridad. Busque el aporte de otras personas que conozcan a su hijo, tales como maestros, amigos de la iglesia, vecinos, parientes y consejeros. Más adelante mencionamos lo que consideramos que son los dos atributos de carácter más importantes que su hijo debe tener para poder madurar. Si cuenta con ellos, su tarea será mucho más fácil. Si observa problemas, trabaje sobre ellos al abordar los problemas específicos de límites.

- *Apego.* ¿Puede su hijo conectarse emocionalmente con usted? ¿Lo ve como alguien que se ocupa de él? ¿Es retraído, distante o crónicamente frío?
- *Sinceridad.* ¿Su hijo dice la verdad o lucha con la mentira y el engaño?

Contexto. ¿Cómo es su hogar? ¿Está divorciado o su matrimonio está atravesando momentos difíciles? ¿Tiene su hijo problemas clínicos (neurológicos, trastornos de aprendizaje, problemas de falta de atención)? ¿Presentan sus hermanos estos problemas también? Comprenda las influencias del entorno.

Conflicto específico de límites. Aísle el tema específico relacionado con los límites en la vida de su hijo. ¿Tiene problemas con las normas familiares, quehaceres domésticos, la escuela o los amigos? ¿Cómo puede manifestarlo en pocas palabras?

Gravedad. Determine cuán profundo es el problema. Puede que el principal conflicto de su hijo sea que usted deba decirle tres veces que haga algo antes de que le haga caso. Necesitará adoptar un enfoque diferente con este niño que con uno que no puede mantenerse quieto en la silla y por el cual lo llaman constantemente de la escuela. No derroche energía en cosas insignificantes. Aborde problemas que tengan que ver con la sinceridad, la responsabilidad, preocuparse por los demás y la moral. Sea menos rígido, dentro de determinados límites, respecto del peinado, la música y el desorden de su cuarto.

Sus propios recursos

Ahora que está obteniendo un panorama más amplio del problema de límites de su hijo, de dónde proviene y cuán grave es, evalúe con qué puede empezar a trabajar. Tenga en cuenta los siguientes factores:

Sus propios problemas. Como dijimos anteriormente, lo más importante no es lo que usted hace, sino quién es con su hijo. Observe cómo actúa usted en cuanto a cómo reacciona, evita, engaña o ignora a su hijo. Trabaje sobre aquello que está roto dentro de usted que le hace responder en forma inadecuada. Hasta el punto en que usted se vea como el límite externo de su hijo, lo cual él está interiorizando, usted es la clave de la solución o bien el perpetuador del problema.

Su contexto de vida. Observe las realidades de su vida, tales como problemas emocionales, conflictos matrimoniales, económicos, presiones laborales y otros hijos. Si está atravesando una crisis, busque rápidamente ayuda. Hemos visto a muchos padres que tenían hijos con problemas de límites, y además su matrimonio era un caos abrumador. Primero lo primero. Sitúese en una posición en la que tenga suficiente orden y estructura para poder brindar orden y estructura a su hijo.

Permítame introducir un mensaje para padres solteros: Dios diseñó la tarea de educar y criar a los hijos a un padre y una madre por varios motivos: (1) El niño es amado por dos personas que se aman entre sí; (2) cada uno de los padres aporta diferentes aspectos a la madurez del niño que el otro quizá no tenga dentro de sí; (3) actúan como un sistema de verificación y equilibrio, donde cada uno de los padres corrige al otro cuando se ha equivocado en algún aspecto.

Los padres solteros no cuentan con este apoyo y soporte. Muchos son al mismo tiempo madre y padre de sus hijos y cargan con una responsabilidad enorme. Además, los padres solteros tienen sus propios problemas: sus ex cónyuges, la situación económica, el trabajo, los horarios, las citas, la soledad y otros factores de tensión. Si usted es un padre soltero, no puede hacerlo todo solo, especialmente en cuanto a la energía que se requiere para tratar los problemas de límites de su hijo.

Tome la iniciativa de encontrar ayuda y recursos. Muchas iglesias cuentan con ministerios para padres solteros. Pida ayuda y asistencia a su comunidad, vecindario, parientes y amigos. Su hijo necesita la participación y las funciones específicas que otras personas pueden aportarle. Por ejemplo, una iglesia con un grupo para jóvenes con líderes adultos y sanos del sexo opuesto al suyo, familias con padre y madre que llevarán a uno de sus hijos a partidos de béisbol y a cenar afuera, o personas que puedan ayudar con la tarea escolar, problemas personales, deportes, crecimiento espiritual y arte.

Hemos visto a muchos padres solteros con niños sin límites, que corrigen el rumbo de sus hijos con el amor y el apoyo de otras personas. Recuerde que Dios, de algún modo, también es un padre soltero (Jeremías 3:8). ¡Se "divorció" simbólicamente de Israel y formó su familia sin él! Él comprende la lucha y lo ayudará.

Un cónyuge que se resiste a los límites. Puede estar casado y, sin embargo, estar solo en cuanto a la determinación de ayudar a su hijo a aprender sobre los límites. Este puede ser un problema serio si el niño coloca a uno de los padres en medio de su conflicto con el otro padre. En estas situaciones, al padre que está a favor de los límites por lo general se lo considera cruel y despojador y, al que está en contra de los límites, se lo considera bueno y proveedor de gratificaciones. El niño experimenta una división dentro de sí con respecto a la responsabilidad y al derecho de tenerlo todo, y con frecuencia recurre al padre proveedor de gratificación para que resuelva sus problemas.

Si su cónyuge no apoya los límites, háblelo con él o con ella antes de comenzar a trabajar seriamente con su hijo. Si él o ella es quien se divierte y usted es el que termina pagando por la irresponsabilidad, modifique las cosas para que el padre sin límites coseche las consecuencias. Por ejemplo, si su cónyuge no quiere que su hijo permanezca en casa realizando la tarea, transfiérale los llamados de la escuela para que se encuentre con la maestra. Si hay gran oposición, puede que deba recurrir a terapia de pareja. En la mayoría de los casos como este, los problemas de límites del cónyuge afectan más que los que trae aparejada la tarea de ser padres. No considere este problema como un asunto de crianza de los hijos sino como un asunto matrimonial.

El plan

Piense en una estructura que utilizará para usted mismo y que le presentará a su hijo. Basándose en el trabajo que ya ha hecho, según lo mencionado anteriormente, incluya los siguientes aspectos y escríbalos. Esto es importante. Muchos padres se han visto atrapados en la rutina de: "Eso no es lo que dijiste". Lo que está escrito no puede ponerse en duda tan fácilmente. Puede que sea una buena idea tratar al principio sólo uno o dos problemas de límites si no ha tratado con el asunto anteriormente. Recuerde que está dando vuelta las reglas de la realidad (pero en el sentido correcto) para su hijo. Al principio, puede parecerle que está viviendo en otro planeta.

El problema. Plantee el tema con términos específicos. Las calificaciones de su hijo no son aceptables. Tiene problemas de conducta: no escucha las órdenes, llega tarde, se pelea, no realiza las tareas escolares. O bien tiene problemas de actitud: responder agresivamente, insultar, ataques de furia, berrinches o gimoteos. Cuando plantee el problema, no ataque el carácter de su hijo de modo que deba defenderse. Por ejemplo, no diga: "Eres un perdedor y un haragán"

Las expectativas. Usted quiere que las calificaciones de su hijo sean altas. Quiere que responda a la primera vez que usted le hace una pregunta. Quiere que no haya peleas. Disentir es correcto, insultar no. Sus expectativas tienen que ser mensurables. Aquello que se mide suele mejorar más que aquello que no se mide.

Las consecuencias. Escriba lo que sucederá cuando el niño no satisfaga sus expectativas. El niño perderá tales y tales privilegios, tendrá estas restricciones, como por ejemplo, no poder salir de noche o durante los fines de semana con sus amigos, o no poder mirar televisión ni usar la computadora. Establézcalo de manera que, tanto como sea posible, el castigo se corresponda con el delito. También establezca consecuencias positivas, si logra cumplir con las expectativas.

Sin embargo, sea cauteloso respecto de estas últimas. Algunos padres se exceden al reforzar cualquier cosa que supere una conducta de tipo salvaje. Usted no quiere que su hijo piense que puede comer dulces u obtener un automóvil nuevo cada vez que se cepilla los dientes. Se sentirá sumamente desilusionado cuando se presente a su primer empleo y nadie organice una fiesta porque llegó al trabajo a la hora indicada. Está bien fijar normas mínimas de conducta en el hogar que no sean recompensadas.

Etapa 5: Presente el plan

Tanto usted como su hijo deben participar de este proceso. Cuanto más lo involucre, y él obtenga más tiempo, ayuda e información, más probabilidades hay de que se haga cargo del proceso y que coopere en su propio crecimiento. Invítelo a ser su socio, a pesar de que el plan se implementará por más que él se oponga. Incluya los siguientes elementos:

Presente el plan en un momento de paz. Escoja un buen momento y un buen lugar cuando usted y su hijo se estén llevando bien. No saque sus papeles en medio de un griterío. Eso sólo sirve para polarizar las cosas y el niño generalmente se siente forzado a reaccionar con más fuerza en su contra para mantener la individualidad.

Adopte una postura "a favor" en lugar de "en contra". Hágale saber al niño que este proceso no implica obligarlo a hacer algo o que se debe a que usted está enojado. Dígale que ve que hay un problema que lo está dañando a él y a otras personas relacionadas con él. Usted quiere tratar el problema porque lo ama y quiere hacerlo junto con él.

Presente el problema. Como hemos dicho, sea específico. Hable sobre los efectos dolorosos sobre él y los demás. "Tu comportamiento de gritos y corridas representan un problema. Perturba el desarrollo normal de actividades en la casa y en la escuela, y no parece estar mejorando".

Presente las expectativas. Al igual que en el párrafo anterior, hágalo participar en el proceso. Hágale saber exacta-

Límites para nuestros hijos

mente cuáles son las normas que usted espera que se cumplan.

Presente las consecuencias. Respire hondo y sea directo. No tenga miedo de las malas noticias. Usted no lo está lastimando, ¡lo está liberando de sí! Ponga el énfasis en su libertad para satisfacer las expectativas que tiene usted. No tiene por qué hacer nada, puede elegir actuar como si usted no existiera. La clave es que *si elige oponerse, las consecuencias se harán realidad*. Recuerde: usted no puede controlar la conducta, pero sí puede controlar las consecuencias. Mantenga el control sobre lo que es suyo y fomente la libertad de elección que tiene su hijo.

Negocie lo que sea negociable. Permita que el niño diga lo que piensa, dentro de ciertos límites, sobre las expectativas y las consecuencias. Ceder respecto de algo poco importante puede tener su recompensa, puesto que el niño se sentirá menos desvalido y más involucrado en su propio destino. Hágale saber que puede llegar a cambiar algo más adelante si él demuestra que se comporta bien durante un determinado período. Sin embargo, manténgase firme respecto de lo que no es negociable. La droga, el alcohol, el sexo prematrimonial, la violencia, las malas calificaciones y la haraganería no son zonas grises.

También recuerde que las reglas de los adultos son diferentes a las de los niños. Muchas veces un niño protestará: "Tú no haces eso, ¿por qué debo hacerlo yo?" Esto sucede en muchos contextos, incluyendo la hora de irse a dormir, el dinero y el tiempo libre. Debe ser lo suficientemente humilde como para admitirlo si es que está transgrediendo en realidad en algún aspecto y luego, cambie su conducta. No obstante, la realidad es que los adultos tienen más libertad que los niños, porque son (esperamos que sea así) más responsables. La responsabilidad trae aparejada la libertad. Dígale eso a su hijo. Manténgalo como un incentivo para aceptar los límites. Crecer tiene sus recompensas.

Haga que las expectativas y las consecuencias sean fácilmente accesibles. Un anotador, un tablero o colocar notas en la heladera son buenas formas de recordar las expectativas y las consecuencias. Como sucede con cualquier contrato, puede que ambos necesiten consultarlo con frecuencia.

Etapa 6: Realice un seguimiento

Esta última etapa es más difícil y más importante que *todas* las demás. *La idea de un plan se derrumbará si usted no funciona personalmente como el límite del niño.* Todo esto se enlaza con hacer lo que dice que va a hacer. Parafraseando, el camino al infierno de la falta de límites está pavimentado con buenas intenciones. A continuación se enumeran algunas de las cosas a las que deberá enfrentarse:

Espere que no le crean y que lo pongan a prueba. Usted está implementando un nuevo camino para que su hijo viva en este universo, en el cual su comportamiento y su sufrimiento están directamente entrelazados. No tiene un padre regañador o furioso en quien pueda centrar su atención, o al que pueda ignorar o pasar por alto. Tiene frente a sí a un adulto que ahora ha dado un paso atrás y le permite elegir con libertad cuán difícil o placentera será su vida. Esto significa que deberá hacer un ajuste.

Si bien su hijo puede pelearse con usted cuando le presente el plan, en realidad, esta no es la verdadera prueba. En esta etapa, puede considerar que su presentación es una forma de regañarlo y, por lo tanto, no lo escuchará. *Notará la oposición del niño cuando usted aplique la consecuencia luego de que haya traspasado el límite.* Es de esperarse que haya reacciones como disgusto, descreimiento, enojo, expresiones de dolor o herida, aislamiento, echar culpas, intentos de ponerlo en contra de su cónyuge y hasta una intensificación de su conducta. Su hijo se encuentra en medio de una lucha titánica a fin de integrar la realidad dentro de su alma. Y si bien es posible que haga que *usted* se sienta desgraciado, *él* tampoco es feliz. La guerra que se está librando en su interior es mucho peor que la guerra entablada con usted. Sienta compasión por dicha lucha: su hijo es como una oveja sin pastor, perdido en su inmadurez (Marcos 6:34).

Queremos enfatizar sobremanera lo crítico que resulta, en este momento, mantenerse firme con las consecuencias. Probablemente usted se sienta culpable, malo, ofensivo, odiado, aislado, abrumado y no amado. ¡Aférrese al límite! Ore, llame a sus amigos para recibir apoyo; haga lo que sea necesario para mantenerse firme. Recuerde que eso es lo que debe atravesar Dios cada vez que nos disciplina para nuestro bien. Protestamos, lo odiamos, gimoteamos, alzamos el puño y lo acusamos de ser un Dios injusto. Sin embargo, él nos ama lo suficiente como para no permitirnos abandonar la partida y arruinar nuestras vidas. Las consecuencias que usted establezca constituyen un esfuerzo de equipo entre usted y Dios para educar y capacitar a su hijo con amor.

A estas alturas, tal vez sea útil que recuerde sus propias vivencias del pasado. Reflexione sobre los momentos en que una falta de estructura o de consecuencias haya tenido un costo; recuerde cuando se sentía controlado por demás, sin tener la capacidad de elegir, y siendo un inválido en cuanto a tomar decisiones en la vida. Proporcione a su hijo el beneficio de las duras lecciones que usted ha aprendido sobre la responsabilidad y la realidad, sin protegerlo de ellas.

Tenga paciencia y permita que lo pongan a prueba repetidas veces. Su hijo se encuentra en una curva de aprendizaje, y el aprendizaje ocasiona muchas pruebas. Esté preparado no sólo para que transgreda el límite, sino también para que se oponga a las consecuencias varias veces. También sea paciente con usted mismo. Si los límites son algo nuevo para usted, es posible que no logre mantenerlos en forma constante: "Pero el alimento sólido es para los que han alcanzado madurez, para los que por el uso tienen los sentidos ejercitados en el discernimiento del bien y del mal" (Hebreos 5:14). Manténgase firme y realice el seguimiento más coherente que pueda. Si descubre que no es capaz de hacerlo, procure la ayuda de amigos maduros que puedan examinar junto con usted si el problema está relacionado con recursos, capacidades, personalidad o expectativas no realistas. Luego, podrá efectuar ajustes.

Elogie las adaptaciones que haga el niño. Si el proceso funciona correctamente, comenzará a notar una disminución del mal comportamiento y un aumento del buen comportamiento que usted desea lograr. Es posible que su hijo se entristezca al experimentar sus propias limitaciones y su vulnerabilidad. Sea cálido y apóyelo. Está trabajando arduamente, aunque se queje todo el tiempo, para integrar los límites y adaptarse a sus expectativas. No se centre en el amor que siente por su hijo, puesto que esto debe ser una constante. Concéntrese sobre cuánto más agradable es la vida de su hijo sin las consecuencias y además, cuánto más felices se sienten las personas que lo rodean. Ayúdelo a ver que esto es para su propio beneficio y no para obtener su amor. Reúnase con su grupo de apoyo y dé una fiesta para celebrar el éxito de los límites.

Sintonía fina y cambio. Cuando sienta que el niño está dominando su comportamiento y tiene más control sobre sí, puede que desee incrementar sus expectativas. O tal vez desee abordar otro problema. Sin embargo, el niño no debe sentir que toda su relación con usted gira en torno a los límites. Asegúrese de compartir también momentos de amor, diversión y tiempo libre. Pero es necesario que sepa que la tarea de crecer continúa a lo largo de toda la vida, para que "andéis como es digno del Señor, agradándole en todo, llevando fruto en toda buena obra, y creciendo en el conocimiento de Dios" (Colosenses 1:10). Tanto él como usted necesitan estar comprometidos siempre en dicho proceso.

¿Es demasiado tarde?

Una pregunta importante que los padres nos hacen sobre la implementación de límites es: "¿Es demasiado tarde para empezar?" Los padres que luchan con graves problemas de comportamiento de sus hijos adolescentes o jóvenes pueden sentirse desesperados y descorazonados. Nosotros decimos que nunca es demasiado tarde para comenzar a hacer lo correcto para usted y para su hijo. Ser más sincero y claro respecto de la responsabilidad, tomar más iniciativas para resolver problemas y traer un sentido de estructura a su hogar, son todos factores críticos de su propio crecimiento espiritual y de carácter, de una vida que se desarrolla a la luz de Dios. Incluso si su hijo no tiene problemas de límites, usted debe orientar su propia vida hacia la justicia: "Dios está con la generación de los justos" (Salmo 14:5).

Al mismo tiempo, cuanto más pequeño sea el niño, más fácil es determinar los límites como normativa. Como enseña la Biblia: "Instruye al niño en su camino; y aun cuando fuere viejo no se apartará de él" (Proverbios 22:6). Cuanto más tiempo viva el niño con la ilusión de que él es Dios, más resistencia opondrá al hecho de dejar de vivir en este lugar feliz dentro de su mente.

Pero, los niños siguen siendo niños, incluso en sus años de adolescencia. *Un niño es alguien que no es adulto, o sea, alguien sin las habilidades y herramientas necesarias para navegar por la vida real.* Esto significa que, a pesar de lo que digan, son incompletos y fracasarán en la vida, si no fuera que Dios los ha creado de tal manera que necesitan que usted sea el agente para su crecimiento. ¡Ese niño sabelotodo y distante necesita de usted!

Una parte interna de su hijo necesita que usted se involucre y, en medio de todas sus protestas, tome el control que le corresponde como padre. Con frecuencia, se siente aterrorizado por sus propias emociones y conductas descontroladas, y desea que alguien mayor que él lo ayude a contener y estructurar su existencia. Tener que lidiar con la resistencia y la insolencia es un aspecto fundamental de la tarea de padres y, en cierto modo, su hijo lo sabe.

Piense en el problema como si se tratara de un tema de recursos. Si tiene un hijo adolescente, con problemas graves, deberá conseguir más recursos para afrontar la situación. Se necesitará más tiempo, más esfuerzo, más dinero y el apoyo de instituciones tales como la escuela, la iglesia, servicios de consejería y el sistema judicial. El padre de un niño de siete años quizá deba realizar un esfuerzo menor, mientras que el de un adolescente difícil probablemente deba dedicar muchos meses y energía a la resolución de estos problemas.

Tal vez deba conformarse con resultados incompletos. Un adolescente de dieciséis años que ha tenido problemas de conducta durante toda su vida tal vez no pueda ingresar a Harvard. Pero es posible que experimente cosas muy importantes con usted que lo ayuden en su crecimiento durante el transcurso de sus dos últimos años de la niñez. También puede que obtenga una perspectiva sobre cómo conducir su vida y manejar sus problemas que le sea de ayuda en la adultez.

Muchos adolescentes cuyos padres han intervenido tarde en sus vidas irán en busca de su crecimiento y de ayuda por sus propios medios cuando sean adultos. Cuando uno vive en el nido, está protegido de todas las consecuencias de la vida. El principal problema reside en tener padres desorientados. Pero cuando tenga que comenzar a pagar la renta, comprar alimentos y preocuparse por los embarazos, posiblemente observe la vida desde otra perspectiva. Muchos jóvenes apreciarán entonces lo que sus padres locos hicieron con ellos durante esos últimos años y comenzarán a integrar los límites a sus vidas.

No se dé por vencido, incluso en los últimos años de la adolescencia. Aproveche toda oportunidad, puesto que los días son malos (Efesios 5:16). Usted es el único papá o la única mamá que tendrán. Ninguna otra persona en el mundo tiene la posición de influencia en sus corazones que ostenta usted.

La esperanza que usted tiene

Las palabras *ser padres* y *problemas* en ocasiones parecen ser redundancias. Es posible que sólo esté evitándole problemas a su hijo. O tal vez esté atravesando una situación complicada que le esté partiendo el corazón. Sin embargo, Dios lo anticipó, es totalmente consciente de ello y quiere ayudarlo para que usted ayude a su hijo a desarrollar límites. Él ha provisto una esperanza para su futuro y el de su hijo, que es real y útil. Esta esperanza llega de las siguientes formas:

Dios mismo

Como Padre celestial de su hijo, Dios está sumamente interesado en que él madure y se convierta en una persona con amor, responsabilidad y domino propio. Dios desea ayudarlo actuando como agente de él en dicho proceso. Recurra a él en necesidad y súplica, solicitándole toda la guía y los recursos que pueda brindarle: "Contigo desbarataré ejércitos, y con mi Dios asaltaré muros" (Salmo 18:29).

Los estatutos de Dios

Dios ha brindado principios y leyes en su palabra que describen el proceso de desarrollo de madurez en su pueblo. El presente libro se basa en muchas de esas realidades. Úselo junto con otros recursos, pero más aun: lea y estudie la palabra de Dios en busca de una estructura para la vida y la tarea de ser padre: "Acuérdate de la palabra dada a tu siervo, en la cual me has hecho esperar" (Salmo 119:49).

La realidad de Dios

Así como Dios diseñó el universo según su naturaleza, la vida funciona mejor cuando la vivimos de acuerdo con el plan de Dios. Cuando nos preocupamos por los demás, somos responsables y armonizamos con él, tenemos mayores posibilidades de tener una buena vida. La realidad está de nuestra parte. Está construida de forma tal que la inmadurez le produzca cierta incomodidad a su hijo; el hecho de hacerse cargo de uno mismo debiera proporcionar cierta satisfacción y sentido de realización. Permítale a su hijo que experimente ambas realidades para que aprenda límites: "La mano de los diligentes señoreará; más la negligencia será tributaria" (Proverbios 12:24).

El pueblo de Dios

Las personas seguras le ayudarán a ayudar a su hijo. Permítales ministrar a ambos, llenándolos de amor, estructura, apoyo y guía. "De quien todo el cuerpo, bien concertado y unido entre sí por las coyunturas que se ayudan mutuamente, según la actividad propia de cada miembro, recibe su crecimiento para ir edificándose en amor" (Efesios 4:16).

Su hijo

Créase o no, su hijo es un agente de esta misma esperanza de crecimiento y responsabilidad. Dios lo creó con la necesidad de aprender a hacerse cargo de su vida en sumisión a él. Puede que no sea consciente de dicha necesidad, pero usted sí lo es. Recuerde que lo está ayudando a desarrollar la imagen de Dios que ya está dentro de su hijo y que está esperando ser fortalecida: "Y creó Dios al hombre a su imagen, a imagen de Dios lo creó" (Génesis 1:27).

Utilice estos recursos de esperanza como ayuda, consuelo y herramienta al andar en sus caminos, y enséñele a su hijo a hacer lo mismo.

Gracias nuevamente por los sacrificios que hace todos los días en su tarea de padre, y que Dios lo bendiga.

Nos agradaría recibir noticias suyas.
Por favor, envíe sus comentarios sobre este libro
a la dirección que aparece a continuación.
Muchas gracias.

Vida@zondervan.com
www.editorialvida.com